医療ビジネスと ICT システム

──医療を巡る今日的課題──

斎藤正武
堀内　恵 編著

中央大学企業研究所
研究叢書 38

中央大学出版部

まえがき

　超高齢化社会到来に向けて，日本にとって社会保障費の増大，医師・看護師等の医療人材不足，介護負担の増大等様々な問題が目前に横たわっている．2015 年 4 月，内閣府に「健康・医療戦略推進本部」が設立され，日本における健康・医療分野での研究や技術開発，医療機器，ビジネス，情報インフラといった医療を取り巻くあらゆる方面で活発な動きとなっている．特に，医療・介護・健康分野でのデジタル化の実現，デジタル基盤の利活用を推進することに注力する取り組みになっており，医療の情報化，ICT（Information and Communication Technology）化は必要不可欠であろう．

　個人に焦点をあてると，人にとっての医療情報は生命の誕生から一生涯に及んでいる．この情報には，病気の症状・経過のみならず，医師の処置方法，投薬の兆候管理や治療に関わる諸費用の情報や，患者や家族の意思等の記録も含まれる．また，他の情報の扱いと異なり，個人の尊厳やプライバシーにも関連するので大変デリケートな情報の管理体制が必要となろう．一方で，医療の発展のみならず医学教育，薬剤開発，予防医学の領域等地域医療を含めた人に関わる医療情報は，社会システムにとって貴重な情報となる．現在，医療情報をどのように保管し利用していくか等の問題を含めた医療ビジネスに関して，研究が緒についたばかりである．この分野での調査研究及び実証研究を試みたい．

　そのような状況の中で，マイナンバーや電子カルテを代表とする医療情報の分野や，従来ビジネスと捉えてはいけなかった医療を医療ビジネスとして捉え，研究を行ってきた．

　中央大学企業研究所堀内恵を主査とする「オントロジーの視点からのビジネスデータモデリング研究」チームが，人間を含んだ医療 ICT システムの基盤技術の研究を，斎藤正武を主査とする「医療ビジネスにおける実証研究」チー

ムが，医療を経営的な視点で捉えた新しい取り組みや研究について分析を進めてきた．本書は，この2つの共同研究チームの成果である．

本書の構成は，1）医療の経営的視点，2）医療連携における実践，3）医療でのICTシステムの活用，という3部構成全12章で構成されている．

第1部「医療の経営的視点」は，5章から構成される．

第1章は真野氏によって，「医療の質と病院経営の質」のタイトルの下，インターネット，スマートフォン等の普及に伴い変化する患者の消費者意識の中で，医療の質がどのように変化するのか，及び医療の質がどのように担保されるのかという問題意識に基づき，日本におけるあるべき医療の質保障について検討する．すなわち，医療の質は単に客観的に評価できるものだけではなく，歴史的，文化的な背景からの評価も重要になるという認識に基づき，日本と米国における医療の質保障に対する取り組みを紹介する．そして，医療の質保障を考える上で重要になると思われる医療機関へのマネジメントの導入，医療機関へのインセンティブの変化，病院の自立，ICTの活用，医師の態度等の観点から検討している．第2章は梁氏，李氏によって，「医療観光の現状と今後の展望」のタイトルの下，医療観光がこのように拡大する背景には，医療観光による医療サービスを提供する国とそのサービスを受ける国における医療費の格差や，医療安全に対する各国間での標準化が進んだことがあることを指摘する．そして，様々に解釈できる医療観光の概念整理を行いつつ，医療観光に関する主要国の取り組みを取り上げて，各国の取り組みを評価するための共通フレームワーク（health system）によって，その取り組みの評価を行う．その上で，医療観光の推進に影響を及ぼすと思われる誘致戦略，人材育成方策，及び活性化戦略を議論することによって，今後の医療観光の課題と可能性について検討している．第3章は林氏によって，「八角平和計画による安全保障に関わる医薬品生産を目的としたソーシャルビジネス」というタイトルの下，抗インフルエンザ薬「タミフル」の備蓄が，パンデミックに対抗し得る安全保障の要

であることは顕かであるものの，その解決策には，貧困や格差，格差等の社会構造に根差した「構造的暴力」がない状況（積極的平和）という観点から，問題を捉えなおす重要性を議論している．そして，積極的な平和という観点から，タミフル備蓄を達成するためには，人間の安全保障（医療保険や教育）だけでは不十分であり，尊厳ある人間生活の確保が欠かせないという理解に立つ．その上で，林氏を中心に進められる八角平和計画による安全保障に関わる医薬品生産を目的としたソーシャルビジネスを紹介しつつ，その社会的企業として意義並びに現時点における課題を明らかにしている．第 4 章は西山氏によって，「レセプトシステムの日韓比較」というタイトルの下，複雑な日本の医療制度の問題の 1 つとして，現在の電子レセプトにみられる問題点を明らかにする．すなわち，現在の「電子レセプトデータは，データの構造化はなされているが，行によって列数・列に記録される情報が異なるなど正規化が行われていない」とのことであり，「電子化しても紙と同様の扱い」というレベルに留まっている．そのために，2015 年 12 月現在，103 億件のレセプトと 1.4 億件の特定診断等の情報が NCD（National Database）に貯蔵されているものの，本来の目的（特定健診が医療費の削減に及ぼす効果の確認）にも 2 次利用（研究目的）にも十分には利用されていない状態にあることを明らかにしている．更に，診断群分類ごとに医療の標準化を目指すことに意義が期待される DPC（Diagnosis Procedure Combination）の処理が，電子レセプトとは別々に情報が処理されることに伴う問題を明らかにしている．その上で，この問題を解決するためのあるべき医療の情報化を示しつつ，その可能性と今日的な課題を韓国のレセプトシステムを紹介しながら議論している．第 5 章は佐藤氏によって，「PFS の課題と今後の展開」というタイトルの下，長期的に診療報酬を低い水準に抑えているため，医療機関の経営は厳しい状況が続いており，医療機関は経営の効率化に努力しているが，医療技術の高度化により医療設備の高額化が急速に進み，病院経営を圧迫している現状を明らかにしている．また，医療は労働集約型の産業であり，多額の人件費が経営を圧迫する要因であり，経営効率化の方策として，医療資源（スタッフ，病床，医療設備）のより効率的な利用が求めら

れ，このため欧米では，患者フロー管理（Patient Flow Management：PFM）が導入されつつある．これは医療経営の視点から，医療資源の効率的管理・利用に，生産管理の知識を援用するアプローチである．加えて，これを実現する情報システムであるPFS（Patient Flow System）を紹介している．

　第2部「医療連携における実践」は，4章から構成される．

　第6章は有賀氏によって，「地域連携の実践」というタイトルの下，地域医療連携業務に従事する医療関係機関及び医療関係者を支援するシステム（Dasch Pro）の構築・運用に関わる実践例を紹介している．今日の医療は1つの病院で自己完結するのではなく，複数の医療機関にわたって患者は状態をみてもらう医療にシフトしている．そのような医療を前提する場合，医療連携を可能にする情報基盤は欠かせないという理解に立っている．そして，医療連携を，組織内連携，組織間連携，システム間連携に整理しつつ，その連携の実現に向けて考慮しなければならない事項として，個人情報，地域特性，システム特性，システムが貢献可能な連携の範囲，連携に必要な地理的特性等について議論している．その上で，北海道広域医療連携研究会により取り組まれるDASCH（その後に開発・運用されるDASCH Pro）のプロジェクトを取り上げつつ，そのプロジェクトの成功の要因（コミュニティツールとしての工夫）及び今後の展開について紹介している．第7章は崎坂氏によって，「医療介護のための地域包括ケアとICT」というタイトルの下，医療介護のための地域包括ケアにおける実践事例として，以下の3点を取り上げている．まず，医療，介護，予防，住居，生活支援サービスが切れ目なく提供されるための各種の取り組みの総称である，包括的かつ継続的なサービス体制としての地域包括ケアシステム医療ビジネスの実際についての事例を複数取り上げて具体的に考察を行っている．その上で，東日本大震災という未曽有の災害後の医療システムの構築事例，すなわち，ITを活用して限られた医療資源を有効活用し，在宅要介護者の看護，介護サービスを届けている祐ホームクリニックや幾つかの成功事例を紹介しつつ，医療過疎地と都市部の地域包括ケアの実際を報告している．あわせて，医

療者以外の介護資源として注目され，他方大きな社会問題になりつつある新たな介護者群であるヤングケアラー（18歳未満と18〜25歳）への支援についても最新のデータを用いて論じている．第8章は吉田穂波氏によって，「次世代を守るための災害時地域連携とPHRシステム構築」というタイトルの下，阪神淡路大震災及び東日本大震災の経験から，妊産婦及び乳幼児は地方自治体の安否確認システムを確立しにくく，大規模災害が起こった際は所在把握と連絡手段についてあらかじめ仕組みづくりをする必要があるということを明らかにしている．妊産婦や乳幼児を抱えた家庭では，家族構成や属性により極めて流動的で行動パターンが多岐にわたり，また，リプロダクティブ・ヘルスに関わる話題を避けたり妊娠を表明しづらかったりという文化的背景があるため，妊産婦の所在や安否を把握するのは非常に困難である．本章の前半部分では，東日本大震災における妊娠・出産・分娩を取り巻く環境について述べる．そして後半では，これらの現状を踏まえ，今後の日本や世界に還元すべき価値の高いものとして，Personal Health Record（PHR）システム構築により，電子カルテと連動させて全ての健康情報を一元管理し，個人の携帯電話やスマートフォンの位置情報を得ることを通じた災害時母子救護システムについて，今後の展開を述べる．第9章は斎藤によって，「地域・医療機関での多職種連携」というタイトルの下，患者に対して複数の医師や看護師等の医療従事者が関わり治療を進めるチーム医療の必要性が叫ばれる昨今，医療機関内や医療機関間での連携が重要になってきており，多職種連携でのICTの活用例，特に，在宅医療，医療機関内外での活用例を示しながら，多職種連携の考察を行っている．東日本大震災で被災した石巻の在宅医療にICTを利活用している取り組みや，秋田地域における医療機関間での感染症における情報共有の事例についてヒアリングを交えた形で紹介している．また，獨協医科大学附属病院の感染制御センターを対象としたシステム開発の例を示すと共にその有効性を考察している．調査のみならず開発したシステムの実践例を示しながら，リアリティのある結果と考察を論じている．

第3部「医療でのICTシステムの活用」は，3章から構成される．

第10章は安積氏，清水氏，堀内によって，「破壊的イノベーションに基づく日本の医療情報戦略策定に向けて」というタイトルの下，課題が山積している日本における医療においては，財源問題の議論が重要であることは認めつつも，その議論をする前に質の高い医療サービスを安く提供するためにはどうすればよいか優先して考える必要があるという立場をとる．そして，現状の医療制度の維持に留まるのではなく変革するために，クリステンセンらの破壊的イノベーションの意義を確認しつつ何が鍵になり得るのかを議論する．その上で，鍵の1つとなるIT化に焦点をおき，利用者の視点から想定されるあるべきEHR/PHR（Electronic Health Record/ Personal Health Record）の特徴とその今日的な課題を明確にする．そして，このあるべきIT化のあり方や理解を通じて，日本における現状の医療のIT化計画及び現在取り組まれている実践事例の特徴を評価すると共に，今後の改善可能性について検討する．第11章は八鍬氏によって，「医療連携情報システムの情報品質評価」というタイトルの下，情報通信技術の広範な利用によって，今日，医療機関は膨大な医療情報を収集・処理・利用している状況下，医療機関にとっては，医療情報の品質向上をはかるためのIT統治の機構を確立しておくことが必要であることを主張している．そのためには自らが日々扱う医療情報の品質を評価するためのツールが必要で，医療情報の品質評価に関する先行研究をサーベイした上，医療機関における情報品質評価モデルと品質評価のための統治機構モデルを提案している．第12章は吉田敦氏によって，「医療従事者からみたビックデータの情報活用」というタイトルの下，医療のビッグデータの解析から導き出された情報，傾向，ルール，仮説，経済的評価等が，最終的に医療現場に還元できる形になることは歓迎されることと医療従事者の経験・立場から述べている．つまり情報共有とコミュニケーションが円滑になり，医療の質と安全が向上し，更には職場環境や医療機関の経営にもよい影響を与える可能性があり，それが医療現場でのICTの活用を更に促進するのではないかと期待している．医療従事者からみたビッグデータの活用について，感染対策・感染制御への応用例を引用

して，実際のベネフィットと課題を明らかにしている．

　医療における ICT の利活用は，医療の質の向上，医療の安全に資するものでなくてはならないことは基本であるが，医療の世界に「ビジネス」と「効率」を持ち込んではならないという既成概念を貫けるだけの余裕がないことも事実であろう．

　本書は，大学の研究者のみならず，現役の医師，ICT の企業の方という医療情報を取り巻く様々なステークホルダーに研究会での報告や本研究叢書の執筆を依頼した．また，われわれが主催した研究会及び訪問調査においては，多くの関係者にご協力を賜った．この場を借りて感謝申し上げたい．最後になるが，本研究の遂行を支えてくださった中央大学の企業研究所の三浦俊彦所長，斎藤秀樹事務長，宮川美智子氏に，そしてこの研究叢書の発行にご尽力くださった中央大学出版部菱山尚子氏に謝意を表すものである．

　2016 年 8 月

編著者　斎　藤　正　武
　　　　堀　内　　　恵

目　　次

まえがき

第 1 部　医療の経営的視点

第1章　医療の質と病院経営の質

真　野　俊　樹

1. はじめに……………………………………………………… 3
2. 医療の変化…………………………………………………… 3
3. 医療の質をどう考えるのか………………………………… 11
4. 病院経営の質………………………………………………… 20
5. おわりに──日本への示唆………………………………… 30

第2章　医療観光（医療ツーリズム）の現状と今後の展望

梁　　在　　英
李　　周　　熙

1. はじめに……………………………………………………… 35
2. 医療観光の定義と類型……………………………………… 36
3. 医療観光にまつわる主要国の動向………………………… 40
4. 医療観光客の誘致戦略……………………………………… 56
5. 医療観光専門人材の育成方策……………………………… 62

6．おわりに──医療観光の活性化戦略 ……………………………… 70

第3章　八角平和計画による安全保障に関わる
　　　　医薬品生産を目的とした
　　　　ソーシャルビジネス

林　　健太郎

1．は じ め に………………………………………………………… 81
2．導　　　　　入…………………………………………………… 81
3．背　　　　　景…………………………………………………… 90
4．目　　　　　的…………………………………………………… 99
5．これまでの準備取り組み………………………………………… 104
6．現在の課題とこれからの課題…………………………………… 114
7．お わ り に………………………………………………………… 115

第4章　レセプトシステムの日韓比較

西　山　孝　之

1．は じ め に………………………………………………………… 119
2．レセプト関連法規………………………………………………… 120
3．レセプトの電算化及び電子化の経緯…………………………… 122
4．NDB（National Database）……………………………………… 125
5．DPC ………………………………………………………………… 127
6．「DPC データ」の処理は電子レセプトと別ルート………… 132
7．レセプトの処理は電子レセプトのまま……………………… 133
8．EDB の提案……………………………………………………… 141
9．韓国のレセプトシステム………………………………………… 142
10．お わ り に………………………………………………………… 147

第5章 PFSの課題と今後の展開

佐 藤 修

1. はじめに……………………………………………………… 151
2. 病院情報システムの発展…………………………………… 152
3. クリニカルパス……………………………………………… 156
4. 患者フロー管理システム…………………………………… 160
5. おわりに……………………………………………………… 173

第2部 医療連携における実践

第6章 地域連携の実践

有 賀 啓 之

1. はじめに……………………………………………………… 185
2. 連携が望まれる背景………………………………………… 185
3. 連携を構成する要素………………………………………… 188
4. 医療行為の側面からみる連携情報の必要性……………… 190
5. 連携を実践するにあたって………………………………… 192
6. 医療連携が必要な地理的特性（北海道のケースを考える）…… 196
7. おわりに……………………………………………………… 200

第7章 医療介護のための地域包括ケアとICT

崎 坂 香屋子

1. はじめに……………………………………………………… 203
2. 地域包括ケアシステム導入の背景と現状………………… 203
3. 地域包括ケアとICT………………………………………… 212
4. 諸外国における介護・地域包括ケアとICTの活用……… 223
5. おわりに——地域包括ケアの推進と新たな社会問題…… 229

第8章　次世代を守るための災害時地域連携と PHR システム構築

吉　田　穂　波

1．はじめに——東日本大震災からの教訓………………………… 235
2．PHR システム構築への序章…………………………………… 246
3．PHR システム構築黎明期……………………………………… 253
4．PHR システム構築の今後……………………………………… 257
5．お わ り に……………………………………………………… 260

第9章　地域・医療機関での多職種連携

斎　藤　正　武

1．は じ め に……………………………………………………… 275
2．多職種連携の必要性 …………………………………………… 275
3．地域・医療機関で拡がる多職種連携 ………………………… 278
4．多職種連携のためのシステム開発 …………………………… 285
5．お わ り に……………………………………………………… 292

第 3 部　医療での ICT システムの活用

第10章　破壊的イノベーションに基づく日本の 医療情報戦略策定に向けて

安　積　　　淳
清　水　　　智
堀　内　　　恵

1．は じ め に……………………………………………………… 297
2．医療ビジネスの破壊的イノベーション……………………… 298

目　　次　xiii

　3．日本における EHR/PHR の代表的事例 ……………………… 312

　4．保健医療 2035 と破壊的イノベーション …………………… 320

　5．お わ り に……………………………………………………… 331

第 11 章　医療連携情報システムの情報品質評価

八　鍬　幸　信

　1．は じ め に……………………………………………………… 341

　2．システム・モデルより開発・利用モデル…………………… 342

　3．医療情報分野における情報品質研究の必要性……………… 345

　4．医療連携の情報品質評価モデル ……………………………… 349

　5．お わ り に……………………………………………………… 360

第 12 章　医療従事者からみたビックデータの
　　　　　情報活用

吉　田　　　敦

　1．は じ め に……………………………………………………… 363

　2．医療におけるデータ …………………………………………… 363

　3．医療従事者からみたビッグデータの解析…………………… 364

　4．医療機関におけるビッグデータ活用の実例
　　　——感染対策への応用を例として ………………………… 365

　5．おわりに——現場に活かすビッグデータ…………………… 376

第 1 部
医療の経営的視点

第1章　医療の質と病院経営の質

1．はじめに

インターネット，スマートフォン等の普及に伴い，患者であっても消費者意識が強くなってきた．つまり権利の要求が強くなり，医療の質に対する関心も高まってきた．医療側としては，第三者認証や企業で行われている品質管理手法を導入する等して対応が模索されている．

本章では，最近の医療界の変化を歴史を最初に踏まえた上で，医療の質保障に対する取り組みを紹介する．医療の質は，客観的なものだけではないので，歴史的な考察やその背景にある文化的な考察も必要になるからである．

2．医療の変化

2-1　科学としての医療の成立

現在，科学として理解されている知的方法は，17世紀を中心に成立した．それ以前の医学は，現在のトルコの沖にある，ギリシャ領のコス島に紀元前460年から37年頃に生きていたといわれるヒポクラテスの医学が源流であった．現在の医学会においてもヒポクラテスが話題になるのは，統合的な医療を行っていたからとされる．

一方，現在の科学に基づく西洋医学は統合的というより臓器別に考えるスタイルをとる．その科学は，第1に，神学者ではなく，実践的・合理的な知識人が担った，第2に，現象の背後にある本質を問うよりも，現象そのものの解析に向かった，第3に，科学が技術と手を結んだ，更に研究者が共同する機関ができて科学が制度化した等の特徴を持っている．

4　第1部　医療の経営的視点

　18世紀には医学といえば「内科」にかぎられ，外科は理髪師並だった歴史を引きずっていた．19世紀にはこういう差別が次第になくなった．それは，内科医と外科医が密接に共同し，解剖学・局在論が医師の常識になり，麻酔と，防腐・消毒によって外科手術の信頼性が増したからであり，また各国ですぐれた外科医が輩出されたためでもある．

　また，14世紀半ばから17世紀にかけて感染症，ペストの流行があったため，国家も医学や公衆衛生に介入をするようになっていった．

　中世の「文献医学」（library medicine），16〜18世紀のオランダのライデンを中心とする「ベッドサイド医学」（bed-side medicine）に対して，19世紀，特に1789年と1848年の革命の間のパリに開花した医学は「病院医学」（hospital medicine）と特徴づけられる．これは19世紀後半以降の「研究室医学」（laboratory medicine）となるが，その主な担い手はドイツ人であった．

　つまり要素還元主義とでもいおうか，疾病にも細菌のような原因があって，それを取り除けば疾病は治るという価値観が中心になっていったといえる．

2-2　福祉国家という概念

　一方，福祉国家という考え方も生まれてきた．要するに，国家の役割を，スミスがいうような防衛や治安維持等だけでなく，経済的格差の是正のための社会保障制度の整備や失業を減らすための雇用政策も行っていくという考え方である．財政に対しても，公共事業等を行って雇用を増やしたりする部分も出てくる．これは「大きな政府」という考え方にもつながる．

　1990年にデンマークの社会学者エスピン・アンデルセンは西側先進諸国を自由主義的福祉国家（アメリカ），保守主義的福祉国家（ヨーロッパ大陸），社会民主主義的福祉国家（イギリスや北欧）とし，福祉国家の発展は1つではないと論じる．

　また，「小さな政府」と「大きな政府」の中間を行く社会民主主義的福祉国家の考え方も出てくる．イギリスの前首相のブレアは，準市場とか擬似的な市場という考え方を使った政策，「第3の道」を提唱し，これは，管理された中

（市場）でプレーヤーを競争させることによって効率的な運営を目指すものである．

これらの考え方で，感染症対策以外にようやく仕組みとして，生活者である国民全体に医療を提供しようという土壌が生まれ，実行されていったのである．

2-3 日本の医療の歴史

ここで日本の医療の流れを簡単にみてみたい．日本の医学の始まりとしては，中国や朝鮮の影響を無視できない．新羅，呉から来日した医師や，遣隋使として中国で医学を学んだ医師が日本医学を伝えたのである．

中国では三国時代の有名な華佗のあと，宦官をつくる去勢術以外の外科が発達しなかった．それは，中国人の手仕事への軽蔑と共に，中国文化の非軍事的性格による，といわれる．日本もその影響を受けている．

江戸時代には，伊達騒動を描いた有名な『樅ノ木は残った』で知られる山本周五郎の小説『赤ひげ診療譚』に，「赤ひげ」と呼ばれる医師がえがかれる．赤ひげは，小川笙船という町医者であるが，1965 年の黒澤明監督の東宝映画をはじめ，その後もテレビドラマや映画になっており，また医療者にとってはその道徳的な行為で有名な医師である．

赤ひげは，江戸の町にいる身寄りのない年寄りが，放っておけば死んでしまうので，自らも奉仕的に治療を行い，更には，「どうかお上の手でそういう弱いお年寄りの収容施設をおつくりください．そうしていただけたらわれわれ町医者が相談をして，交代で看病いたしましょう」，と提案する．

徳川吉宗が，これはよい意見だと，文京区の小石川というところに小石川養生所と名づけた福祉施設をつくった．そして，吉宗は初代の院長にこの小川笙船を任命した．いってみれば町医者を抜擢して，日本で最初の国立病院の院長に任命したのである．この，小川笙船が赤ひげであるが，黒沢明も三船敏郎主役で映画化，また，この話を小説に書いたのが山本周五郎である．

赤ひげは気持ちを大事にした．しかし，生きていくためには，赤ひげとて，

6　第1部　医療の経営的視点

ある程度の金銭が必要である．そこにはどうしても矛盾が生まれる．

　しかし，赤ひげが採算を無視していたかというとそれもまた間違った認識である．経済学的に考えれば赤ひげは，貧しい患者さんからはお金を取らなかったかもしれないが，豊かな患者さんからは高いお金をもらって生計を立てていたことには変わりはない．ではなぜ赤ひげが尊敬を得たかというと，自らの懐に過剰な利益を入れずに，極めて低い利益率で医療を行っていたからだ．しかし一方では，患者さんを救ったという満足感，そのことによる患者さんあるいは市民からの尊敬の気持ちが赤ひげの金銭以外のモチベーションになっていたことはいうまでもない．

　また，経済学の言葉でいうと，赤ひげは個人のレベルで市民の所得再分配を行っていたことになる．

　なお，こういった個人の活躍ではなく，豊かな人から貧しい人への再分配を社会の仕組みとして行おう，というのが，前述した福祉国家であり，方法論としては社会保険制度である．

2-4　ドイツの医療の導入

　明治の日本は，国内体制ではドイツ帝国に学んで官僚主導型啓蒙主義を採用した．

　当時のドイツ帝国の仕組みは，一方には業種別に産業振興の省庁を並べ，その上に省庁を統括する内務省をおくというもので，そのバランスの上に国家の運営がなされる，という形である．これは当時としては，自由主義市場経済のイギリスと対極をなすものだった．

　産業革命を最初に起こしたイギリスでは，次々と出現する新技術や新商品の中で，どれがよいもので，どれがそうでないのか，誰も判断することができなかった．そこで，どれがよいかを選ぶのは買い手，つまり市場である，と考えた．ここで，官僚が介入するのは嘘偽りがあった際の懲罰にかぎられた．いわゆる事後チェック方式であるにかぎる．これが参入自由と消費者主権を特徴とする自由主義市場経済である．いうまでもなくこの考え方はアメリカに引きつ

がれている.

　これに対して，イギリスよりも半世紀ほど遅れて産業革命が起き，近代工業化に乗り出したドイツでは，イギリスと同じ自由主義市場経済ではイギリスに追いつけず，全てを奪われてしまう，という危機感があった．そのため，何がよいかは専門的知識のある官僚が決め，民間はそれに従って生産に励めばよい，という官僚主導型啓蒙主義を採用した．前述したように「研究室医学」もこの流れで奨励された．

　この考え方の下では，重要なことは，自由な参入や消費者の選択ではなく，国全体としての生産の拡大と，無知な国民が悪徳業者にだまされないように保護することだ，と考えられていた．ドイツの鉄血宰相ビスマルクは，そのような思想を実現したといえる．

　最近でこそカルテの記載も英語や日本語になったが，ガーゼ，レントゲン，アルバイト，エッセン（食事），カルテ（診察録），クランケ（患者）等，医学の世界では日常的に使い慣れた言葉が，ドイツ語に由来することがしばしばである．

　1869（明治 2 年），佐賀藩の医師相良治安が，政府の「医学取調御用掛」に任命され，日本の近代医学のモデルとなる選択をすることになった．当時の政府閣僚は，戊辰戦争の折に，会津で献身的な働きをしたイギリス人のウィリアム・ウイルスの手柄を評価し，イギリス医学を推薦した．当時の医学の流れは，漢方からオランダ医学へ，更にイギリス医学へという流れになっていたのである．相良治安は，これに異論を唱え，結果的には，指導国をドイツに切り替えさせたという．

　当時，新興国であるプロシャは 1866 年の普墺戦争，1870 〜 1871 年の普仏戦争に勝利をおさめていた．1871 年にヴィルヘルム 1 世がドイツ皇帝の位につき，社会保険を作ったことでも知られる鉄血宰相といわれたビスマルクが帝国を実質的に支配するようになった．ビスマルクは軍備を拡張したが，同時に科学を奨励し，そのなかで医学も奨励した．同時に社会保険をも創設した．当時のドイツには首都のベルリンをはじめ各地に優れた医学者が多くいた．

8　第1部　医療の経営的視点

　ただ，ドイツ医学にはある特徴があった．当時は，病院を中心にしたフランス流の「病院医学」が中心であったが，ドイツだけは，ロマン思想の影響もあり，ハーネマンの提唱したホメオパシー（症状を起こすものはその症状を取り去ることができるという概念の下，症状を起こす成分を極度に稀釈して投与することによって体の自然治癒力を引き出すという伝統的な療法）にみられるような非近代医学の雰囲気が漂っていたため，医学の面で他のヨーロッパ諸国に取り残された形になっていた．その遅れを取り戻すために，ドイツでは実験的な研究を行い，論文を短期間に多量に作成することに主眼をおいた．ドイツはいわば「研究室医学」を興したといえる．一方，米国，フランス，イギリス等では「研究室医学」ではなく，病院で実際に患者の治療を行いながら医学の研究を進める「臨床医学」に注目していた．

　ここに，ドイツに学んだ医局制度を基にした研究中心，いいかえれば大学，中でも基礎医学中心の，日本の医療の流れがつくられる．この流れの中で，日本古来の医療が顧みられなくなった．また，ドイツ流の基礎的な学問中心，いいかえれば供給者主体の医学あるいは医学教育が中心になったのである．

2-5　医療保険制度の創設

　日本でも諸外国と同じように，福祉国家あるいは医療保険創設のムードが起きる．後藤新平（1857-1929年）は医師・官僚（内務省衛生局長）であり政治家であった．

　後藤新平は奥州・水沢藩の藩士の子として生まれ，福島県の須賀川にある医学校で学んで，20歳で医師となる．25歳で愛知県病院長と同医学校長となったことからもわかるように，若い時から頭抜けた能力と指導力を世に示したのである．後藤はその後内隣省の役人となり，当時の衛生局長であった長与専斎の薫陶を受け，伝染病，公衆衛生，国民生活等の仕事に従事した．転機は1890年のドイツ留学で訪れる．

　帝都復興院総裁として，大震災後の東京復興計画を立案した．また医療関連では明治時代の健康保険，あるいは社会保険の基礎づくりに貢献したのであ

る．これには，世界で最初に社会保険制度を創設したドイツのビスマルクの影
響があることはいうまでもない．

その後，1950年代半ばまで，多くの農民や自営業者は無保険者で国民の約
3分の1にあたる3,000万人が無保険者であった．1950年には就業者の48%
は，農業・林業・漁業等1次産業に従事していた．2人に1人は農民だった
し，高校に進学する女子は3人に1人，男子も2人に1人は中学を出ると働き
始めた．1人あたりの国民所得は124＄で，アメリカの14分の1に過ぎなか
った．平均寿命は，男58歳，女61.5歳である．

日本では1955年頃から本格的な経済成長過程に入り，急速に成長を遂げ国
民生活も向上した．その中で，被用者保険や被用者年金に加入していない自営
業者や農業従事者等に加入を義務づける新しい国民健康保険法が1958年に制
定された．また，1961年に国民健康保険事業が全国の市町村で始められ，国
民年金法が全面施行され，国民皆保険・皆年金が確立された．

1961年に国民皆保険制度が創設されて以来，2011年で半世紀が過ぎ，国民
皆保険制度は，あって当たり前の空気のような存在になっている．

しかし，当時の医療のスナップショットは下記のようなものである．

　　「当時，往診で患者を見に行きますと，お腹がふくれてしまっていて，
　肝臓がんなのか胃がんなのか，あるいは腎臓が悪いためにお腹がふくれて
　いるのかわからない，ということがよくありました．

　　『これはもう手術もできません』というと，『ありがとうございました』
　といって，回りの人間は喜ぶわけです．

　　そこで『さあどうぞ』と隣の部屋に案内される．親類がズラッと座敷に
　並んでいる．『先生，まあ一杯』と酒が出る．とにかく病院から医者を呼
　んできたというだけで，本人も回りの者も十分満足したものなのです
　……」（新村拓（2011）「国民皆保険の時代」18頁）．

当時は医者を往診に呼ぶことを『医者を揚げる』といったが，それは『芸者

を揚げる』と同じで，非常に贅沢なことであった．

2-6　その後の日本

日本では，その後も続く高度経済成長の中で，医療保険の給付率の改善，年金水準の引き上げ，生活保護基準の引き上げ等，社会保障分野での制度の充実・給付改善が行われた．

更に，1973年には，70歳以上の高齢者の自己負担無料化，健康保険の被扶養者の給付率の引き上げ，高額療養費制度の導入等大幅な制度拡充が行われ，福祉元年と呼ばれた．なお，高度経済成長というのは今では昔の言葉で，現在の日本人の4人に1人は，高度経済成長が終焉したのちに生まれている．

1973年秋にオイルショックが勃発し，石油価格の高騰がインフレを招き企業収益を圧迫し，高度経済成長時代の終焉をもたらした．インフレに対して給付水準を合わせていくために，社会保障関係費が急増し，安定成長への移行及び国の財政再建への対応，将来の高齢化社会へ適合するよう，社会保障制度の見直しが行われていく．1982年に老人保健制度が創設され，老人医療費に関して，患者本人の一部負担導入や全国民で公平に負担するための老人保健拠出金の仕組みが導入された．更に，1984年には健康保険の本人負担を1割に引き上げ，退職者医療制度が導入された．

その後，医療費抑制策が今日まで続いていくことになる．

2-7　科学の進歩の影響

科学の進歩は長寿を生んだが，しかしそのほかにも多くの変化をもたらした．

1960年代以降の医療の変化の内，最も大きな変化は，疾病構造の変化である．すなわち，旧来は結核や肺炎等の感染症をはじめとする急性疾患が中心であったが，医療技術や生活水準の向上に伴ってそれらは減少し，かわりに糖尿病等の慢性の疾患，生活習慣病が増加した．厚生労働省によると，生活習慣病とは一般的に糖尿病，脳卒中，高血圧，心臓病，高脂血症，肥満の6つで，広

図表 1-1 国民医療費・対国内総生産及び対国民所得比率の年次推移

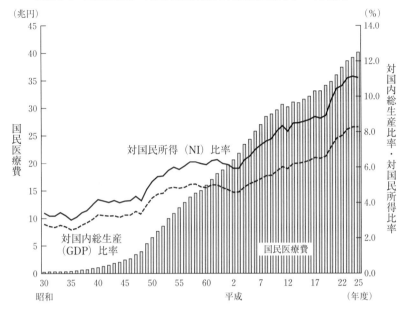

義では，高尿酸血症に高脂血症，脂肪肝，胃潰瘍，歯周病等も含まれる．また，厚生労働省の報告によると，日本人の3大死因は1位「ガン」，2位「心疾患」，3位「脳血管疾患」（現在は高齢者の増加により「肺炎」）だが，これら全てが生活習慣病に深く関わっているといわれている．

更に人口の高齢化は医療費の増加を招く．2013（平成25）年度の国民医療費は40兆610億円（図表1-1）で，65歳以上の高齢者の医療費は医療費全体の57.7％となっているし，また，3人に1人がガンで死亡というように疾病構造の変化がおきている．

3．医療の質をどう考えるのか

みてきたように国の医療はその国の歴史や疾病構造の変化を背負っている．従って医療の質を評価する場合にも背景や文化を全く無視するわけにはいかな

い．この章では，最先端の医療を提供している米国を主に，医療の質に対する
考え方をみてみたい．

3-1 米国での医療の質の担保

既に述べたように米国の医療は臨床医学が中心ではあるが研究も盛んである．

日本からみた米国の医療は両面性がある．最先端の医療研究を求め米国に留
学したり，最先端の医療技術を身につけるために米国で研修を受けたりした経
験のある医師は多いであろう．筆者もその1人であるが，米国の膨大な研究費
用，システマティックな研究体制，そして高度に専門分化され非常に多くの症
例をこなすことができる専門医制度に感銘を受けた医師は多いはずだ．

一方，日本医師会をはじめとして米国医療に非常に批判的な医師たちもい
る．この乖離の原因を筆者は保険制度が充実していないために格差医療になっ
ているアメリカに対する批判と，最先端の医療を行っていることに対する賞賛
が混同されている，いいかえればある一面についてのみ批判や評価をしている
ためだと考える．

冷静に分析してみると医療提供のシステムという点では米国に一日の長があ
るということを認めざるを得ない．その1つがほぼ全ての米国の病院が余震し
ている第三者評価である joint commission（JC）といった仕組みである．

joint commission は joint commission international（JCI）という形で日本に進
出してきており，日本でも現在17の医療介護組織（図表1-2）が認証されてい
るので有名になっている．しかし米国においては joint commission は日本にお
ける医療機能評価機構のようにあくまで医療のベースを持っているかどうかを
評価している組織という位置づけである．つまり真に高度でシステマティック
な医療を行っているかどうかという視点での評価ではないのである．

ではどの組織が高度でシステマティックな医療を提供しているかということ
を第三者的に認めているのであろうか．それが今から述べる米国の国家組織で
ある NIST（National Institute of Standards and Technology：アメリカ国立標準技術研究

第1章　医療の質と病院経営の質　13

図表 1-2　JIC 取得機関

・亀田総合病院
・NTT 関東病院
・聖路加国際病院
・徳州会：湘南鎌倉病院
・聖隷浜松病院
・相澤病院
・済生会熊本病院
・徳州会：葉山ハートセンター
・埼玉医科大学国際医療センター
・足利赤十字病院
・沖縄南部徳州会病院
・東札幌徳州会病院
・メディポリスがん粒子線治療研究センター
・老健リハビリよこはま
・東京ミッドタウンクリニック

所）が行っているマルコムボルドリッジ賞の医療バージョンである．

　最初に JC について述べよう．

3-2　TJC と JCI

　1910 年代に米国，ハーバード大学外科医のコッドマン教授が，「自ら行っている診療行為を第三者的立場にいる別の専門医，外科の専門医に評価をしてもらいたい」，と考えたのが JC 誕生のきっかけである．外科手術患者の退院後の追跡を行い，診療の質を結果によって評価するシステム（End-Results system of hospital standardization）を考案したことが発端とされる．次いでコッドマンらを中心にアメリカ外科学会が設立され，手術後の経過を評価する手法を用いて医療の標準化が行われ，やがて最初の本格的な医療評価マニュアルである「Standard Manual」が作成され，1950 年には全米で 3,200 件の医療機関がその認証を受けるまでになる．

　次いで 1951 年，非営利組織として設立された JCAH（Joint Commission on

14　第1部　医療の経営的視点

Accreditation of Hospitals）はこの認証事業を受け継ぎ，その後 JCAHO（Joint Commission on Accreditation Healthcare Organization），2007 年には TJC（The Joint Commission）と改称されて現在に至る．また，1994 年には JCI（Joint Commission International）が設立され，アメリカ国外の医療機関の評価に着手した．

3-3　日本での病院認証

　日本においては 1985 年に厚生省（当時）と日本医師会が合同で病院機能評価に関する研究会を設置し，1987 年，「病院機能評価マニュアル」が作成された．このマニュアルによる自己評価の調査結果では，全国の 3 分の 2 以上の病院から回答が得られ，病院機能評価に対する理解と関心が示された．同年，東京都私立病院協会青年部会において JCAHO 研究会が発足され，1990 年には医療の質に関する研究会が発足し，評価調査者の育成や中立的な立場による学術的な第三者評価が行われた．やがて 1993 年厚生省（当時）の病院機能評価基本問題検討会により，第三者による中立的な医療機関の評価を行う公益法人の必要性が提言され，1995 年日本医師会内に設立準備室が発足して現在の日本医療機能評価機構が設立されるに至っている．

3-4　JCI の認証のメリット

　JCI の認証は世界各国に及び，2016 年 3 月現在で 822 施設に及ぶ．

　これは，避けられない医療の国際化の流れにのっとり，医療ツーリズムという動きに関係がある．

　日本の医療機関が国際認証機関の JCI で認証を受けるメリットは何か？　米国の場合には，保険の支払いに関連がある．しかし，JCI の場合は米国と異なり，保険会社から受ける直接のメリットは少ない．しかし，医療ツーリズムにおいて米国保険者が病院を紹介する時にメリットがある．

　但し，このメリットは日本でも同じであるが，日本が中国やロシアの患者をターゲットとしているとすると，米国保険者からの患者紹介というメリットはあまり多くないであろう．JCI の親組織である TJC の米国内認証が，保険者へ

のメリット追求，質改善，及び業界のスタンダードといった趣が強いのに比べ，JCI の認証は差別化の意味が強い．すなわち，JCI の認証の意味が消費者あるいは患者に対してはブランドの意味がある．つまり，JCI の認証の意味は，質改善と同時に消費者や患者への直接アピールにあるのである．

つまり，メリットはむしろ消費者や患者との関係にある．すなわち，海外に住む米国人であれば，国内と同じ認証を受けている医療機関を選ぶであろうし，米国企業もそういった医療機関との提携によって海外赴任の従業員へのメリットを考えるであろう．これは結果的に，保険会社が JCI 認証機関との提携を選ぶことになるかもしれない．また，後述するように患者安全や医療の質の向上という大命題のためにあるのである．

しかし，JCI は必ずしも認証ビジネスのみを狙っている団体ではない．いずれにせよ，JCI ＝医療ツーリズムという誤解はあってはならない誤解と考える．

3-5　マルコムボルドリッジ賞 (MB 賞)

次いで，米国において高度でシステマティックな医療を提供しているという証の，MB 賞について述べたい．

米国では様々な形で，医療機関が「外部からの目」を取り入れている．そしてそれに対応するために内部での組織の成熟のために多くの経営管理・品質管理手法を取り入れている．

米国で，以前にも増して「外部の目が」医療の質に介入するきっかけとなったのは，1999 年の米国医学研究所 (Institute of Medicine: IOM) が発表した「年間最大 98,000 人が医療ミスで死亡」という事実を報告したレポートである．日本語訳では「人は誰でも間違える」という書籍になっている．このレポートが医療の質を向上させる活動への大きな原因となったといえる．

医療における MB 賞への試みが多くなったこともこの流れに便乗していると考えられる．すなわち，権威ある第三者の評価を受けないと病院が生き残れなくなっているのである．

高い評価を受けるエッセンスとしては，チーム医療，看護師の活用，組織の

16　第1部　医療の経営的視点

方向性を同じにする，プロジェクトチームの活用，といったことがあげられる．また，経営手法をミックスして使いこなしている．すなわち質の管理においては，企業と医療機関の違いは感じられない．

因みに，使用されている経営手法は以下の通りである．

　　戦略系：MB賞のフレームワーク，バランストスコアカード

　　現場系：シックスシグマ，リーン経営，スコアカード

　　基盤系：ISO，TJCのフレームワーク

これらは，医療の質を担保するためのクオリティ・インジケーター (QI)[1] の達成のために使われている．

ここで，MB賞について簡単にまとめておきたい．

1980年代，日本経済は絶好調で，日本の経営がもてはやされた．書籍では「Japan as Number 1」等が上梓されたのである．それに対して，アメリカは，1980年代前半の経済活動の大幅な落ち込みの原因分析と根幹的な対策の確立に国をあげて取り組み，日本の強さは品質にあると結論された．そこで，1987年のレーガン政権下，競争力強化のための法制化でマルコムボルドリッジ賞の設立を決定し，1988年からマルコムボルドリッジ賞のスタートとなったのである．著名な受賞企業としてはボーイング，テキサスインストルメンツ，ゼロックス等があり，大統領自らが受賞の表彰を行うことでも知られている．また，MB賞にかぎらず，シックスシグマ等もこの頃に誕生している．品質と並んで顧客志向も経営品質賞の重要なキーワードになっている．

更に社会的に大きな問題となっている病院や学校の経営の分野でもMB賞を対象とすべく1994年からパイロットプランがスタートした．1995年には，46の医療機関と19の学校が審査に応募し，評価とフィードバックが行われた．そして，2000年度からは「教育」と「ヘルスケア（医療・福祉）」の2部門が新設された．

一方，日本では（財）社会経済生産性本部（現在の（公）日本生産性本部）が日本版マルコムボルドリッジ賞として，日本経営品質賞を設立し，1996年からスタートした．毎年12月に受賞企業が発表される．第1回の受賞企業は「NEC

半導体事業グループ」，1997 年度はアサヒビール，千葉夷隅ゴルフクラブ等で，必ずしも大企業ではない．また 1997 年 3 月 26 日地方自治体として第 1 号の経営品質賞が板橋区役所で誕生した．現在千葉県，新潟県，福井県が県としての経営品質賞を設置している．

　この考え方の特徴は 4 つである．

①　顧客本位：価値の基準を売り上げや利益ではなく，顧客からの評価におく．

②　独自能力：他組織と同じことをよりうまく行うのではなく，他組織とは異なる見方，考え方，方法による価値実現を目指す．

③　社員重視：1 人 1 人の尊厳を守り，社員の独創性と知識創造による企業・組織目標の達成が重要．

④　社会との調和：企業・組織は社会の一員であるとの考え方に基づいて，社会に貢献する，社会価値と調和することを目指す．

3-6　米国の代表医的な受賞病院

　米国の代表医的な受賞病院を紹介しよう．特徴としては地域に根づいた病院が多いということである．データは 2005 年のものである．

(1)　Saint Luke's Hospital of Kansas City〈医療部門〉

　カンサスシティ・セントルークス病院：創業 1882 年の歴史を持つ同病院は，ミズーリ州カンザスシティで最大の病院である．教会の付属機関であることから非営利組織でありながら，各部門 24 時間体制で運営されている．看護婦学校や外来センター等様々な施設を併設している．職員 3,186 人．医師 500 人．収入 9 億 3,700 万ドル．患者からの評価としては，全米 4,500 病院中患者評価 35 位（2002 年），地域内 21 病院中で，治療，医師，看護婦の評価が第 1 位（1997 年）等の成果を得ている．患者の不満は 24 時間以内に報告する等，12 の顧客対応基準を持つ．

(2)　ロバートウッドジョンソン大学病院〈医療部門〉

　ニュージャージー州，ハミルトンにある 200 床の同病院は，35 万人の地域

18 第1部 医療の経営的視点

住民に急性疾患医療サービスを提供している．従業員 1,734 人，医療スタッフ 650 人以上．救急患者が来院後，15 分以内に看護師が対応し，30 分以内に医者が対応することを保証する「the "15/30" program」を 1998 年に導入して以来，患者満足度は 2004 年で 90％（2001 年 85％）を得ているほか，患者自身がプロセス改善と戦略策定プロセスに参画・評価や提案等を受ける仕組みを取り入れ，視野を医療以外の領域にも向けて革新活動を継続している．

(3) Bronson Methodist Hospital 〈医療部門〉

ブロンソンメソジスト病院：ミシガン州に所在．職員数 3,182 人．343 の認可ベッド（全個室）を抱える同病院は，入院と外来サービスを行う第 3 次医療センターである．質改善の取り組みにより，老齢者医療における死亡率が 2002 年の 4.8％から 2005 年 1 月から 7 月には 3.5％まで下がるという驚異的なパフォーマンス向上をみせた．またそれ以外にも，感染率が減少した．

患者中心が同院の戦略の中心であり，患者満足度調査等多岐にわたる「聴いて学ぶ」アプローチをとっており，リーダーをはじめ患者と関わるスタッフは，患者と話し，患者から学ぶという「輪（rounds）」を実践している．結果，入院・外来両サービスにおける患者満足度は 2002 年のおよそ 95％から 2004 年の 97％にまで向上した．

3-7 日本での取り組み

米国 MB 賞において医療分野が重視されてきたという背景を受けて，日本でも医療において経営品質の考え方を使えないかという議論が出てきた．ここで問題になったのは日本の医療機関において米国のように直接に経営品質という考え方を導入してもよいのであろうかという点であった．例えば米国においては株式会社が公に認められている．

日本においても，株式会社立の病院は存在するが，それらの病院が，公立病院や公的病院や医療法人立等の病院に対して対等にものをいっているとはいいがたい．いいかえれば昔から存在しているために例外的に認められた病院だといった位置づけである．

しかしこのような病院においては，主として製造業の従業員の健康管理から起きているために品質改善の努力や品質改善手法の導入といった意味では，公立，公的，医療法人グループに負けないものあるいはよりすぐれたものを持っているケースも少なくないと思われる．

逆にいえば米国においては，十数％の株式会社立病院が存在しているために，非営利経営をしている80％以上の病院においても品質を高める努力という点においては株式会社の導入している品質改善手法を積極的に取り入れているといってもよい．そのために上述したように多くの品質改善手法を導入している病院が多いということなのである．

更に医療の質に関しても米国の方がQIが先に普及していたためにかなり透明化されており，医療以外の専門性を持つ，例えば品質管理者においても医療の質を評価し改善することができるという環境が整っていた．

このように医療をとりまく環境がかなり異なっている中で日本において直接に経営品質の考え方を医療機関に導入することは少し難しいのではないかという議論が生産性本部の中でも起きた．生産性本部の中では，本格的に企業と同じ経営品質という考え方を持つ病院が応募する，あるいは評価する前に医療職の目も含めた評価を先に行ってはどうかという意見が出てきた．まさにこれが現在の日本版医療クオリティークラブ（JHQC）の発足につながったのである．

3-8　病院でも経営品質賞を受賞する時代

時は10年ほど流れ，現在では，2011年に川越胃腸病院，そして2012年には福井県済生会病院の経営品質賞の受賞が行われた．勿論，JHQCのSクラス認証という適正な医療の品質を持つということを前提にしての受賞であるが，日本でもようやく米国のMB賞受賞病院と同様のレベルの病院が生まれてきたということになる．

JHQCでは，2014年現在，上位認証のSクラスの認証病院が4つ（内，経営品質賞受賞2），Aクラスの認証病院が8つという状況であり，JCIの医療介護施設を上回る数の認証を行っている．認知度はJCIに比べればかなり低いので

20　第1部　医療の経営的視点

あるが，JCI の認証と比較してみよう．

3-9　JCI との相違

　述べてきたように，本来 JC は米国では基盤的な認証になっている．しかし米国以外の国において，JCI はその本体である JC とは若干違った位置づけになっている．

　例えばアラブ諸国で高度な医療を展開している国である UAE においては，2013 年で JCI の認証組織は 92 カ所ある．これはドバイの国が人口が 934 万人（2013 年）であることを考えると驚異的な数となる．一方シンガポールにおいては 21 病院が認証されている．これも同じようにシンガポールの住民が 500 万人ほどであることを考えると非常に多いといえる．

　こういったケースは JCI が医療機能評価機構のような役割をしているともいえる．しかし国によっては英語のハードルがあったりすること，あるいは自国で独自の病院機能評価機構が存在している国においては若干様子が違う．これはタイや，韓国，マレーシア等にみられる現象であるが，やはり自国での病院機能評価が基盤的な認証になり JCI は高度な医療機関で，場合によっては医療観光を行っている医療機関の認証のようになっている．これは JCI が高価なために認証の費用対効果を考えればなおさらである．

　日本においても同様の状況であるといえよう．一方日本における経営品質賞は，地域医療を中心に行っている病院でも受賞できる．いいかえれば，最先端医療を行っている高度急性期病院，ある分野で世界に冠たる病院は JCI を狙い，JHQC の S クラスはそこまでの病院でなくても認証できるし，意味があるという点が異なるといえよう．

4．病院経営の質

　最後に，医療の質を担保する病院の組織としての仕組み，いいかえれば病院経営の質はどのように担保されているのであろうか．本章の最後に考えてみたい．

4-1 医療環境の変化

　一般の産業の組織であれば，創業者がやりたいこと，つまり理念であるが，これを従業員が一丸となって達成することが必須組織の存在意義となる．病院組織は，国としての基本インフラである社会保障の一部であるがゆえに，創業者の理念というものよりも，国としての方針や政策に依存する部分が大きくなる．更に，診療報酬といったインセンティブの制度があるために，外部環境に依存する部分が更に大きくなってしまうのである．

　これが，独自の方向性を打ち出している一般の組織であれば当然とされる考え方を病院が行いにくくなったり，あるいはマーケティングといった患者本位にあるいは患者満足度を追求するといった考え方が希薄になってしまった理由である．

　しかし日本の医療制度においては3割の自己負担の仕組みがあるために，また新自由主義的な改革によって医療という分野が聖域でなくなったりしたために患者の消費者意識が強まった．また，日本の病院は診療報酬が出来高制という形をとり，従って患者がこなければ報酬をもらえないという仕組みをとっている．これはイギリスや北欧等の税金で病院を運用したりしている国における予算性とは，対極にある仕組みであり，単純に患者がいなければ経営が成り立たないという仕組みなのである．

　従って消費者となった患者に対して現在の病院は医療サービス産業であるとし，患者満足度を追求していくように方針転換をしているところが多い．

　一方，教育に対してモンスターペアレンツが出現したのと同様，患者の消費者意識は病院に対してモンスターペイシャンツを生み出した．勿論これだけが要因ではないのであるが，こういった社会の変化や患者の変化が医療者に影響を及ぼし医療者が疲弊し医療崩壊という言葉が頻繁にいわれるようになった．

4-2 医療機関へのマネジメントの導入

　近年，『マネジメント』という用語を医療者の間でも時々聞くようになった．これには前述したような外部環境の変化に伴い，医療者が自らの組織のあり方

を考え直すようになったためであることが大きい．経営学には非営利組織の経営という学問分野がある．これは株式会社が株主への利益還元を第一優先に考えるのにくらべ，創業者の思いあるいは社会的な使命を達成することを目的とした組織である非営利組織の経営を考えるという学問である．

『マネジメント』という言葉を発明したといことでも知られる経営学の泰斗であるドラッカーにおいても，非営利組織の経営に非常に関心があったことで知られる．しかし一方，ドラッカーは企業の非常に重要な試みとしてマーケティングとイノベーションをあげていたことでも知られている．

4-3　医療機関へのインセンティブの変化

医療制度の改革や政策の実行という点において『マネジメント』の視点はあるのであろうか．『マネジメント』の視点は多々あるが，最初に金銭ではない動機づけを考えてみたい．そう思うと，医療界では，金銭による動機づけが非常に多い．典型的なものが，診療報酬や薬価等を決定する中央社会保険医療協議会（中医協）である．ここで「医療の値段」を決めることは，合議制の仕組みであり，日本的に優れた仕組みかもしれないが，結局医療機関へ配分するお金の多寡で医療を誘導することになる．

一方では，「医療はお金ではない」という医療者側からの声も聞こえる．どちらが本当なのかがわからないというのが，多くの方の偽らざる実感ではなかろうか．

ドクターフィー，すなわち優秀な医師へは高い報酬を支払うべきという考え方がある．しかし，医療において何が優秀なのであろうか．患者を多く治すことであろうか，難しい患者を治すことであろうか，お金を稼ぐことであろうか．米国的なドクターフィーの考え方では，結局多くお金を稼いだり，もらうことが目的につながってしまう．

実は最近の米国でもメイヨークリニックあるいはピッツバーグ大学病院等の非営利型でかつ本格的な『マネジメント』を導入しているような病院においてはドクターフィーの制度ではなく医師を病院に雇用するという，いわば日本型

の病院経営のスタイルに変革している点も注意を要する.

　企業においても過剰な成果主義が問題視されている現在，またチーム医療が叫ばれている医療界において，中医協等でもこういった議論が併存していたことが，「医療はお金」なのか「医療はお金ではない」のかをわかりにくくしている.

　もう1つの『マネジメント』の視点は，今ある資源（場所，設備等）の有効活用である．世界に類をみないスピードで超高齢社会を迎えてしまった日本であるので，海外も含め適切なベンチマークはない．そのため，ドラッカーが重視したイノベーションの視点も忘れてはならない．イノベーションとは単に技術の革新ではなく，生産手段や資源や労働力等を今までとは異なる新しいアイデアで結びつけ，そこから社会的意義のある新たな価値を創造し，社会的に大きな変化をもたらす変革を指す．病院の数を減らしたり，施設への移行を金銭的な誘導で促すだけでよいのであろうか．単に旧来からある日本の資源を組み替えるだけではなく，新たな付加価値を生み出さねばならない．こういった変革つまりイノベーションは現場のアイデアから生まれる.

　最近指摘されるように，診療報酬での誘導には限界が来ていると考えられる．この1つの表れは地域医療構築のために診療報酬ではなく基金をつくり，そこから資金を捻出するといった動きからも，政府自体がある程度認めているともいえる.

4-4　病院が自立していくには

　医療の目的も変わってきている．最近いわれる生活を支える医療といったことは，画一的な医療ではできない．すなわちかつての感染症対策のような官僚主導で強制的に行っていた医療は姿を消していくことになる．ここで難しいのは，急性期医療においては診療ガイドラインやクリニカルパス等の徹底において標準化が重要になってきている点である．今まで標準化が進んでいなかった病院において標準化を行うことが『マネジメント』であると誤解される可能性があるからである.

24　第1部　医療の経営的視点

　しかし真の意味での『マネジメント』とは標準化を行うことだけを意味しない．ドラッカーが指摘するように，自らが自立して経営を行っていることのための手法としてマネジメントがあると考えた方がよい．その意味では急性期病院においては単に物事を標準化していくだけではなく標準化を超えたところにバリエーションを認めつつもバリエーションを減らしていくといった『マネジメント』が必要になったり，無駄を排除して標準化をしていくというリーン経営といった視点も必要になっていくであろう．

　但し，逆のいい方をすれば長期に患者の接点を持たなければならない療養病床とか亜急性期の病床こそが『マネジメント』がより必要であるといえないこともない．

4-5　病院経営形態のありよう

　こういったことを前提に病院経営形態のありようを考えてみたい．経営学の視点では組織の経営を非営利組織と営利組織に分けることが通常である．病院においては非営利型も営利組織もあるというのが世界的な標準になっている．つまり営利組織である株式会社が病院を経営しているケースが存在するということなる．

　日本においても直接企業が経営しているケースは存在しており，すなわち株式会社の病院経営が新たには認められないまでも存在しているということになる．

　ここであらためて問題になるのは病院経営形態のありようということになろう．株式会社は人類の史上最大の発明といわれることもある．この本質は資本と経営が分離していることになる．逆にいえば非営利組織の経営においては資本と経営が一体化していることが多い．この違いが何を意味するかというと，経営者の目的や理念と資本家の目的が株式会社においては，必ずしも一致しないということになる．つまり資本家はその会社が何を目的としているかに必ずしも共感を持っているわけではなくて，その会社に投資することでどのようなリターンが得られるかということを一義的に考えることが目的になる．このよ

うな株主への還元が最も重視されなければいけないというのが近年の株式会社の傾向になる.

　非営利組織の場合は，通常資本家と経営者は一体化しているので，経営者の意向，すなわちその会社の理念目的を達成することが組織の一義的な目的になる．利益を目的とするのではなくて，目的や理念を達成することがその組織の意味になるのである.

　このように考えてくると非営利組織の方が病院経営にふさわしいと考える人が多いであろう.

　株式会社が利益を最大化するという目的において，海外の株式会社による病院経営がそうであるように，値段を自由に決めることができるといった点が非常に重要な要素になる．逆にいえば日本のように公的皆保険が充実している国において，株式会社の参入余地は極めて乏しいといわざるを得ない.

　しかしこれは従来からある株式会社の病院を否定することにはならない．なぜならば株式会社というのは，利益を追求するためではあるが，効率的な経営を行うという遺伝子が組み込まれているからである．一方，非営利組織の経営は理念重視の美名の下に多くの無駄が行われやすいということもまた事実なのである.

　こうなってくると非営利組織と株式会社の両方の良さを併せ持った組織こそが病院経営にもふさわしいことになる.

　ここで，他の産業においても同じことがあてはまるのではないかという疑問にだけ答えておきたい．株式会社が，なぜ史上最大の発明といわれるかというと，その資金調達力が非常に強いということによる．つまりお金を出す人が経営と分離されているということは，その経営の失敗において，経営者は勿論経営責任を追及されるが過剰な精勤の追求がない．一方，投資をしている資本家も過剰な損害を被ることがない．つまり資本家がお金を出しやすく，経営者がお金を集めやすいという仕組みが株式会社なのである.

　すなわち，新しくビジネスを起こす場合，投資を行う場合や，新たな場所や分野に進出していくような場合においては，この株式会社という仕組みは非常

な効果を発揮するのである．しかし日本において医療分野では産業規模としては年間1兆数千億円増加してはいるが，新たに病院を作るケースというのはほぼ想定されていない．その意味で，株式会社による新規の病院経営は日本においては必要でないと筆者は考える．

4-6 非営利で効率的な経営

では，非営利で効率的な経営を行うにはどうしたらよいのであろうか．まず，第三者の目が必要になる．この代表的なものは，医療機能評価，ISO，JCIといったものになろう．というのは，前述したように非営利組織の欠点として，独善的な経営があげられるからである．

そして効率的な経営に関しては株式会社の病院あるいは株式会社そのものに学ぶことも必要になってくる．そういった医療経営のモデルはないのであろうか．そのモデルの1つに米国ピッツバーグのピッツバーグ大学病院（UPMC）があげられる．この病院はいわゆるIHN（Integrated Healthcare Network）[2]のモデルとしてもしばしば取り上げられるので有名である．

UPMCの理念は「際立った患者ケアをコミュニティの人に提供し，また多数のヘルスシステムを臨床技術のイノベーション，リサーチ，教育を通じて提供すること」である．そしてUPMCでは2000年から2013年に平均12％の利益率の向上，従業員が平均6％増加した．売り上げはグループ全体で，10Bil$（1$120円として1兆2,000億円）になるという業績を納めている．勿論売り上げ規模が大きいのは病院のみならず保険会社を持っているからで，全てが病院や介護の売り上げではない．グループ全体では30の病院，4,700のベッド，年間26万件の入院及び外来観察を行っており，400万人の外来患者を診察している．また医師は3,400人，更に高齢者施設としては2,700ベッドを持つ．特記すべきは国際展開も行っている点である．18カ国にオフィスを持ちその中でもイタリアとアイルランドには病院を持っている．

ではこの施設ではどのように効率化の達成をしているのであろうか．この方法の1つとして，リーン経営すなわちトヨタ生産方式が利用されているのであ

る．また，UPMC 関連病院の中で最大の病院であるシャディサイド病院においては患者満足度追求がもくろまれている．

シャディサイド病院は 520 ベッドの 3 次救急の病院になる．この病院は従業員 3,100 人，年間 5 万件以上の救急患者，年間 17,000 件以上の入院を行っている．患者満足度の追求を徹底的に行い，また地域の病院同士でのベンチマークを行っている．具体的には看護師と患者のベッドサイドでのコミュニケーションを向上させること，退院後に電話にて患者をフォローすること等を行っている．

実はこのエリアにおいてシャディサイド病院はナンバーワンの患者満足度病院ではない．ナンバーワンの病院はセントクレア病院であるがこの病院もリーン経営を導入している．

4-7　ICT の活用

病院経営の質を担保するには ICT の活用も欠かせない．米国医療では ICT 活用は急速に進んでいる．これにはデータ活用と電子カルテの利用と 2 つの側面がある．

またオバマケア[3]では医療費の効率化のために ICT を積極的に利用することも決められている．

4-8　米国病院の例

米国シカゴにあるノースショアホスピタルでの取り組みを紹介する．

ノースショアホスピタルは 4 つの病院からなり，計 950 ベッド，従業員が 1 万人，医師は 2,700 人で，そのうち 700 人が契約ではなく雇用の医師になる．年間の入院数は 6 万人でシカゴ大学の関連病院になる．

この病院では電子カルテについてはかなり早期から取り組んでいる．2001 年に米国電子カルテ企業大手のエピックと契約し，それ以降ワークフローのデザインを行った．そして，2003 年に最初の関連病院に導入され，2009 年に最後の関連病院に導入されたことで完成している．

28 第1部 医療の経営的視点

図表1-3 質の視点

・高い価値の医療の視点（IOM）：
― 安全性
― タイムリー
― 効果的
― 効率的
― 公平性
― 患者中心

　この病院では質の担保について3つの視点で考えている．1つは持続性もう1つは標準化，もう1つはチームワークという視点である．

　これはIOMの考え方，つまり図表1-3に示す安全性，タイムリー，効果的，効率的，公平性，患者中心ということに起因している．最近の米国においては患者中心あるいは患者の参加といったことが非常に求められるようになっており，その意味でも電子カルテの活用が重視されている．特に技術の視点でいえばユーザーとのインターフェイスといった件が注目されている．

　一方，このようないわば組織の変化ともいえること起こすためには，非常に難問が待ち受けている．病院にみられがちなこととしては，① 個人の医師への過剰な依存，② システィマテックでない知識，③ ベンチマークが利用できない，④ EBM[4] が利用できていない，⑤ 科学的でない，といったことがあげられる．

4-9　データの活用

　次いで，ノースショアホスピタルにおけるビッグデータ活用例を紹介しよう．問題意識は，医師の行為のばらつきで，例えば，風邪に対する抗生物質の使用法でも図表1-4のようにばらつきがあった．

　また，電子カルテ（データ）の利用としても通常の利用以外に，プロジェクトとしてデータ利用をしたり，臨床医等からのリクエストベースでデータを提供するといったことがなされていた．そこで，下記のことが行われている．

図表1-4 インフルエンザのシーズンでの熱のある呼吸器感染患者への抗生物質の投与割合

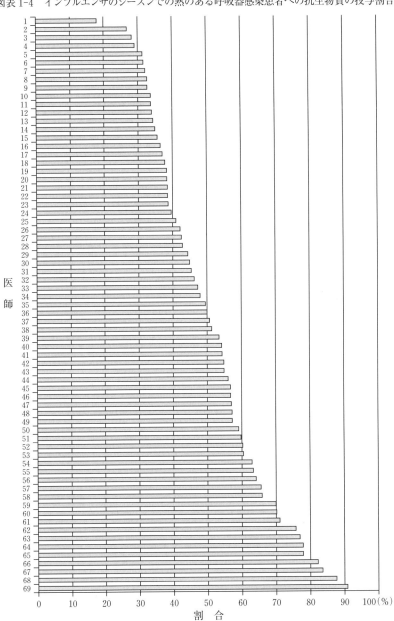

30　第1部　医療の経営的視点

① ビッグデータをエンタープライズデータウエアハウスの活用で予測モデルを構築しMSRA（メシチリン耐性黄色ブドウ球菌）を保有する患者を識別し，それを電子カルテに入力し，その患者が入院すると病院グループの医師に警告を送信する仕組みにした．

② 予測モデルをクロストリジウム・ディフィシレ感染をおこしやすいハイリスク患者にも活用する．

③ 予測モデルを使って30日以内に再入院する可能性リスクを高／中／低とし，その情報を電子カルテに入れ，最近退院したハイリスク患者のデータをプライマリケア[5]の医師に送信する．医師はそれをもとにフォローアップのスケジュールを入れる．

このような，電子カルテからのビッグデータをもとにしたモデリングは単に病院経営のためだけではなく実際の論文にもなっている．論文は参考文献に示した．

4-10　医師の態度

このようにデータを活用することになって，医師に対して管理が厳しくなったという見方もある．ノースショアホスピタルではこの問題点をどのように考えたのだろうか．

医師からの反発はあまりなかったという．これは頭の良い医師が将来の医療に対してデータ化は避けられない，データによるベンチマークあるいは標準化が避けられないといったことを敏感に察知して，その状況を受け入れなければいけないのであるならこのように最先端のことをしているノースショアホスピタルについて批判するのではなく一緒に学んでいこうという姿勢になったというのが事務方の説明である．論文発表にもつながっており，医師自身の業績にもなるという面もあろう．

5．おわりに──日本への示唆

さてこのような状況を受けて日本ではどのようなことを考えるべきであろう

か．電子カルテの普及は徐々に進んできている．そしてナショナルデータベース[6]に代表されるようにデータを活用しようという環境もできあがってきている．問題は病院の側にあるかもしれない．

　病院データ活用というと，どうしてもDPC[7]データのように経営管理に使われるイメージがあるかもしれない．しかしDPCデータもそもそもは医療の質を上げるものであることを忘れてはならない．電子カルテのデータであれば，まさに医療の質を上げることに使われるものであるし，そうでなければならないだろう．

　米国ではデータ管理とか経営管理の部署がしっかりしている．日本ではようやくこういった部署が作られ，診療録情報管理士[8]が活躍するようになった．しかし医師のために働く，医師のためにデータを作るといった思想はまだまだ乏しい．医師と病院側が医療の質を上げるためにデータを共有して場合によっては医学の論文発表につなげていく，こういった方法が日本の医師にも役に立つのではないだろうか．

1)　根拠（エビデンス）に基づいた医療（EBM：Evidence-based Medicine）の実践度合いを測定するための指標（http://www10.showa-u.ac.jp/~hokubu/QI/about/index.html）．

2)　広域医療圏で地域住民が必要とする多様な医療介護サービスをシームレスに提供することを目指す医療コングロマリット（http://www.fujitsu.com/downloads/JP/archive/imgjp/group/fri/report/research/2003/report171.pdf）．

3)　2010年にオバマ大統領が署名して発効した，医療保険制度改革法（Patient Protection and Affordable Care Act）に基づく一連の改革．

4)　「良心的に，明確に，分別を持って，最新最良の医学知見を用いる」（"conscientious, explicit, and judicious use of current best evidence"）医療のあり方を指す（WIKIPEDIA）．

5)　身近にあって，何でも相談にのってくれる総合的な医療（日本プライマリケア連合協会）．

6)　ナショナルデータベースとは，「レセプト情報・特定健診等情報データベース」の通称で，全国の医療レセプトや特定健診のデータを各保険者団体から集めたもの（厚生労働省）．

7) DPC とは従来の診療行為ごとの点数をもとに計算する「出来高払い方式」とは異なり，入院期間中に治療した病気の中で最も医療資源を投入した一疾患のみに厚生労働省が定めた 1 日あたりの定額の点数からなる包括評価部分（入院基本料，検査，投薬，注射，画像診断等）と，従来通りの出来高評価部分（手術，胃カメラ，リハビリ等）を組み合わせて計算する方式（http://www2.kankyo.ne.jp/nisseki-w/web-content/nyuin/nyuin_7.html）．

8) 診療情報管理士とは，ライブラリーとしての診療録を高い精度で機能させ，そこに含まれるデータや情報を加工，分析，編集し活用することにより医療の安全管理，質の向上及び病院の経営管理に寄与する専門職業（https://www.jha-e.com/top/abouts/license）．

参 考 文 献

Ari Robicsek, MD; Jennifer L. Beaumont, MS; Marc-Oliver Wright, MS; Richard B. Thomson, Jr, PhD; Karen L. Kaul; Lance R. Peterson, MD (2011), "Electronic Prediction Rules for Methicillin-Resistant Staphylococcus aureus Colonization" *Infection control and hospital epidemiology January*, vol. 32, no. 1, pp. 9-19

Courtney Hebert, MD; Jennifer Beaumont, MS; Gene Schwartz, MD; and Ari Robicsek, MD (2012), "The Influence of Context on Antimicrobial Prescribing for Febrile Respiratory IllnessA Cohort Study", 7 August 2012, *Annals of Internal Medicine,* Vol. 157・No. 3, pp. 160-169

伊東俊太郎（2007）『近代科学の源流』中公文庫

石富充・真野俊樹（2012）『DPC/PDPS コーディングの精度と収益への影響症例検討と対応策』日本医学出版

ウィリーハンセン・ジャンフレネ（2008），渡辺格訳 『細菌と人類―終わりなき攻防の歴史』中公文庫

上原征彦（1999）『マーケティング戦略論』有斐閣

漆博雄（1998）『医療経済学』東京大学出版会

小川鼎三（1964）『医学の歴史』中公新書

梶田昭（2003）『医学の歴史』講談社学術文庫

ジャレド・ダイアモンド（2012），倉骨彰訳 『銃・病原菌・鉄 （上）（下） 1 万3000 年にわたる人類史の謎』草思社文庫

立川昭二（2007）『病気の社会史―文明に探る病因』岩波現代文庫

橘木俊詔（2010）『安心の社会保障改革―福祉思想史と経済学で考える』東洋経済新報社

塚原康博（2010）『医師と患者の情報コミュニケーション―患者満足度の実証分析』明治大学社会科学研究所叢書

新村拓（2006）『健康の社会史―養生，衛生から健康増進へ』法政大学出版会

新村拓（2011）『国民皆保険の時代：1960，70 年代の生活と医療』法政大学出版会

二木立（1994）『「世界一」の医療費抑制政策を見直す時期』勁草書房

日本博識研究所（2013）真野俊樹監修 『日本の医療最前線』GB

福井次矢監修（2014）「［医療の質］を測り改善する」『Quality Indicator 2011』株式会社インターメディカ

真野俊樹（2004）『医療マネジメント』日本評論社

真野俊樹（2005）『信頼回復の病院経営』薬事日報社

真野俊樹（2006）『入門医療経済学―「いのち」と効率の両立を求めて』中公新書

真野俊樹（2008）『医療に対する満足度の経済学・心理学的分析』医薬経済社

真野俊樹（2010）『経営学の視点から考える患者さんの満足度 UP ―患者満足度追求のわな』南山堂

真野俊樹（2012）『入門医療政策―誰が決めるか，何を目指すのか』中公新書

真野俊樹（2013）『「命の値段」はいくらなのか？“国民皆保険”崩壊で変わる医療』角川 one テーマ 21

真野俊樹（2013）『比較医療政策：社会民主主義・保守主義・自由主義』ミネルヴァ書房

真野俊樹監修（2009）小泉ともえ訳 『ジョイントコミッション・インターナショナル認定入門』薬事日報社

真野俊樹監修（2011）福岡藤乃訳 『世界標準のトヨタ流病院経営』薬事日報社

第2章　医療観光（医療ツーリズム）の現状と今後の展望

1．はじめに

　近年，アジアを中心として医療分野が成長産業として捉えられ，医療を求めて国境を越える人びとの数は年々増えている．自国での高額な治療費と長時間待機に対する不満，低価格の国際航空運賃，全般的な医療技術の発達とサービスの向上等が医療観光の成長背景として考えられる．このように医療観光を積極的に推進し，あるいは推進することを国策として取り組んでいる国がますます増えている．従って，効果的に医療観光産業戦略を推進するためには，グローバル医療観光市場の動向と，特にこの分野のアジア諸国の取り組みを考察する必要があると考える．

　この章では，新しいサービス産業として脚光を浴びているグローバル医療観光の動向を概観し，特に，この分野のアジア諸国（タイ，シンガポール，インド，マレーシア，韓国）の現状と発展要因について考察する．この章は6節から構成される．第2節では，医療観光の概念と類型について考察し，第3節では，医療観光にまつわる主要国の動向について概観する．第4節では，各国の医療観光客の誘致戦略について，医療システムの運用政策がどのように実施されるのかを中心に考察する．第5節では，医療観光専門人材の育成方策について考察し，最後に，第6節では，結びに代えて，医療観光の現況と問題点，そして環境要因を分析し，その結果に基づいて今後の医療観光を活性化する方策を提案し，今後の取り組みについて述べる．

36　第1部　医療の経営的視点

2．医療観光の定義と類型

2-1　医療観光の主要な概念と類型

　医療観光が最近多くの人たちの関心を集めている主な要因の1つは，先進国の治療費が極めて高額なことにある．だが，もっと重要な要因は，各国の医療安全法が標準化されてきたことで医療事故や副作用に対する不安感が解消されつつあるということにある．また，外国旅行が便利になって選択肢が増えたこと，グローバル化の影響で両替が容易になったこと，またアジア諸国の経済成長に伴って高所得層が増加したことによって医療観光に対する需要が高まってきたことも，要因としてあげることができるだろう．

　消費者が医療観光で受けたいと考える治療は，鼻成形手術，脂肪吸入術，乳房拡大手術，矯正手術，レーシック手術のような選択的な美容手術から，関節移植手術，骨髄移植手術，心臓バイパス手術のように生命に関わる重要な手術まで，実に様々である．海外に治療を受けに行く根本的な理由は自国に比べて費用が大幅に節約できるからだが，高所得層の場合は，インドの伝統医学であるアロマセラピーやタイの伝統的なマッサージセラピー（massage therapy）を受けて肉体的・精神的により健康になる（Well-Being）ために医療観光を選ぶケースも多い．

　医療観光を医療産業的な観点からみると，医療産業の前線に位置する医療サービス産業と後方で医療サービスを支える製薬産業及び医療器機産業で構成されている．各産業は価値連鎖でつながっていて，前線と後方の産業が緊密に相互作用することでイノベーションが進行している．医療観光と直接関連があるのは病院，医院，薬局で構成される医療サービス産業であり，医療サービス産業は後方産業が生産した医薬品と医療機器を使い臨床での知見を後方産業に提供する立場にある．医療観光（Medical Tourism）は，外国から患者を誘致する方法の1つで，医療サービスと休養，レジャー，文化活動等の観光が統合された新しい観光形態を意味する．観光サービスの利用者（観光客）は医療と観光という2つの目的を同時に果たすために観光をすると考えられがちだが，実際

には医療行為自体に比重をおいた治療目的の観光と解釈するのが妥当であろう．以下で，医療観光の概念と類型について考察する．

(1)　医療観光（Medical Tourism - Carrera & Bridges，2006年[1]による定義）

　"医学的介入を通じて健康を強化または回復する目的で自分の日常的な診療圏の外に移動する行為"

- ・"日常的な診療圏外への移動"を国内中心の医療観光と捉える（Behrmann, 2010）定義もあれば，"国境を越えて移動する行為"すなわち自国の境界外に移動すればこそ"医療観光"である（Kumar, 2009）と定義するケースもある．

(2)　医療旅行（Medical Travel - Johnson & Garman 2010年[2]による定義）

　"目的地と関係なく医療サービスを受けるために移動する現象"

- ・先進国から発展途上国に，あるいは発展途上国から先進国に治療を受けるため移動する全ての類型を医療旅行と定義
- ・これに対して，医療観光は"先進国から発展途上国に治療と観光を兼ねて移動する現象"と定義

(3)　健康観光（Health Tourism - Goodrich & Goodrich 1987[3]による定義）

　"日常的な観光サービスに健康関連のサービスを追加して観光客を誘引する一連の活動"と定義

- ・健康（Health）という用語は最近ではかなり包括的な意味で使われており，WHO（World Health Organization：世界保健機関）では健康を"単純に病気ではない状態"という消極的な意味ではなく"疾病や障害がないだけでなく，身体的にも精神的にも，また社会的にも元気な状態"と定義

　このような観点で"健康観光"の意味を考えると，単に"病気を治療するため出かける旅行よりはるかに大きい概念であることがわかる．最近では，医療観光を"医療サービス＋観光"という狭い概念ではなく，健康観光の観点からもっと幅広い概念と定義しようとする動きが強まってきている．

2-2 医療観光に関係する主要な観光の類型

前述での医療観光と関わった多様な概念で考えると,医療観光の主要な類型は図表 2-1 で表すことができる.

一方,2010 年以後"医療観光"を産業的な観点で"グローバルヘルスケア(Global Healthcare)"という既存の医療産業や観光産業とは別の新しい産業と定義する動きもある.グローバルヘルスケアは,既存の医療産業と観光産業という別個の産業形態が融合された新しい産業領域を意味する(図表 2-2).

この場合,医療観光はグローバルヘルスケアの観点から,既存の観光産業の一部ではなく,医療と観光が融合された「外国人患者誘致 + 医療機関海外進出」という新しい産業と定義されるようになる[4]).

すなわち,医療観光は,単に患者が診療・休養と観光を兼ねて旅行するだけではなく,治療費が安い国や医療技術が優れている国で診療を受けるために旅行に行くことと定義することができる.既存の観光資源と医療資源に共通する部分を抽出して新たな観光商品が次々に生み出されることで,既存の観光産業や医療産業とは別の"医療観光産業"という新しい産業領域が形成されたと考えることができる.

図表 2-1 医療観光の主な類型

健康観光 = 医療観光 + ウェルネス観光が合された概念

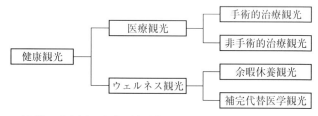

(出所) 진기남(2013)『医療観光構造と実際』,p. 17 から引用

第 2 章　医療観光（医療ツーリズム）の現状と今後の展望　39

図表 2-2　医療観光関連の主要概念の定義

概　　念	出　　所	定　　義
医療観光	Carrera & Bridges (2006)	医学的介入を通じて健康を強化または回復しようとする
	Connell (2006)	具体的な成果がかなり時間をかけて現われるような治療を受けるため移動する行為
	Jagyas (2008)	個人がレジャーやビジネス等に直間接的に関与しながら医療サービスを受けるために長距離を移動したり国境を越えたりする行為
	Kumar (2009)	手術や歯科治療等を含む医療サービスを受けるために国境を越えて外国に移動する行為
	Voigt 等 (2010)	患者が自分の国にない医療サービスまたはより高レベルの医療サービスを受けるため外国に移動する現象
医療旅行	Johnson & Garman (2010)	目的地に関係なく医療サービスを受けるために移動する現象
ウェルネス観光	Smith & Kelly (2006)	日常の混乱とストレスから脱して自分を再発見できるような代替空間への移動
	Failte Ireland (2008)	健康な人が自分の精神的安寧を維持するセラピーを受けるために移動する行為
健康観光	Goodrich & Goodrich (1987)	日常的な観光サービスに健康関連サービスを追加して観光客を誘引する一連の活動
	Hall (1992)	健康増進を目的として家から出て移動する行為
	Carrera & Bridges (2006)	個人の身体の健康と精神的安寧を維持・強化して回復させるために居住地域から出て旅行する行為
	Failte Ireland (2008)	医学的な問題を抱えた顧客が自分の健康を増進させてくれる治療を経験するために旅行する行為

（出所）　진기남 (2013)『医療観光構造と実際』, p. 16 から引用

3. 医療観光にまつわる主要国の動向

　過去の医療観光客は主に医療費が発展途上国に比べて著しく高い先進国の国民が大部分であり，地域的にはアメリカ，カナダ，イギリス，西ヨーロッパ，オーストラリアと中東地域の国民が多かった．しかし，最近では，旅行を楽しみながら経済的で安い費用で医療サービスを受けたいという需要が高まってきたことで，消費者層が全世界に拡散してきている．

　世界の主要 20 カ国の純粋医療観光客（観光旅行中の外来・応急患者除外）は，現在年間 6 万 5,000 人から 8 万人と推定され，市場の急速な成長が期待されている．特に医療サービスの費用が相対的に少ないインド・東南アジア，南米等 3 つの地域が関心を集めている．世界における医療観光の地域間の流出・流入の割合は，以下の通りである．

　アジア地域は北米医療観光需要の 45%，ヨーロッパの 39%，アフリカの 95%，オセアニアの 99%，アジア内部の 93%を吸収する世界医療観光の中心地であり，タイ，シンガポール，中国，韓国，日本，マレーシア等がアジア医療観光の主導権をめぐって熾烈な競合を繰り広げている（図表 2-3）．

　日本については，医療観光市場は規模面でまだ未成熟な状態にある．しかし，更なる経済低成長の突破口を模索する中で，国際医療観光への積極的な投資が始まっている．日本政府は 2010 年 8 月に外国人に対する日本入国観光ビザ条件を大幅に緩和する政策を実施した．また，外国人患者の医療観光滞留期間を最大 3 年まで延長するという外国人患者誘致政策も実施している．日本政府は現在日本の経済成長力を取り戻すためにアクションプラン（Action Plan）で医療観光を新しい成長牽引産業と位置づけ，これを国家戦略産業に育てていく方針のようである（韓国文化体育観光部，韓国観光公社，2011）．2013 年の開業を目標として医療観光病院の設立を後押ししている．日本政府は各病院の医療観光コーディネーターのためのマニュアルを開発し，医療観光英語等各言語別指針書，ガイドブック，外国人患者診療・看護ガイドブック等を作って教育し，医療観光サービスの質向上に注力している．

第2章 医療観光（医療ツーリズム）の現状と今後の展望　41

図表2-3　世界における医療観光の地域間の流出・流入の割合

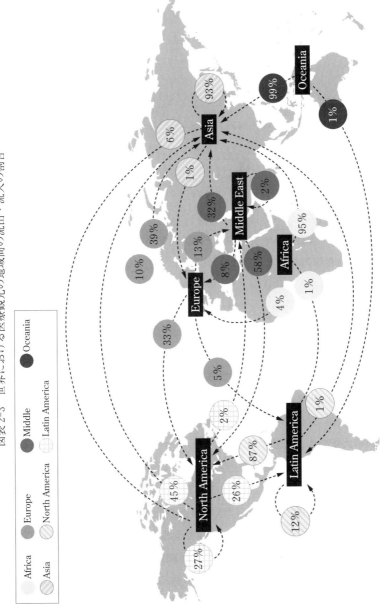

(出所) Mckinsey & Company (2008), Mapping the maket for medical travel

42 第1部 医療の経営的視点

中国については，医療市場の規模は約6,500億元に達し，2025年には約7.7兆元に達すると予想されている．中国の高級医療サービス市場は毎年25%超の急速成長をしている．WTO（世界貿易機関：World Trade Organization）の移行計画で2005年に医療市場が全面開放されており，中国政府は国内の医療サービスの先進化をはかるために，海外からの投資を積極的に誘致する政策をとっている[5]．

以下では，タイ，シンガポール，インドを中心に医療観光の動向を考察する．2010年の時点では，タイを訪れる"医療観光客"の数は約150万人，シンガポールは72万人，インドは73万人を記録している．

＊タイ：2005年時点では，医療観光客 128万人誘致，8.9億＄輸入毎年10%以上増加．基本公共医療を保障しながら観光と医療産業を連携したパッケージ商品を開発．商務部と観光庁の積極的な支援で医療観光の活性化を推進している．

＊シンガポール：2012年までに医療観光客 100万人を誘致する計画．医療観光を観光の1つではなく治療中心の患者誘致事業と位置づけている．
シンガポール観光庁と経済開発委員会，貿易開発国の3機関が共同で複合エーシェンシーである"シンガポールメディシン（Singapore Medicine）"を設立してSTB（Singapore Tourism Board）が運営している．

＊インド：安い医療費用（アメリカの10%，イギリスの15%水準）を武器に先進サービスを受けることができるという点が特徴である．

3-1　主要な医療観光国（シンガポール，タイ，インド）の医療観光の分析フレームワーク

一国の医療観光を他の国の医療観光と比較するには，同一水準の分析フレームワークを使わなければならない．この点でハーバード大学シャオ教授の"health system"という分析フレームワークはどのような国の"医療観光"特性も同じように分析できるという点で国別の比較に有用である．

図表 2-4　Policy Levers, Intermediate Outcomes and Ultimate Ends of a Health System

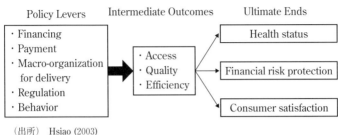

（出所）　Hsiao (2003)

シャオ教授の"Health System"を構成する主要な要素（サブシステム）は，次の通りである．

3-1-1　医療システムを構成する主要な要素（サブシステム）

① その国の医療財政がどのような方式でどの程度確保されているのか（Financing）

② 医療費がどのような方式で計算し，またどのような方式で支払われるのか（Payment）

③ 国の医療機関はどのように構成され，医療サービス提供システムはどのように成り立っているか（Macro Organization for Delivery）

④ 政府機関は各医療機関及び医療活動に対してどのようなルールを適用しているのか（Regulation）

⑤ 政府は国民や医療機関に対してどのような働きかけをするのか（Behavior）

3-1-2　医療システムを構成する主要な要素（サブシステム）の説明

（1）　医療財政システム（Financing）

医療財政システムとは，医療部門に必要な財政が投入されて使われる仕組みを意味する．

医療財政は保健医療システムの成果創出に直接的な影響を及ぼすため医療システムで最も重要視される構成要素である．

44 第1部 医療の経営的視点

アメリカでは，医療費財政が民間保険会社を中心に成り立っている（Medicare，Medicaid のような政府部門もあるが，ここでは保険会社を中心とする HMO（Health Maintenance Organization：健康維持機構）のような民間のシステムを理解する必要がある）．

PPO（Preferred Provider Organization），PPS（Prospective Payment Systems）等の概念はまさに民間保険会社が中心となって医療機関の医療費を抑制・管理する "Managed Care System" を意味する．

このような民間保険会社の費用節減システムは，"医療観光客" を医療費用がより安い外国に送り出す要因として作用する．

（2） 医療費支払いシステム（Payment）

医療費支払いシステムとは，医療費用を誰が何のために，いくら，どのような形で支払うのかの仕組みをあらかじめ決めておいて運用することを意味する．医療費支払いシステムが重要な理由は，この支払いシステムが保健医療システムに属する医療機関と個人の行動に強い影響を及ぼすからである．

〈例〉 レセプト制と医療観光

・"診療行為別レセプト方式"

医療機関が患者に対して診療や検査，処置，手術，処方をする度に医療費を計算する方式である．医療の水準を高める誘因にはなるが，医療費が増大する恐れがある．

・"包括レセプト方式（DRG：Diagnosis Related Group）"

慢性疾患のグループに対してあらかじめ医療費を算定し，その金額の中で医療費を計算する方式である．医療費を抑制することができるというメリットがあるが，医療機関や医者の立場からみると，費用が多くかかる技術や最新医療技術を適用できる余地が少なくなる．

医療観光の訪問者は，目的地の医療システムが主にどのようなレセプト制を適用しているのかがはっきり示されていれば，医療費用がどのくらいかかるか把握しやすくなる．

第2章　医療観光（医療ツーリズム）の現状と今後の展望　45

(3)　"医療サービス提供体制"（Organization for Delivery）

医療サービス提供体制とは，その国の医療サービス全体がどのように編成されてサービスがどのように提供されるのかを表すものである．この体制には，医療組職の経営形態，市場競争，分散化，系列化といった医療機関の特性が関係している．医療サービスを提供する事業者がどのように体系化され管理されるのかによって医療サービスの効率性と公平性が影響を受けるのである（Hsiao, 2003）．

医療サービス提供体制の観点から医療観光をみると，国の医療システムが1次から3次までの医療機関の利用に対する制約を強めれば強めるほど，その国の国民は医療機関の利用に不満を感じ，外国へ医療観光に出かけようとすることがわかる．

(4)　政府による規制（Regulation）

政府による規制とは，政府が保健医療に関して医療機関や個人の活動を法令や制度で規制することを意味する（Roberts et al., 2004）．政府による各種の規制政策は，疾病の発生を予防したり，健康上の危険を適時に追跡したり，医療サービスの品質を監視したりすることを通じて，保健医療制度を有効に機能させるために最も重要な土台となる（Das Gupta and Rani, 2004）．

医療観光に関して政府が実施する施策は内容次第で，医療観光の"プル（pull）要素"になったり，"プッシュ（push）要素"になったりする．

(5)　国民や医療機関への働きかけ（Behavior）

政府は公的な規制の外にも保健医療システムの目標を達成するための有効な手段を持っている．人びとの信念，期待，ライフスタイル等に関する情報を，広告や教育等を通じて伝達することで，個人の選好度を変えることが可能であり，それによって保健医療の目標を達成することができる（Hsiao, 2003）．

医療観光に関する個人の選好度も医療観光を活性化させる大きな要素となる．

シャオ教授の"ヘルスシステム"の各要素を国別に分析してみると，その国の各主要構成要素が，自国の医療観光客を他国へ送り出す"プッシュ"要因に

46 第1部 医療の経営的視点

図表2-5 医療観光の "プッシュ要素及びプル要素"

医療観光の プッシュ要素	1) 先進国，特に医療費の急激な上昇 2) 先進国の保険会社の保険料上昇を抑制する必要性の増加 3) 先進国，特にヨーロッパ地域の診療待機時間の増加 4) 高齢化社会の進展による医療需要の全般的な増加 5) 新興国の中産層の増加による医療需要の増加 6) 全般的な観光需要の増加
医療観光の プル要素	1) 新興国の医療技術及びサービスレベルの向上 2) 新興国の医療サービスの価格競争力 3) 新興国の医療サービスに対する信頼度の向上 4) 医療観光客に対する各種利便性の増大 5) IT技術の発展による海外医療サービスへのアプローチ可能性 　 の増大 6) 観光と融合した医療サービスの利用可能性の拡大 7) 交通手段の発達による海外旅行費用の低減

（出所）　KIEP（2010）「東南アジア戦略産業―医療観光の現状と政策的な示唆」シンガポー
ル国立大学，協同研究叢書

なったり，他国の医療観光客を自国へ引き入れる "プル" 要素になったりする
ことがわかる[6].

3-2　主要医療観光国（シンガポール，タイ，インド）の医療観光活性化の要因分析

以下では，各国の "医療システム" の比較による活性化要因を分析してみよ
う．

3-2-1　医療財政システム

前述したように，医療財政システムとは，医療部門に必要な財政が投入され
て使われるシステムをいう．医療財政は，医療システムの成果創出に直接的な
影響を及ぼすという点で，最も重視される構成要素である．

（1）　シンガポール

シンガポールの医療財政は，1983年まではNHS（National Health Services：国
家保健サービス）方式[7]，それ以降はシンガポールの特性に合わせて，政府が医

療財政に全責任を負わない"個人が医療財政に一部責任を負う方式"に変更された.

シンガポールにおける医療費は税金（tax），被雇用人の医療控除（Employee Medical Benefits），メディセーブ（Medisave）を通しての強制貯金，保険（Insurance），本人直接負担（Out of Pocket）から構成される.

〈シンガポール医療財政関連の財源調達プログラム〉

医療貯金勘定（MSA：Medical Savings Account）とメディセーブ（Medisave，'84年導入），メディシールド（Medishield，'90年導入），メディファンド（Medifund，'93年導入）から構成される.

① MSA（医療貯金勘定）

　・1984年に作られた制度である．この制度の基本原理は，市場経済原理に基づいて国の補助金をなくすことにある.

　・シンガポールには，国営年金制度や国営医療保険制度がない.

　・国民1人ひとりの年齢に応じて，年間所得の6〜8％をMSAに強制的に積立てさせる.

　・MSA医療費は，国立病院（病院全体の80％を占める）や政府が認める民間病院で治療を受けた場合に限り支給される.

② メディセーブ（Medisave）制度

　強制貯金口座を通した財源調達方式．所得のある国民は毎月所得の一部をメディセーブに積み立て，本人及び家族の医療費にだけ使用される．年4％の利子が付く．入院費，治療費等だけでなく，個人医療保険も購入可能である.

③ メディシールド（Medishield）

　メディセーブでは足りない重症医療費支出をカバーするために加入する強制力のある保険制度である.

　"Deductible：Patient pays the first ＄1,500/＄1,000（1年）"

④ メディファンド（Medifund）

　保険加入能力がない貧困層のための医療保護制度であり，政府が税金で財政支援する.

48　第1部　医療の経営的視点

図表 2-6　タイの概況（2010 年時点）

国家面積：514,000㎢km（韓国面積の 5 倍）
人　　口：6,780 万人，老人人口比 8.8%，バンコク（568 万人）
1 人あたり GDP：$4,719

（2）　タイ

　タイはタクシン政府が誕生して 2002 年に全国民健保を実現した国で，財源の大部分は租税で賄われている．

　タイの医療財政の最大の特長が“30 バーツプロジェクト”である．

〈タイの 30 バーツプロジェクト〉

　・30THB（約 100 円）だけあれば誰でも国が運営する病院へ行けるようにした制度である．

　・タイ国民なら誰も“ゴールドカード”を政府から受け取って自分が住む地域の公共病院へ行けば 30THB だけ支払って，かなりの治療を受けることができるようにした画期的な制度である[8]．

〈タイ保健医療システムの改革〉

　・30THB（1 $）制度の施行（2001 年 4 月）

　・全国民健保の実施（2001 年 10 月）

　健康保険は CSMBS（Civil Service Medical Benefit Scheme：公務員），SSS（Social Security Scheme：職場勤労者），UCH（Universal Coverage of Healthcare：地域加入者）の 3 つに分かれ，公務員は財政経済部，職場勤労者は社会保障庁，地域加入者は国家保健医療安全庁（NHSO）が管理している．

〈医療財政に関してタイが取り組んでいる 3 つの課題〉

　・3 つの制度が別個に運営されていることによる運営管理の非効率性の改善

　・財政分離による地域の間の不公平性の解消

　・低い人頭税制及び包括レセプト制による医療の質改善

（3）　インド

　インドの医療財政は政府保険，民間保険，個人支出から構成されている．

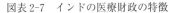

図表2-7　インドの医療財政の特徴

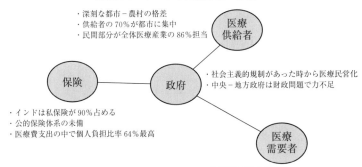

公的保険システムが未整備のため，個人が医療費を直接支払うケースが多い．

3-2-2　医療サービス提供システム

シンガポール，タイ，インドの医療サービス提供システムの特徴は"非営利医療機関"の単一システムではなく"公共医療機関"と"民間営利医療機関"が共存する2系列のシステムである点である．

(1)　シンガポールの医療サービス提供システムの特徴

シンガポールの医療サービス提供システムの特徴は"二重構造システム"であり，政府で管理する"公共医療システム"と民間病院と一般医（GP：General Practitioner）によって供給される"民間医療システム"で構成されている．

〈シンガポールの医療サービス提供システム〉

① 　国立病院と私立病院の2系列で構成
　・民間の営利病院利用時の病院費は100％を患者が負担
　・国立病院：政府補助＋本人負担金
② 　1次医療（医院級）：公共20％，民間80％
　・公共医療：18カ所の政府ポリクリニック（Policlinics）いわゆる"保健所"
　・民間医療：約2,000カ所の民間クリニック（private medical clinics）

50　第1部　医療の経営的視点

③　2，3次医療：公共80%，民間20%

・公共病院を利用する場合は，政府補助金が支給される．

・国立病院の名称を"Public Hospital"から"Restructured Hospital"に変更し，公共病院内に営利病棟も開設している．

※　最近，国立病院にも優先診療経路(private track)を追加し，シンガポール国民も外国人患者と同じように待機時間なしで診療を受けられるようにするサービスを提供している．但し，優先診療経路利用時の病院費は，100%患者が負担．外国人はパスポートをみせれば自動的に優先診療経路を利用できる．

(2)　タイの医療サービス提供システムの特徴

タイの場合は，公共病院の水準がかなり低いため，民間の営利病院の発展を通じて公共医療の水準を高める"営利病院システム"戦略が導入されている．

〈タイの医療サービス提供体制〉

公共医療施設と民間医療施設に大きく分かれる．

・経済開発5カ年計画 (1961-1966年) によって公共医療施設が大幅に増大

・民間医療施設はバンコク及び主要都市に位置

民間病院の数は1986年の218から1997年の491に大幅に増加した．しかし，経済危機によって患者数が急減したため，2004年には298まで減少した．このような危機を乗り越え，医療の質を向上させて競争力を高め，外国からの患者を誘致しようと努力しているところである．

医療サービス提供者数 (2008年)

・保健部傘下の836の病院と1万以上の保健センター (Health center)

・75の他部署傘下の公共病院と93のプライマリーケアユニット (primary care unit)

公共の医療サービス提供施設の3分の2は，保健部が運営，残りの公共医療サービス提供施設は内務省，国防省等が運営している．

現在，保健部は，891の病院と9,762の保健センターを運営し，90%以上の地域をカバーしている．

（3） インドの医療サービス提供システムの特徴

　政府医療財政の不足から，公的な医療機関ではなく，民間の営利病院が主導する形で医療サービス提供システムが運営されている（図表2-8～2-10）.

図表2-8　インドの医療サービス提供システムの特徴

レベル	公　　共 （全体医療市場の20％に相当）	民　　間 （全体医療市場の80％に相当）
1次医療 Primary	PHCと保健センター支所 ・Primary Health Center（1次保健医療センター）22,370カ所 ・Health sub center（保健センター支所）145,272カ所 ・Community Health center（地域保健医療センター）4,045カ所	伝統医療 ・伝統医療（Traditional practitioners）はインド保健医療で重要な位置付づけを占める．伝統医療医院20,860カ所，伝統医療病院3,158カ所（アーユルヴェーダ，ウナニ，シダハ，ヨーガ等）
2次医療 Secondary	地域病院 ・インドは617のDistrict（地域）に分かれる ・581カ所の地域病院（District Hospital）がある	民間クリニック（Private clinics） 小規模な看護施設（Small nursing homes） ・90％のクリニックや看護施設は1～2人で運営
3次医療 Tertiary	教育病院（Teaching hospitals） ・2007年現在，許可された医科大学数は266，歯科大学数は268である ・伝統医学のための教育課程が別に用意されている．5年半の医科教育と試験を通過すれば資格認定．アーユルヴェーダ（ayurveda）教育機関が240あり，479の伝統医療大学がある	民間クリニック（Private clinics） 看護施設（Nursing homes） 民間病院（Corporate hospitals） ・民間病院の80％はベッド数30床未満で零細 ・全体病院の2％未満がベッド数200床以上，6～7％はベッド数100～200床程度

（注）　1. 医療資源の70％が都市地域で消費（人口30％）され，人口の65％は伝統医療及び薬草に依存.
　　　　2. インドの医師数は約60万人であり，伝統治療師は約150万人いる（2009年）.
　　　　3. 伝統治療師が処方する伝統薬の種類は25,000種類に上り，田舎に住む患者のほとんどは，薬草から抽出した薬湯を服用している.
（出所）　SERI, CEO information793号

52　第1部　医療の経営的視点

図表 2-9　インドと主要先進国の医療施設における医療費の比較

Nature of Treatment	Approximate Cost in India ($)	Cost in other Major Healthcare Destination （$）	Approximate Waiting Periods in USA/UK (in months)
Open heart Surgery	4,500	>18,000	9-11
Cranio-facial Surgery and skull base	4,300	>13,000	6-8
Neuro-surgery with Hypothermia	6,500	>21,000	12-14
Complex spine surgery	4,300	>13,000	9-11
Simple spine surgery	2,100	>6,500	9-11
Simple Brain Tumor　Biopsy　Surgery	1,000　4,300	>4,300　>10,000	6-8
Parkinsons　Lesion　DBS	2,100　17,000	>6,500　>26,000	9-11
Hip Replacement	4,300	>13,000	9-11

（出所）　http://www.indianconsultancy.com/medicaltourism/whyindia.html

図表 2-10　インドとアメリカの治療費の違い

Treatment	India	US
Coronary Artery Bypass Grafting	$　6,000	$　60,000
Knee Replacement(Single Knee)	$　6,500	$　22,000
Rhinoplasty(nose job)	$　2,000	$　10,000
Bone Marrow Transplant	$ 26,000	$ 250,000
Root Canal Treatment	$　　100	$　1,000

（出所）　http://www.indianconsultancy.com/medicaltourism/whyindia.html

3-3 診療費請求（レセプト）及び治療費支払いシステム

"医療観光"に関する重要な要素の1つが"診療費請求（レセプト）と支払いシステム"である.

医療観光に出ていく患者すなわち"アウトバウンド"が多い国の場合，高い診療費請求（レセプト）の高さや支払いシステムが"プッシュ要因"であり，医療観光を受け入れる国の場合は，診療費請求（レセプト）の安さが医療観光の"プル"要因として作用する.

インドの場合，アメリカやヨーロッパに比べて人件費が低いため，医療費はアメリカやヨーロッパの5分の1程度である.

3-3-1 診療費請求（レセプト）方式

マーケティングの4P（Product, Price, Promotion, Place）の中の"価格要因"のように医療観光と関係する重要なマーケティング要素である.

〈例〉 DRG（包括レセプト方式）──疾患による医療費があらかじめ決まっているためマーケティングが容易

　　　診療行為別レセプト方式──疾患による各種検査と処置，手術，処方によって医療費が変動するためマーケティングが難しい

〈シンガポールの医療費支払い制度〉

1999年からDRG（包括レセプト方式）を採用している.

保険支払い制度では，国・公立病院の入院・治療費は政府補助金から支払われるため，政府が診療費請求（レセプト）を統括管理し，民間医療機関の診療費請求（レセプト）については市場原理に委ねるという"二重価格制度"を採用している.

特に，アジアの'医療拠点'と病院産業を育成するために，医療サービス差別化政策を実施している.

シンガポール国民が個人所得の6〜8％をMSA（Medical Savings Account：医療貯金勘定）[9]に積み立てるメディセーブ（Medisave）制度を運営している.

この制度は所得がある個人の医療貯金勘定で本人と雇い主が50％ずつ負担，

54 第1部 医療の経営的視点

総額が一定額を超えれば中央積立金に繰り入れられて医療費外の他の用途（住宅購入等）に使用できるようになる．

医療セーフティネットで重症患者と貧困層のためにメディシールド（Medishield）とメディファンド（Medifund）を運営している．

〈タイの医療費支払い制度〉

公務員には診療行為別レセプト方式，職場勤労者には人頭制方式，地域加入者の外来には人頭制方式，入院には DRG 方式を適用している．

人頭制方式では，職場勤労者の場合は加入者数，地域加入者の場合は年齢，人口数比例，利用率等を考慮して支給費用を基本算定し，診療件数の多い医療機関や高額治療・先端医療に必要な診療費は追加支払金で補顛される．

〈インドの医療費支払い制度〉

インドの場合，大部分の医療支出が患者直接支払い（out of pocket）方式で賄われる "診療行為別の医療費請求（レセプト）方式" である．

公的保険や民間保険に加入していない低所得層が医療費負担なしで医療サービスを受けることができないという問題がある．

3-4　政府による規制 (Regulation)

政府による規制とは，政府が保健医療に関して医療機関や個人の活動を法令や制度で規制することを意味する（Roberts et al., 2004）．政府による各種の規制政策は，疾病の発生を予防したり，健康上の危険を適時に追跡したり，医療サービスの品質を監視したりすることを通じて，保健医療制度を有効に機能させるために最も重要な土台となる（Das Gupta and Rani, 2004）．

"シンガポール"，"タイ"，"インド" 等東南アジア3国の医療観光の活性化を説明する場合に着目しなければならない "医療システム" 要素が "医療観光" に対する政府規制または政府政策である．

（1）　シンガポールの "開放病院システム"

医師は資格証さえあれば容易に開院でき，賃貸料及び運営費を病院に納めればよい．このように医師が手軽に医療ビジネスに参入できることは，"開放病

院システム (attending system)"が発達しているからである．開放病院システムは医師が病院の1室を借りて診療を行い，病院に備えられた高価な医療機器や手術装備を利用する制度である．シンガポールの代表的な開放病院はグレンイーグルス (Gleneagles) 病院である[10]．

"パークウェイホールディングス (Parkway Holdings)"[11]の傘下病院であるグレンイーグルスは，1957年に設立されたが，1994年に150人の専門医が病院内に診療室を開設することで開放病院となった．現在，270床を備えたグレンイーグルス病院は，米国のジョンスホプキンズ大学及び付属病院，英国テムズバレー大学，オーストラリアのコティン工科大学，ラトロブ大学と提携している．グレンイーグルス病院の1階には，病院に入居している専門医たちの名前と階別の診療室番号が書かれたボードがかかっている．患者は事前予約した時間に合わせて直接，個々の専門医を訪れればよい．1階には大型薬局やコンビニと共に，歩行が困難な患者が来院しやすいよう，整形外科やスポーツリハビリ医学科，糖尿病専門医の診療室が配置されている．

(2) タイの"営利病院─公共病院"不均衡成長政策の副作用

営利病院が活性化する一方で公共病院が弱体化し，優秀な医療スタッフの"国内頭脳流出 (internal brain drain)"が起き始めている．

図表2-11　公共病院から民間病院への頭脳流出の推移

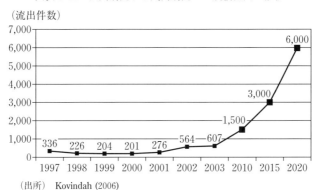

(出所) Kovindah (2006)

56　第1部　医療の経営的視点

　図表2-11には，2020年までに優秀な頭脳の公共病院から民間病院への移動
が加速するとの予測が示されている．

　公共病院が弱体化する中で不均衡成長政策を続ければ，民間部分の急速な発
展によって公共病院が十分な役割を果たせなくなる恐れがある．

（3）　インドでは，公共病院の脆弱な体質を改善させる刺激策として，営利
　　　病院に対する積極的な支援策を実施している．

4．医療観光客の誘致戦略

　"医療システム"の観点からみると，各国の医療観光客の誘致戦略は，"医療
システム"の運用政策がどのように実施されるのかによって大きく左右される
ことがわかる．韓国の場合も，今後"韓国医療システム"の運用政策次第で医
療観光客の誘致戦略が変化していく可能性がある．

4-1　医療財政システムの変化がグローバルヘルスケアの進展に与える影響
　グローバルヘルスケアの進展に最も大きな影響を与えるのは，"営利病院論
争"とも関係する"医療財政システム"の変化である．特に医療財政システム
が今までの"政府主導"から"市場主導"に替わっていくとすれば，グローバ
ルヘルスケアの姿は大きく変容することになる．医療財政システムの"市場機
能"が強化され，医療サービスの提供に対する"支払い"を民間の保険会社が
担当するようになるだろう．通常，民間の保険会社は，外国の民間保険会社と
緊密な事業ネットワークを構築している．

　このことを踏まえて韓国と日本におけるグローバルヘルスケアについて考察
すると，これまで外国人患者の誘致が主に専門旅行社や韓国観光公社，仁川医
療観光財団等の政府機関，医療機関の国際マーケティングチーム等によって，
主に"釣り方式"で行われてきたのが，今後には"民営保険会社"の"保険顧
客群"を対象にした"網方式"での誘致に変わっていくことがみえてくる．

〈参考例〉　CIGNA International 保険会社（約480万人のグローバル保険加入者を
　　　　　保有）

医療財政システムで民営保険が重要な役割を果たしているアメリカの経緯を
みれば，韓国と日本のグローバルヘルスケアの近未来像を展望することができ
るだろう．アメリカの医療システムの最大の特徴は“医療財政システム”が市
場原理に従って機能していることである．アメリカの場合，メディケア
（medicare）といった政府レベルの医療財政システムもあるが，最大の比重を占
めるのは健康管理機構（HMO）と呼ばれる民間保険会社の連合組織である．
HMOやPPO，PPSは民間保険会社が中心になって医療機関の医療費を抑制・
管理する“医療財政システム”を意味する．韓国の場合には，“全国民医療保
険（NHI：National Health Insurance）”という方式によって医療財政が運営されて
いる．

　NHI方式すなわち，“社会保険方式”の特徴は，全国民が保険に加入しなけ
ればならないことと，保険料の徴収及び支出を政府が引き受けることにある．
同じ医療財政システムでありながら，韓国とアメリカでは，政府が主導権を持
っているか民間が主導権を持っているかによって，その運営方式に大きな差が
あることがわかる．

　一方，アメリカや韓国とは違うNHS（National Health System）方式という医
療財政制度がある．これは英国と過去英連邦に属していた国々が主に運営して
いる方式で，政府が税金で医療費財政を確保して運営管理する方式である．イ
ギリスでは，医療財政が税金で賄われることで，国民は医療費を自分で払った
り，負担したりする必要がない．医療機関も公共機関の性格が強く，医師は政
府から給料を受け取る公務員のような存在である．以下では，このような3種
の医療財政システムの差が“グローバルヘルスケア”にどのような影響を及ぼ
すかについて述べる．

　第1に，アメリカの場合のように“外国人患者の誘致”においては民間保険
会社が果たす役割が大きいことを理解しておく必要がある．アメリカの“医療
観光”市場では，民間保険会社の方針に基づき保険加入者の海外医療機関の利
用が推奨され，これが医療財政システムに影響を与え，更に“グローバルヘル
スケア”に影響を及ぼしている．アメリカの民間保険会社では，保険に加入し

た米国民にアメリカの医療機関より費用が安く医療水準も高いインド，コスタリカ等での“グローバルヘルスケア”を拡大する戦略を展開している．韓国や日本の医療機関も，アメリカから患者を誘致したいと考えるならば，“医療財政”で重要な役割を果たすアメリカの“保険会社”と密接なビジネス関係を結ぶことが不可欠である．

　第2に，現行の韓国や日本政府主導の医療財政システムに今後，医療財政赤字等の問題が発生するようになった場合，韓国や日本の国民の医療機関利用形態はどうなるかについて考えておく必要がある．アメリカの事例から推察すると，韓国と日本も高齢化と慢性疾患の増加という大きな困難に早晩直面することになるだろう．この場合，韓国の医療財政システムにも“赤字財政”という潜在危険要素が顕在化することになる．もしこのような赤字財政問題が発生し，医療費の本人負担割合が高くなれば，韓国にも本格的な“医療観光アウトバウンド”時代が訪れるだろう．そうなった場合，韓国の国民が海外の医療機関を利用するという“グローバルヘルスケア”現象をくい止めるためには，韓国の医療機関のサービス水準を持続的に高める一方で，海外の医療機関との医療費用の格差を徐々に縮めていくような政策を実施する必要がある．そして，このような政策は，単に医療財政を健全化する以上のものでなくてはならない．韓国の医療機関の水準と規模を成長させなければ，今後，韓国国民が海外の医療機関を利用する現象が顕著になると考えられるからである．

　第3に，イギリスと同様に“無償医療”を基本とする韓国にとって，このようなグローバルヘルスケア現象が好ましいかどうかについて考えなければならない．イギリスの場合，無償医療が強みだといわれているが，医療機関の医療の質と待機時間の長さが大きな問題であることが指摘されている．イギリスの場合，NHS改革政策を通じて待機時間を減らす努力を続け，医療機関の質改善にも取り組んでいるが，改善のスピードが遅く国民の不満が増大しており，このような不満がイギリス国民の海外医療観光需要を高めていると分析されている．

4-2 "医療費支払い方式"の変更がグローバルヘルスケアに及ぼす影響

次に，韓国と日本の医療システムの主な構成要素の1つである"医療費支払い（Payments）方式"の変更が"グローバルヘルスケア"に及ぼす影響について考察する．一国の保健医療システムにおける"医療費支払い方式"とは，国民が医療機関を利用した時の医療費の計算と精算をどのような形で行うかを意味し，これがどのような方式なのかによって国民が医療機関をどのように利用するのかに大きな影響を及ぼすことになる．医療費支払い（Payments）の方式には幾つかの種類がある．韓国と日本の場合，"事後精算方式"で診療行為別のレセプト方式を採用しているが，他の国々では"事前計算方式"である"包括レセプト方式"（総額予算方式）や人頭制方式等，様々な支払い方式が採用されている．

再度，民営保険会社が中心になって運営されているアメリカのケースに言及しよう．アメリカの場合，DRGと呼ばれる包括レセプト方式が主流になっているが，特定疾患については診療行為別レセプト方式や人頭制方式を部分的に採用している医療機関もある．一方，アメリカの医療システムには"Managed Care"という独特の医療財政管理方式がある．"Managed Care"は民間保険会社が医療機関の"医療費と品質を管理"する方式で，保険会社が医療費を抑制するために多様な医療費節減策を実施することを"Managed Care"と理解すればよい．この方式では，患者が医療機関を自由に選択することはできない．患者は保険会社と契約している医療機関を利用しなければならず，それ以外の医療機関に行くには保険会社と別途の契約をしなければならない．医療機関の医師も本人が提供した医療サービスに対しては保険会社による厳しい審査を経て医療費を受けることになる．

次に，支払い方式で人頭制や総額予算制を活用するケースについてである．人頭制とは，言葉通り人頭あたりいくらという形で医療費を算定する方式で，例えば，人口が1万人とすると，あらかじめ1万人が使う医療費を先に予算計上してその金額の中で医療機関ごとに診療行為別レセプト制を適用して医療費を管理する方式である．この方式を選ぶ場合，医療機関はなるべく医療費用を

減らすよう努力することになる．受け取る金額が決まっているため，費用を減らせば減らすほど利益がたくさん残るからである．またこの方式の場合は，保険会社は医療費節減のために保険者に対して医療費が安い国を積極的に利用するよう勧めることになるだろう．

では，韓国と日本のような診療行為別レセプト制方式が適用されている場合はどうだろうか．この方式では，患者が医療機関を利用した時に，提供した治療行為について医療機関がレセプトを作成して請求・精算することになる．この方式は医療機関が患者に対して真心を持って良質の医療サービスを提供する誘因となるだろう．

また，診療行為別レセプト制を採用している場合，医療財政的な面では医療機関の医療サービスが過度に提供され医療財政が圧迫されるリスクが常在することになる．韓国の場合，最近になって医療財政負担によって幾つかの分野で包括レセプト制を試行しようとしたが，医療機関の反対で容易に導入ができないのが実情である．どの国がどのような支払い方式を採用しているのかを理解すれば，その国の医療システム特性によって医療観光に差が生ずることがわかる．例えば，診療行為別レセプト制を主に採用している国は，医療機関が患者に対して診療，検査，処置，手術，処方等を積極的に行うため，医療の水準が高まっていくはずである．

しかし，別の視点でみると，これは医療費を増大させる方式といえる．これに対し，包括レセプト方式は一定の疾病グループについてあらかじめ医療費を算定しておいて，その金額の中で医療費を計算して支払う方式である．この場合，医療費を抑制できるというメリットはあるが，医療機関や医師の立場からみると，患者に対して費用がたくさんかかる医療技術や最新の医療技術を適用することを躊躇する要因となるだろう．

現在，韓国と日本は"診療行為別レセプト制"を採用している．今後，韓国の診療行為別レセプト制が医療費の急増につながって医療財政が逼迫し，韓国の国民の医療費負担が増加するようになってくれば，国民の中に安い海外医療機関を捜して海外で医療観光をしようと考える人も出てくるだろう．このよう

第 2 章　医療観光（医療ツーリズム）の現状と今後の展望　61

に 1 つの現象には多様な要素が関係していることから，グローバルヘルスケア
を理解するには，"医療システム"の分析を通じて多様な要素の相互作用を把
握しておく必要がある．

4-3　医療サービス提供体制の変化とグローバルヘルスケアの今後の見通し

　医療サービス提供体制とは，韓国を例にとるならば，1 次医療機関，2 次医
療機関，3 次医療機関を国民が利用するための枠組み・仕組みのことである．
医療サービス提供システムの視点から医療観光をみると，1 次から 3 次までの
医療機関の利用に関する制限が厳しくなったり，医療財政管理等のせいで医療
サービスの品質が低くなったりすれば，国民が不満を感じて外国へ医療観光に
行く誘因となるだろう．

　前述したように，アメリカの場合は，民間保険会社の果たす役割が大きい．
アメリカでは，患者は基本的に自分が加入している民間保険会社が契約してい
る病院を利用しなければならない．勿論，韓国も 1 次から 3 次の医療機関を利
用するには段階を踏まなければならないが，基本的に韓国の国民が願えば希望
する病院を訪問して良質の医療サービスを受けることができる．両国を比較す
ると，"医療サービス提供システム"の特性がグローバルヘルスケアに大きな
影響を及ぼすことがわかる．

　アメリカの医療システムでは，患者がより大きい病院やレベルの高い病院を
訪れるには保険料をもっと支払う必要があるため，他国へ医療観光に行く方が
よいケースもある．逆に，韓国のように，国民がいつでもどのような病院にで
も行ける場合は，国民はもっと大きい病院や都市の病院だけに行くようになる
という問題が生ずることである．最近，韓国では風邪のような軽度の病気でも
3 次病院に行くことが問題になっており，このような医療サービス提供体制も
グローバルヘルスケアに影響を与えると考えられる．

4-4　政府による規制がグローバルヘルスケアに及ぼす影響

　最後に，政府による規制も"グローバルヘルスケア"に大きな影響を及ぼす

62　第1部　医療の経営的視点

ことについて述べておきたい．どの国が医療観光に関してどのような誘引政策を適用するのか，またどのような規制をかけるのかによって医療観光の効果は変わるのである．例えば，韓国では，2009 年から外国人患者誘致のために医療広告の要件を緩和した．しかし，韓国を訪れる海外患者が一番関心を持っている外国人医師による海外患者の直接診療はまだ許可していない．もし，外国人医師が韓国に来る外国人患者に対して直接診療と手術ができるようにすることを政府が規制を緩和すれば，韓国を訪れる外国人患者は今よりずっと多くなるだろう．

5．医療観光専門人材の育成方策

　医療観光は医療と観光を融合した高付加価値産業として国際的に脚光を浴びている新産業分野である．医療観光を活性化させる制度に関して最も重要なのは，医療観光に従事する人材の確保と育成である．医療とは異なって，医療観光は医療と観光が戦略的に融合された産業で医療産業界の専門家である医師，看護師，薬剤師，研究者，支援要員，観光産業の専門家を必要とし，また医療と観光の両方の専門知識を備えたスペシャリストも必要となる．人材確保の基本は，自国の教育制度で育成された人的資源の活用にある[12]．

　実際に，医療観光産業の形成に伴って，多様な専門人材（医療観光コーディネーター，医療観光マーケッター，医療観光プランナー，医療観光ガイド，医療観光通訳者，医療観光セラピスト等）が必要になってきている．

　現在，医療観光コーディネーターの養成教育が指定教育機関で実施されてはいるが，ほとんどが短期（3〜7 カ月），小規模（20〜30 人），単発教育（再教育及び深化教育プログラムなし）である．業界では，このような形で育成された医療観光コーディネーターから，「現場での役割を十分に果たすことができない．関連人材の養成にも力を入れてほしい」という声が上がっている．

　医療観光は成長潜在力が高い新生産業であるため，初期インフラの構築が重要であり，特に専門人材の養成は速やかに取り組むべき重要な政策課題であるといえる．ところが，専門人材の概念と業務領域について十分定義されておら

ず，人材の育成や雇用現況に関する基礎的な資料も不足しているのが実情である．また，人材育成政策と需給について考察すると，本来優先されるべき需要見込みが明確になっていないことがわかる．従って，医療観光産業のグローバルトレンドの方向性に沿う形で質的な満足度を向上させるには，医療観光の成長の見通し，専門人材の活動実態，及び需給見込みを踏まえた医療観光人材政策を至急立案して実施していく必要がある．

5-1 医療観光専門人材の定義

　ここでいう医療観光専門人材とは，国内の病院で診察・治療サービスを受けようと入国する外国人患者のために多様な医療サービスと観光を組み合わせたプログラムを企画して提供する専門家を指す．医療観光の専門人材は，医療観光コーディネーター（診療コーディネーター），医療観光マーケッター，医療通訳者に大きく分類される．

5-2 医療観光従事者の教育及び訓練

　医療観光専門人材の養成教育機関の教育課程がスタートしたのがまだ1～2年前であり，公共の医療機関で働いている人を対象にしているため，短期間，単発教育という限界がある．韓国観光公社では，医療観光コーディネーター養成課程，医療観光マーケティング専門家養成課程，特殊外国語通訳者養成課程に区分して，2007年から教育を実施している．また，韓国保健福祉人材開発院[13]では，病院国際マーケティング専門家養成課程，外国人患者診療コーディネーター養成課程，及び医療通訳者養成課程を開講している．各機関の主要教育内容は，医療実務（医療法，医療保険，医療行政，医術及び診療，医療観光の現況），マーケティング，サービス，言語（医療用語を含む），名所探訪，ワークショップ等から構成されている．

5-3 医療観光関連人材の分類

　国内の医療観光人材は，医療観光コーディネーター，医療観光マーケッタ

一，医療観光広報スペシャリスト，医療観光専門通訳者に分類される．

〈医療観光専門人材の職務内容〉

・医療観光コーディネーター：医療観光の全体的なプロセスを企画・運営して総合的なサービスを医療機関と顧客に提供する．

・国際診療コーディネーター：専門的な医療知識を土台に外国人患者への診療サービス提供に関する全般的な計画及び運営を担当する．

・外国人看護コーディネーター：重症手術患者のために医療機関内で専門的な患者ケアを遂行する．

・医療観光専門通訳者：患者と医療陣の間で適切な診療が成り立つように医療知識及び専門用語を駆使した通訳サービスを提供する．

・医療観光広報・マーケッター：医療観光商品の広報戦略及び計画を立てて実行する．

・医療観光商品プランナー：医療観光商品の企画・開発を担当する．

・医療観光コンサルタント：医療機関の海外進出及び特化商品の開発，誘致システムの開発・運営等，医療観光産業インフラの構築と実行戦略樹立等に関するコンサルティングを行う．

・国際専門医師・国際臨床看護師：グローバル医療サービスを提供する．

5-4　医療観光の専門人材に関する政策

5-4-1　医療観光専門人材に関する政策目標

（1）　需給不均衡の緩和及び人材と雇用の政策的マッチングの強化

　医療観光人材の需要見込みに基づいた需給政策の確立，教育と職務との連携強化を通した雇用インフラの構築，医療観光の人的資源に関する統計データの整備，人材プール活用等を通じて，需給不均衡及び政策的ミスマッチを緩和・解消する．

（2）　医療・観光融合型／実務型教育課程の開発及び観光関連専門人材の養成

　医療関係者を対象とする教育課程の改編，観光分野の専門人材養成の拡充，

実務型教育課程，医療観光教育機関の認証制の導入を通じて，医療偏重性を解消し，観光分野の専門人材養成の土台を構築する．

5-4-2　医療観光の専門人材に関する政策の動向

(1)　需給分析に基づいた専門人材の類型別人材専門化政策の確立

医療観光の類型別専門人材の需給を比較すると，現在多い教育課程が開設されているコーディネーターと専門通訳者については，来年以後に供給過剰となることが予想される．一方，マーケッターについては，時間が経過すると共に供給が足りなくなると予想される．

しかし，現在供給されている医療観光コーディネーターとマーケッターが実務能力及び専門性の面で不十分であるという専門家の指摘が多く，需給比較の結果から単純に供給過剰と解釈するには注意が必要である．

すなわち，供給される人材が多いにもかかわらず，専門性という点で実際の業務で活用可能な人材は不足しているという需給の質的ミスマッチングが進行することが予想されることから，今後，教育と雇用との連携強化と教育効果を高める実務中心型教育が必要となるだろう．そのためには，各種の教育機関に対する厳格な評価と認証制度の導入を通じて，需給不均衡の緩和及び教育と雇用とのマッチング政策を実施していかなければならない．

これには，医療観光専門人材の類型別特性と需給を踏まえた人材専門化計画を立案すると共に，差別化された教育課程の運営と支援政策を確立することが求められる．

(2)　教育と職務を連携させる雇用インフラの構築

医療観光人材の需給不一致を解消させるために，教育機関を整備し実際の医療観光誘致業者と医療機関の雇用につながる体系的な人材養成ルートを確立する必要がある．現場の需要が教育課程に反映されて，オーダーメード型教育課程を履修した終了者が速やかに供給されるように，教育と雇用市場との連携を強化しなければならない．現場教育の場所を医療機関に限定せずに誘致業者等にまで広げることで，教育課程の受講者が就職後も当該教育機関でアフターフォロー教育を受けられるような仕組みを作ることが大事である．

66　第1部　医療の経営的視点

(3)　医療観光コーディネーター義務雇用制度の導入

2013年から国家技術資格者が輩出される国際医療観光コーディネーターの義務雇用制度については賛否が分かれているが，未資格の専門人材と医療観光専門人材需要の質的なミスマッチングが進行している現状を改善するには，国家技術資格を取得した国際医療観光コーディネーターの雇用を義務づける制度の検討が不可欠である．

専門人材の義務雇用制度による負担は，一般的には，医療機関よりも誘致関係の業者の方が大きい．医療機関の場合は，サービスの質を差別化するために義務雇用制度が必要という意見と費用増加等の理由で反対する意見に分かれる．

一方，医療観光専門従事者の場合は，雇用安定につながる点と専門的なサービスが提供できるようになるという点でこの制度に賛成する人が多い．また，義務雇用制度を通じたアフターフォロー教育が必要と考えているようである．

次に，誘致医療機関及び誘致業者の登録条件である相談・連絡・サポート専任者を配置することである．国際医療観光コーディネーターを1人以上配置し，これらの専門家に保健医療の出入国に関する法規と素養教育及び医療観光誘致関連の専門教育を年間8時間以上受講するよう義務づける法規の新設を検討すべきである．

義務雇用制度の導入は業界で賛否の立場が分かれているため，この資格制度化が業界に認知されて国際医療観光コーディネーターの雇用が安定するように，2〜3年間に限定して導入することを検討してもよいだろう．

医療観光業者はこれらコーディネーターに教育訓練の意味と大切さを認識させ，教育課程への参加とそれによって生じる業務成果を社内制度で適切に褒賞することで，教育課程の受講が促進されるようにすることが大切である．

(4)　医療観光の人的資源DB（Data Base）の構築と人材バンクの運営

業種別，機関別の就職者規模に関する雇用統計が基礎資料として必要という業界の意見が多いため，医療観光の教育機関を対象とした人的資源DBの構築と関連統計の構築を推進する必要がある．規模の大きい一部の総合病院を除

き，自前での人材養成やフリーランサーの活用が難しい現状を勘案し，医療観光の専門人材 DB を構築し，人材供給が円滑になるようにすることで，専門人材と医療観光機関とのマッチングを強化していかなければならない．

(5) 病院の海外進出を支えるマーケッターを要請する教育課程の新設

最近，政府は病院輸出分野を新しい成長牽引分野に選定して育てようとしている．しかし，関連産業が未成熟であり，専門の人材が不足しているため，目立った成果は現れていない．中小病院や一部大型病院のごく一部が海外に進出してはいるが，その国にどのような方針・戦略で進出したのかに関するフィードバックを関連業界も政府も十分得ておらず情報共有もできていないため，病院の海外進出はまだほとんど実績がないのが実情である．

病院の海外進出を活性化して産業化するには，政府予算等を重点的に割り当てると共に即戦力となるオーダーメード型人材を養成できる教育体系を整え，進出した病院に適切な人材が円滑に供給されるようにする必要がある．

病院の海外進出マーケッターの業務内容は，進出先の国と市場の分析，合弁戦略の策定，海外進出の準備，契約及び収益モデルの開発，装備や物品の輸出及び通関手続き，輸出プラントのパッケージ化，海外職員の管理・採用，医療人材の教育，運営コンサルティング等であり，このような業務を十分に担える人材を養成するカリキュラムの開発と運用が急がれる．

5-4-3 融合型・実務型教育課程の開発と観光関連専門人材の養成

(1) カリキュラムの専門化，実務型人材の養成，及び専門講師の確保

教育課程の開発においては，受講者の教育動機や目的を考慮しつつ，実務と就職に重きをおいたカリキュラムを作成して，専門性の高い講師を確保しなければならない．教育プログラムの設計においては，医療観光の従事者の学習ニーズを反映させ，教育内容及び方法を教育水準別または専門分野別に細分化する必要がある．

教育内容別に教育対象者を選抜することで体系的な実務教育を実現し，アフターフォロー教育の体制も整える．医療観光関連の経験者を対象とする場合は，外国語及びマーケッティングに対する教育に力を入れ，未経験者について

68 第1部 医療の経営的視点

は，実務能力向上のための専門教育過程を開設し，教育を段階的かつ継続的に実施して現場需要に適合する良質の人材を育成・供給する．また，教育分野別の専門人材を採用・活用できるよう支援し，現場経験が豊富な内部人材を講師として育成する．

(2) 医療観光教育機関の認証制の導入

医療観光関連の民間教育機関の乱立によって教育内容の貧弱化，民間資格証の信頼性低下，講師の専門性不足等の問題が生じてきたため，医療観光専門人材の養成機関に対する評価・認証制度を導入することで教育課程の充実化をはかることが必要になってきた．医療観光教育機関の認証評価方法と関連指標を開発するための研究を実施し，評価結果によるインセンティブ付与方策を検討することで，認証制度の実効性を向上させる．

(3) 大学内に医療観光の正規過程を開設することによる融合的な人材の養成

医療観光の業務には医療と観光の両方の専門知識が必要だが，現在の短期教養教育では現場で実務を遂行するには不十分というのが業界の一般的な見方である．また既存の教育課程は外国語領域，医療領域，観光領域等に偏っており，融合型の医療観光専門人材を養成するには十分とはいえない．

医療教育と観光教育を融合させた医療観光学科を大学内に開設し，医療観光業者との産学連携教育を通じて現場で即戦力となる医療観光の融合型人材を養成する必要がある．また，医療関連学科と観光関連学科を有する大学については，医療観光学科の開設を積極的に支援し，大学と関連業界が共同で融合型教育カリキュラムを開発し産学連携教育を強化する必要がある．

(4) 医療観光専門人材向け教育課程内の実習プログラムの補強

観光アカデミー教育課程に実習過程を組み込むことで，これまでの実務との連携性が低い教育課程の短所を補うようにする．そのためには，実習室の設置，実習カリキュラムの開発等が必要であり，医師，看護師，医療観光コーディネーター，専門通訳者等が実習において適切な役割を担えるように実習プログラムを組み立てなければならない．

教育機関での課程を修了したあと，最短でも2カ月以上，医療機関または誘致企業で専門的な現場実習を経験できるようにする．実習機関は，事前に実習生選抜基準を設定し，それに基づいて実習生を選抜する必要がある．医療機関の場合は，小人数で該当部署において2カ月以上実習するケースと多人数で短期間実習するケースがあり，誘致業者の場合には，小人数での現場実習が一般的である．

(5) APN専門分野への医療観光の追加

看護師は，外国人患者と直接対面しながら医師による患者の治療と管理を支援するため，医療観光において非常に重要な役割を果たすといえる．しかし，看護師の外国文化に対する理解や外国語でのコミュニケーションのレベルが不十分であることは，医療観光客を誘致する医療機関に共通する認識である．現在，専門領域別になっている専門看護師（APN：Advanced Practical Nurse）の専門領域と医療観光を連携させる形で医療観光専門看護師を養成していく必要がある．

専門看護師（APN：Advanced Practical Nurse）とは，保健福祉部長官が認定する専門看護師資格を保持し該当する領域に関する高い水準の知識と技術を有し，自立的に医療機関や地域社会内で看護対象（個人，家族，地域社会）に高水準の専門的看護を提供できる者をいう．

現在，専門看護師の領域は，家庭，高齢者，保健，救急，腫瘍，ホスピス，臨床，感染管理，麻酔，出産，精神，重症患者，児童等に分かれている．

成長潜在力が高い新生産業である医療観光は初期インフラの構築が重要であり，特に専門人材の養成が急務である．また，医療と観光産業が連携し徐々に融合していく産業であるため，医療と観光分野を包摂する統合的な教育を通じて新しい専門人材を供給していくことが求められる．

特に，デジタルヘルスケア（Digital Healthcare）[14]分野において革新的なサービスを提供するには，多様な領域の知識や技術を融合させる必要がある．医学，生命工学，遺伝学だけに留まらず，電算処理学，電子工学，統計学，心理学，倫理学，経営学にいたるたくさんの人材が連携・協力しなければならな

い．それは，1人の人材が医療観光分野の専門性を全て備えることは不可能だからである．多様な領域の専門人材を集めて学際的なチームを作りそれを効果的に機能させることで，デジタルヘルスケア分野のイノベーションを実現し，収益を生み出すビジネスモデルを作り出すことが必要である．

6．おわりに——医療観光の活性化戦略

ここでは，医療観光の現況と問題点，そして環境要因を分析し，その結果に基づいて今後の医療観光を活性化する方策を提案したい．以下に，提案の骨子を示す．

⑴　医療観光に対する認知度の向上

まず，医療観光の活性化が医療サービスと観光収支の赤字を改善して雇用を創出する効果的な手段であることを観光業界及び政府機関の関係者に広く認識してもらう必要がある．

⑵　外国人患者の誘致に有効な医療観光戦略商品の開発

まず，外国人患者の誘致に有効な医療サービス商品の開発が急務である．また，ターゲットとなり得る外国市場を見極めて，アメリカ，ヨーロッパ，東南アジア等の地域別，また階層別に提供する医療サービス（治療）内容を差別化することが重要である．また，観光資源と連携した多様で独特の商品を開発する必要がある．

⑶　関連法規と制度の整備

現行の医療法と規制の下では，医療観光の運営体制を確立することが困難であり，医療サービスに関するマーケティングや投資誘致の活動を行うことも難しい．これらの問題を解決するには，医療法の広告制限条項を外国人について緩和することと，営利を目的とする医療法人の積極的認可等を通じて医療観光を活性化させる必要がある．同時に，医療費用や観光商品の価格を独自に決められるようにすべきである．また，外国人患者を誘致するために，治療目的の入国者のビザ発給手続きと出入国の手続きを簡素化することも不可欠である．

第2章 医療観光（医療ツーリズム）の現状と今後の展望 71

⑷ 国家レベルの広報活動と支援策

外国人患者の誘致を活性化させるには，国家レベルの体系的な支援策が必要である．医療分野への投資の促進，医療産業促進のための対外マーケティング，韓国と日本の医療観光を外国に知ってもらうための広報活動，外国人患者に対する観光サービス提供等に関する支援策が必要である．特に，外国人患者を誘致する病院に対する支援を強化すると共に，医療と観光を組み合わせた魅力的な医療観光商品を開発した旅行社の広報活動を支援することが重要である．また，医療観光関連の専門旅行社の育成と専門人材の養成が急がれる．

⑸ 外国人患者の診療を行う医療機関のインフラ整備

外国人患者を診療するには，医療スタッフのサービスマインドを向上させる必要がある．これと共に，国内の医療サービスの質を向上させ，医療費支払いシステムと外国人患者の救急医療システムを整備しなければならない．このほか，医療人材の外国語能力を向上させることも必要である．

医療産業は潜在的な成長力が大きいことから，世界的に関心が高まっている産業分野の1つなので，観光と融合させて新しい医療観光産業を育成するために，国家レベルで関連法規を整備し積極的な支援策を策定・実施すべきである．

以下で，医療機関が医療観光客を誘致するために何を準備すべきかについて考察する．今までグローバルヘルスケアという新しい環境変化が"保健医療システム"にどのような影響を及ぼすかについてシャオ教授の分析フレームワークを通じて展望してきた[15]．ここからは，グローバルヘルスケアという環境変化によって韓国や日本の保健医療システムにもたらされる新しい変化に医療機関がどのように対応していったらよいのかを考察して対応策を提示していく．

⑴ 外国人患者の誘致――"医療機関"のグローバル対応力の強化

医療機関が外国人患者に対して"グローバルヘルスケア"を提供するために不可欠なのは，"医療スタッフ"と"医療機関"の"グローバル対応力"である．外国人患者を診察し治療する医療スタッフが患者を迎え彼らの痛みを理解

し，最適な医療サービスを提供することによって“グローバルヘルスケア”における競争力が得られるのである．

このような“グローバル対応力”は単に“英語や外国語が上手である”というレベルをはるかに超えるものである．外国人患者が韓国や日本の医療サービスに満足してくれるように，“診療システム”まで変えないと，真の“グローバル対応力”を得ることはできない．

中国で“最良の病院”という評価を受けている“United Family Hospital”[16]は設立当初から病院の診療方法と医療サービス提供システムをグローバルスタンダードに基づいて構築し運営している．外国語の能力をいくら向上させても，“「韓国式」や「日本式」の医療システム”に基づいて医療サービスを提供すればよいという考え方では，決して“外国人患者の誘致”において成果をおさめることができない．この点については，実際に外国人患者を誘致している韓国の仁荷大学病院のシステムから多くの示唆を得ることができるだろう．

〈外国人患者の誘致——仁荷大学病院の事例から得られる示唆〉

仁荷大学病院は，仁川市中区にある病床数922の病院である．仁荷大学病院を訪れる外国人の年間患者数は，2010年が11,862人，2011年が16,497人，2012年が19,198人，2013年が22,914人で，過去3年間で2倍近くまで増加した．診療収入も2012年度に比べて約35%増加した．特に癌や心悩血管疾患等の重症疾患の患者が増加することによって，1日あたりの平均診療費も仁川地域の平均（2012年で約100万KRW）を遥かに上回るようになっている（仁荷大学病院の資料から引用）．

外国人患者の誘致に関係する仁荷大学病院の特徴の1つは，“外国人患者の誘致”に向けた“グローバル対応力の強化”と“グローバルスタンダードの導入”である．仁荷大学病院の場合，韓国の医師免許とアメリカの医師免許を両方取得した国際診療所長が外国人患者の初診を担当する．

その後，治療に関係する部署が国際診療所で患者の診察と治療を担当することになる．患者の診察と治療の記録は“グローバルスタンダード”に合致する形で作成され管理される．患者が加入している外国の民間保険会社に治療費を

第2章　医療観光（医療ツーリズム）の現状と今後の展望　73

支払ってもらうために必須の資料だからである．外国人医師を雇わなくても韓国の医療機関ができる最善の方法を通じて医療サービスの"グローバル対応"を実現している事例であるといえる．

⑵　医療通訳コーディネーターの確保等に向けた国際医療マーケティングシステムの確立

　韓国や日本の医療機関が"グローバルヘルスケア"を実施するために必要となるのは，医療通訳コーディネーターの確保等を可能にする"国際医療マーケティングシステム"を確立することである．医療通訳コーディネーターは，医療機関を訪れる外国人患者に診療以外に必要な全てのサービスを提供するという点で外国人患者の誘致で中心的な役割を果たすと考えられる．

　外国人患者の誘致経験が多い外国の病院では，医療知識，外国語でのコミュニケーション能力，観光業に対する知識・経験を有する医療コーディネーターは，医者・看護師に劣らない専門職と認められている．韓国の場合は，"外国人患者の誘致"が本格的にスタートしようとしている中で，多くの医療機関が経験と力量がある"医療通訳コーディネーター"を確保すべく動き始めている．

　シンガポール，タイの場合は，医療人材や医療コーディネーターに，"誘致対象国の専門人材"を採用し，現地での患者の誘致活動にも積極的に活用している．因みに，シンガポールとタイは外国の資格を有する医療関係者の雇用を認めることで，自国の医療観光の競争力を向上させている．

　シンガポール：SMC（Singapore Medical Council）が認定した医科大学の卒業及び医師試験の合格，医師研修の終了，英語検定試験の合格を条件に，外国人医師の勤務を1年または2年単位で認めている．

　タイ：医療観光で先導的な役割を果たすボムルングラド病院（1980年設立）は，アメリカの医師免許の保有者を200人（医師の総数は1,100人）を雇用することで，医療サービスに対する信頼性の向上をはかっている．

　韓国では，いまだに外国人の医療人材を雇用することが認められていないので，仁川市の場合は，仁川医療観光財団を通じて結婚とか韓国就業ビザで韓国

に来ているバイリンガルの中で現地での医療経験がある人を"医療通訳コーディネーター"に養成して仁川の医療機関と現地で連携してもらう試みを行っている．このケースでは，外国人患者に対して現地のコーディネーターが韓国の医療サービスについて説明をすることで，言語や文化の面での不安を減らすことができる．また，担当する外国人患者がいない時に，連携している病院の情報を現地の主要なコミュニティサイトや情報サイトに継続的にアップしたり，連携病院の医療スタッフから医療関連の情報を入手したりすることで，"医療通訳コーディネーター"の役割を幅広く果たすことができる．

(3) JCI（Joint Commission International）認証等の国際認証の獲得

外国人患者の誘致に関して韓国の医療機関が取得しなければならないのは，JCI認証のような"国際認証"である[17]．ところが，韓国の医療機関には外国人患者の誘致に国際認証の取得が不可欠だという認識が足りないようである．これは，韓国の医療機関の施設と医療サービスは既に先進国の水準に達しているのであえてアメリカ式認証である"JCI認証"等を取得する必要はない，と考えているからであろう．韓国の医療機関の外国人患者の誘致はアメリカやイギリス等の先進国ではなく中国，ロシア，中央アジアのように医療サービスの提供が不十分な国々で成り立っていることから，何億KRWもかけてJCI認証のような国際認証を取得する必要がない，という現実論があることも事実である．しかし，グローバルヘルスケア市場で外国人患者を誘致するには，医療機関による国際認証の取得が必須なのである．

外国人患者を誘致している外国の営利病院のほとんどは，"民間保険会社"の顧客（契約者）を誘致するにはJCIのような国際認証の取得が前提条件だと考えている．韓国の医療機関も，今後，外国の民間保険会社の顧客を誘致したいのであれば，まず国際認証を取得しなければならないのである．

今後の外国人患者の誘致を"釣り方式"ではなく"網方式"で行うのであれば，"国際認証"の取得が前提条件となる．

(4) 現地のエージェンシー及び民間保険会社とのビジネスネットワークの構築

　外国人患者を誘致するために，韓国や日本の医療機関は，外国人患者の誘致を代行してくれる専門エージェンシー及び民間保険会社とのビジネスネットワークを構築する必要がある．韓国の医療機関では，現在，外国人患者の誘致は主に以下の3種類の方法で行われている．

　第1は，病院自ら外国人患者の誘致活動をする方法である．病院に属するマーケティング専門人材や通訳コーディネーター等が外国人患者を誘致するために対象国を訪問して，病院説明会を開いたり医療観光展示会等に参加したりすることを通じて患者誘致に関する商談を進める方法である．この方法の場合は，患者誘致のカギは現地で継続的に患者を発掘して韓国医療機関に送ってくれる専門エージェンシーをみつけて，そのエージェンシーとの間に良好なビジネスネットワークを構築することである．そのためには，患者誘致に対する適切な手数料を設定し，患者の治療以降に生ずる紛争をどのように解決するかといった治療以降の諸々の事項についても明確に決めておかなければならない．

　第2は，現地の病院の協力を得て拠点病院を設立するか，現地の病院との間に"リポロルネットワーク（Referral Network）"を構築することで患者を誘致する方法である．この方法は，外国人患者の誘致に関して現地の病院との間にネットワークと信頼関係が構築されることを前提としている．韓国の富川市にある世宗病院の場合は[18]，"心臓専門病院"としての名声を活用して中央アジアのカザフスタンに"世宗ユーラシア病院"を設立して運営する計画である．このケースでは，世宗病院は病院経営に資するブランド力とノウハウを提供することで利益を得るだけでなく，韓国の医療技術を必要とする中央アジアの患者を継続的に誘致することが可能になる．

　最後は，韓国観光公社，保健産業振興院，仁川医療観光財団等の政府部門と民間の医療機関が協力して外国人患者の誘致活動をする方法である．この方法は外国人患者の誘致において専門的な政府機関の支援と協力が得られることから，外国人患者の信頼を得るのに非常に有利な方法といえる．また，これらの

専門機関は，各国の保健機関や政府系の医療機関ともネットワークを構築しているので，それらネットワークをうまく活用すれば，韓国の医療機関は比較的短い期間で効率的に外国人患者を誘致するためのネットワークを構築することができる．

　最近，韓国政府は“サービス産業の活性化”のために，これまで禁止していた民間保険会社のネットワークを活用した外国人患者の誘致を認め，“外国人患者の誘致”に関する政策を“市場機能重視型”に転換していくと発表した．このような規制緩和が進行すれば，韓国の医療機関の外国人患者の誘致は今までとは異なる新しい展開をみせることになる．すなわち，これまで外国人患者の誘致方式が個別の外国人患者を対象とする“釣り方式”であったのに対し，民間の保険会社が確保している顧客を対象にした“網方式”に移行していくだろう．その場合に韓国の医療機関に求められるのは，外国の民間保険会社が要求する診療プロセスと診療請求・精算方式を採用し，診療費を円滑に受けることができる専門人材を確保しノウハウを蓄積することである．今後，民間保険会社の顧客を誘致する方法は，韓国の医療機関による外国人患者の誘致において最も効率的で成果が大きい方法になると考えられる．

⑸　賠償責任保険への加入

　外国人患者の誘致に関して韓国と日本の医療機関が最後にしなければならないのは，外国人患者の誘致以降に発生する可能性のある“紛争”に備えるために“賠償責任保険”に加入することである．現在，韓国では，外国人患者の誘致以降に紛争が発生した場合にこうむる損害を保障する賠償保険制度が十分整備されていない．範囲が限定された賠償責任保険商品が幾つかあるにはあるが，保険料が高くて医療機関が保険に加入しにくいのが実情である．また，政府も医療機関に賠償責任保険や共済組合への加入を義務づけていないため，外国人患者の誘致以降の紛争発生に医療機関が大きな懸念を抱いていることも事実である．

　フランス，フィンランド，スウェーデン，イギリスでは医療機関の医療賠償責任保険への加入を法律で義務づけており，オーストリア，ベルギー，ニュー

ジーランド等では医療倫理や実務指針で加入を義務づけている.

これに対し，韓国では，医療事故の賠償を目的とする共済組合や保険の加入が医療関係者や医療機関の裁量事項になっており，国際的な規範に則っていないのが実情である．今後，外国の民間保険会社を通じて"患者誘致"を行う場合は，医療機関は"外国人患者"の増加に伴って医療紛争が増える可能性があることを考慮しなければならない.

特に，アメリカのように賠償責任法（tort law）が整備された国では，ちょっとしたミスや約定違反でも巨額の医療訴訟が申し立てられることがあるため，外国人患者を誘致しようとする医療機関は十分注意しなければならない[19].

また，国内患者と同等の基準で外国人患者を治療する過程で発生した賠償責任事故に対して相手国の賠償責任法が適用される可能性も出てくる．極端な例としては，国内法にはない"懲罰的賠償責任（punitive damage）"が科せられる可能性もある.

従って，外国人患者を誘致する際には，責任関係を明確にすると共に，賠償が必要な場合にそれを補うことができる医師賠償責任保険に加入することが必須条件となる．一方，賠償責任保険の保険料の高さが賠償責任保険への加入を難しくしているという現状から考えると，既存の賠償責任保険とは違う次元で外国人患者の不安を解消してくれるような新たなタイプの保険（例えばアメリカの"Peace of mind"のような）の開発を急ぐ必要があるだろう．具体的には，外国人患者が韓国や日本の医療機関を利用した際に問題が起こった場合に，韓国や日本を再訪問する費用や法的な問題を解決するために必要な費用を支払ってくれるような保険商品を開発すべきである．韓国や日本の医療機関が今後，外国人患者の誘致を本格的に進めるのであれば，外国人患者に安心感を与えることのできる賠償責任保険を開発することが必要不可欠であると考えられる.

1) Carrera P. M. & Bridges J. F. (2006), "Globalization and healthcare: understanding health and medical tourism", *Expert Rev Pharmacoecon Outcomes Res.* Aug; 6(4): pp. 447-454.

2) Johnson T. J. & Garman A. N. (2010), "Impact of medical travel on imports and exports of medical services", *Health Policy*, Dec; 98(2-3): pp. 171-177.

3) Goodrich, J. N. & Goodrich, G. E. (1987), "Health-care tourism an exploratory study", *Tourism Management*, 8(3), pp. 217-222.

4) 서창진 (2010), 글로벌헬스케어 중장기 발전전략 , 보건산업진흥원 연구보고서 .

5) 서병로 · 강한승 · 김기홍 (2009), 의료관광산업 , 대왕사 .

6) KIEP (2010), 동남아 전략산업 - 의료관광 현황과 정책적 시사점 , 싱가포르 국립대학교 , 협동연구총서.

7) 国家保健サービス（NHS）方式とは，「国民の医療問題は国家が責任を負う」という観点で，政府が一般租税で財源を備え，全ての国民に無償で医療を提供（Universal Type）する国家の直接的な医療管掌方式で，いわゆる租税方式またはBeveridge 方式ともいう．

8) Joseph R. Antos (2007), "Health Care Financing in Thailand: Modeling and Sustainability", *Mission Report to the World Bank*, August 1.

9) 医療貯金勘定とは，本人名前の口座に常に時々貯蓄をして，疾病が生じた場合に，この貯金額で医療費を解決する制度である．また，一定金額以上とか一定時期が過ぎると，貯金したお金を引き出すことも可能である．医療消費者の医療濫用を減らし，医療支出金額を減少させるという原理である．

10) http://www.gleneagles.com.sg

11) http://parkwayhealth.com

12) 한국보건산업진흥원 (2013), 글로벌 헬스케어 전문인력 수요전망, Korea Health Industry Development Institute (www.khidi.or.kr).

13) http://www.kohi.or.kr

14) デジタルヘルスケアとは，各種のデジタル健康・医療機器と IT 技術を融合させて健康増進をはかることを意味する．

15) Hsiao, W. C. (2003), *What is a Health System? Why Should We Care? Cambridge*, Massachusetts: Harvard School of Public Health.

16) http://www.unitedfamilyhospitals.com

17) http://www.jointcommissioninternational.org

18) http://www.sejongh.co.kr

19) 진기남 (2013), 의료관광 구조와 실제 , 범문에듀케이션 .

参 考 文 献

Bookman, M. Z. & Bookman, K. R. (2007), *Medical Tourism in Developing Countries*. New York: Palgrave Macmillan

Farmer, P. (2002), "Rethinking health and human rights: Time for a paradigm shift", *The Journal of Law, Medicine & Ethics*, 30(4), 655

Hsiao W., Li M. & Zhang S. (2013), *Universal health coverage: the case of China*, Boston: Harvard School of Public Health

Mckinsey & Company (2008), *Mapping the market for medical travel*, The Mckinsey Quarterly

Monica Das Gupta & Manju Rani (2004), "India's Public Health System: How Well Does It Function at the National Level?", *Policy Research Working Papers*, World Bank Group

Roberts, B. W. & Bogg, T. (2004), "A longitudinal study of the relationships between conscientiousness and the social environmental factors and substance use behaviors that influence health", *Journal of Personality*, 72, pp. 325-353

Roberts, B. W., Bogg, T., Walton, K. E., Chernyshenko, O. S. & Stark, S. E. (2004), "A lexical investigation of the lower-order structure of Conscientiousness", *Journal of Research in Personality*, 38, pp. 164-178

Roberts, B. W., Caspi, A. & Moffitt, T. E. (2003), "Work experiences and personality development in young adulthood", *Journal of Personality and Social Psychology, 84,* pp. 582-593

Roberts, B. W., Chernyshenko, O. S., Stark, S. E. & Goldberg, L. R. (2004), *The structure of Conscientiousness: An empirical investigation based on seven major personality questionnaires*. Unpublished manuscript, University of Illinois, Urbana–Champaign

Whittaker, A. (2008), "Pleasure and Pain: Medical travel in Asia", *Global Public Health*, 3 (3), 271-290

진기남 (2013), 의료관광 구조와 실제, 범문에듀케이션

송도영 (2011), 의료관광전문가를 위한 의료관광전략, 현학사

서병로 (2011)・김기홍, 의료관광산업 (제 2 판), 대왕사

최윤섭 (2015), 헬스케어 이노베이션 - 이미 시작된 미래 -, 클라우드나인

三星経済研究所 (http://www.seri.org)

第3章　八角平和計画による安全保障に関わる
　　　　医薬品生産を目的としたソーシャルビジネス

1．はじめに

　古今より感染症は国家の存亡を決定づける重大事象だが，人・物・金・情報
の往来に障壁が少ないグローバル社会では，国家の安全保障政策に多大な影響
を与える．抗インフルエンザ薬「タミフル」の備蓄は，パンデミックに対抗し
得る安全保障の要であることは顕かであるが，本薬品の低所得国における備蓄
は，価格・生産過程・原料の偏在といった産業構造としての問題や国際政治に
おける政治利用等，多くの問題を抱えている．八角平和計画では，タミフルの
原料となる「八角」を，ミャンマーの元紛争・難民帰還・麻薬依存経済地域で
生産，当該地域の産業・雇用を創出することで，個人・地域レベルの人間の安
全保障を創出，その延長線上に国家・世界レベルの安全保障体制を創出するこ
とに貢献する，世界初のソーシャルビジネスである．

2．導　　　入

2-1　「八角平和計画」とは
　「八角平和計画」は世界の安全保障の課題である国際感染症，「致死性インフ
ルエンザ」パンデミックの対抗手段，抗インフルエンザ薬「タミフル（化学薬
品名：Oseltamivir．タミフルはスイスの製薬会社ロシュ社の商品登録名）」の原材料で
あり香辛料として知られる「八角（植物名：トウシキミ（学術名：Illicium Verum），
八角は常緑樹トウシキミの果実を乾燥させたもの）」を，昨今，政治的に落ち着くこ
とが予想されるミャンマー国境にある元紛争地・麻薬栽培依存経済地域・貧困

地域・森林乱伐による自然環境破壊地域にて栽培，隣国タイ・バングラデシュ及びミャンマーを中心としたASEAN周辺地域にてタミフル製造にいたるまでの関連産業をおこし，帰還難民／国内避難民として移住する人，武器をおく元武装勢力ゲリラ兵，そして麻薬栽培依存地域を含む貧困地域住民等に対して，「雇用機会の増大」，「現金収入の増加」，「生活の向上と安定」を通して，そうしたグループに所属する人びとの「人間の安全保障」と，ミャンマー国内及び周辺国国境の「地域の安全保障」を確保することを目的とした事業だ．

その先に，大国の政治的意図でその供給・価格が左右されている，致死性インフルエンザのパンデミック用備蓄薬タミフルを，隣接する現在の生産国，中国・インドといった21世紀の覇権強大国の手を借りず，ミャンマー・バングラデシュ・ASEAN諸国が自分たちの力での備蓄を可能にすることにより，ASEAN独自の総合安全保障体制を自らの手で築くことを目標としている．更には，こうした地政学的なパワーバランス，安全保障の構築等を民間・市民主導の「社会的企業」から作り出すといった事業形態の普及により，従来と異なる，真の安全保障と平和，すなわち欠乏・恐怖から自由でありかつ満ち足りた身体的，精神的，社会的，霊・文化的，に尊厳ある人間生活を送れる環境（福島 2013），そして「積極的平和」を作ることが目的である．

2-2 「積極的平和」と「八角平和計画」

国家，そして国家単位の安全保障という概念がグローバル化の中，大きく揺らいでいる．2001年9月11日，米国ニュージャージー州ニューヨークにある貿易センタービルとワシントンDCにある米国国防総省ペンタゴンをターゲットとした旅客機をハイジャックしての乗客もろともの自爆テロから始まった，新たな世紀の戦争形態は，既存の権力単位でありかつ戦争の主格体であった「国家」対「国家」，もしくは「国家連合体（同盟関係等）」同士の戦い，という構図を一変させた．ある特定のイデオロギーを持ち，そのイデオロギーの目標とする社会を作る手段として自爆テロを含む「武力」「暴力」を利用する集団を「テロ組織」と呼び，ITを通して現在のグローバル化の発端となった情報

第3章　八角平和計画による安全保障に関わる医薬品生産を目的とした……　83

以下，人，物，金のグローバル化は，この「国際テロ組織」と呼ばれる集団の勃興を可能とした．巧妙かつ絶妙な国際政治・経済のバランスの中，これまであった「国家」と呼ばれる権力・権威間での「領土」や「地域の所有権」を主張しての戦争はたいへん少なくなる．自由主義経済の破綻による貧富の格差の増大が「テロ組織」と呼ばれる集団・個人の勃興を助長し，ある特定のイデオロギーを持ち，その目標達成のために「武力・暴力」を利用する既存の権力に反する集団と，「武力・暴力」の行使を含む権力を持つ「国家」もしくは「国家連合体」と呼ばれる集団との間の争いが戦争と呼ばれる，もしくは戦争と呼ばれつつある．もしくはそれを戦争と呼ぶ世の中を，現在の権威・権力である「国家」と呼ばれるグループも，そしてこれから権威・権力を狙おうとする「テロ組織」と呼ばれるグループ・個人も，両者が作りつつある．これまで，「内戦」・「紛争」と同じ「武力・暴力」を行使する争いにも名前を使い分けている風潮があったが，最近はこれらを全て「テロ」という名前に統一化している風潮があり，既存権力である「国家」側の「レッテル化」戦略の一環でもあろう．

　日本もこのグローバル化に伴う戦争形態・概念の変化に伴い，ここ数百年というごく短い間に築き上げてきた己の文明・文化・世界支配システムへの過信及びその変化した戦争形態・概念についていけずに斜陽・没落の一途をたどる米国と西欧諸国に追従する形で，昨年の2015年より審議され，最終的に国会を通った憲法違反の安全保障法案が物議を醸している．こうした議論の中，憲法違反の法案を通した政権の根拠として使われている詭弁の1つが，「積極的平和主義」といった言葉・概念・造語だ．造語され，詭弁に使われている「積極的平和主義」から「主義」を抜いた，元々の「積極的平和」という言葉は，1942年にアメリカの国際法学者クインシー・ライトが，「消極的平和」と共に対として唱えたのが最初とされる．その後ノルウェーの平和学者ヨハン・ガルトゥングが「直接的暴力」（direct violence）と，暴力が貧困や差別，格差等社会的構造に根ざしている場合の「構造的暴力」（structural violence）を提起し，従来の平和学における平和＝単に戦争のない状態と捉える「消極的平和」に加

84　第1部　医療の経営的視点

え，戦争の原因となる構造的暴力がない状態であるとする「積極的平和」（positive peace）という概念を確立させた．これが平和学の理解に取り込まれ，一般的な解釈となり，日本でも20世紀から同様に解釈されている（ヨハン・ガルトゥング，1991）．

　にもかかわらず，あえてこの言葉を用いて造語・詭用（詭用という言葉は存在しないが，必ずしも意図的にではなく導かれる「誤謬」ではなく，「欺く意志」がある誤用であることからこの言葉を造語した．詭弁は文章・説明において「欺く意思」を持って誤用を行うことであるが，言葉の用法・意味そのものを「欺く意思」をもって誤用することを表す言葉がなかったためである），「積極的平和主義」という言葉を多用し，軍隊（自衛隊）を戦争の場，「（国際）テロ組織」との「武力」「暴力」による権力・権威争いに積極的に派遣するための法律を成立させた．「積極的平和主義」は第1次湾岸戦争の際，多額の戦争支援金を拠出したものの，戦後処理を除いて戦時中には自衛隊を派遣しなかったために国際的に批判される・批判されたと当時の日本の政権及び外務省が感じた事態となった際，自由民主党の「国際社会における日本の役割に関する特別調査会」の提言において，「日本さえ平和であれば良い」という一国平和主義に加え，「日本が軍事的活動を行わないことが国際平和に寄与する」とした考えを「消極的平和主義」と位置づけ，その上でこれらを否定し，日本国憲法前文の「いづれの国家も，自国のことのみに専念して他国を無視してはならない」に代表される理念を前提に，人道支援はもとより，場合によっては国連平和維持活動に代表される自衛隊海外派遣等の軍事的オプションを含む国際支援があってこそ世界平和が近づくという考えを「積極的平和主義」と定義した．以降，日本の民間・非営利の外交問題・国際関係に関する，会員制の政策志向のシンクタンクである日本国際フォーラム政策委員会が，「軍」「武」による介入を含む国際活動を積極的平和主義とする政策提言を続け，とうとう第2次安倍内閣は2013年12月4日に国家安全保障会議設置法の改正に伴い設置された，外交・防衛を中心とした安全保障の司令塔である国家安全保障会議にて，会議の運営方針として審議された「国家安全保障戦略」の中に「軍」「武」による国際活動をよしとする「積極的平

和主義」が基本理念と明示されるようになった[1].

　しかしながら，この「積極的平和主義」は，前述のノルウェーの平和学者ヨハン・ガルトゥング博士が提唱し，これまで一般的に認識されてきた概念とは全く異なる物であり，博士自身が「私が1958年に考えだした『積極的平和（ポジティブピース）』の盗用で，本来の意味とは真逆だ」と述べている（『沖縄 毎日新聞』2015年8日）．彼のいう「積極的平和」（positive peace）が，貧困や差別，格差等社会的構造に根ざした「構造的暴力」（structural violence）がない状態を指すならば，そうした，「構造的暴力」を消去・Eliminate していくことを，「積極的平和主義」と呼ぶべきである．

　こうした政治・軍事目的のための言葉・概念の恣意的な誤用・詭用は昨今，「積極的平和（主義）：Positive Peace（Policy）」にかぎって行われただけではない．「人道援助（活動）：Humanitarian Activity」という言葉・概念も，2001年から始まった湾岸戦争より，政治的・軍事目的のために恣意的に誤用・詭用された．「人道援助」の名の下で，援助物資の軍による配給や，諜報・篭絡等を含めた軍事活動が，米国有志連合軍や国連平和維持軍の手でイラク・アフガン等にて行った，そしてそれをマスコミも含めた大勢が詭用したことにより，「人道援助（活動）」と「軍事／政治活動」が同一視されるようになった．そのため以降，軍・武力を用いずに行う，特定の軍事及び政治・信条・民族・宗教・経済活動等に偏らない，中立した真の「人道援助（活動）」を行う団体の活動も，「軍事及び政治」活動の一環として，非人道的な状況を引き起こしている当事者政府・団体・グループや当事者でない市民，中には新たに人道援助の世界に入るものに捉えられるようになった．元々，米国の政治文化，主張が絶対だと信じる米国の「人道援助」を標榜する NGO（Non Governmental Organization），FBO（Faith Based Organization：宗教組織（主に第二次世界大戦前の植民政策／帝国主義国家の主たる宗教であったキリスト教をベースとするものが主））の一部は，真の「人道援助」活動における中立性を重要視しない，もしくは「人道援助」の名の下での諜報・篭絡・民心把握等の軍事活動を意図的・無意識的に行っており，活動資金の出どころも含め，そうしたグループは GONGO（Governmental Organized Non Governmental Organization）という蔑称をもって呼称された[2),3)].

　筆者の経験では，2008 年，スリランカの LTTE（タミル・タイガー）の指導者であったヴェルピライ・プラバカランが最後の戦地，スリランカ北東沿岸のムラティブから，赤十字の印のついた救急医療車両で移動（逃亡）をはかった際，スリランカ政府軍がその救急車両に集中砲火を浴びせ死亡させた，あからさまなジュネーブ条約違反の一件や，また筆者が以前所属していた国境なき医師団が，2015 年に米軍の爆撃機によって，団体職員・ボランティアが働くアフガニスタン北部クンドゥズの病院を爆撃された，国際人道法をあからさまに無視した一件[4)]は，こうした「人道援助（活動）」という言葉・概念の誤用・詭用の結果であり，本来ならばあってはならないことである．

　われわれ，Barefoot Doctors Group（以降 BFDG と略記）の行う「八角平和計画」は国際的に認知されている「平和学」にて定義されている「積極的平和」を基盤とした「積極的平和主義」に基づいた活動であり，「構造的暴力」の撲滅を目標とした活動である．2016 年現在，日本の政権が恣意的に誤用・詭用し，意味を捻じ曲げて用いている「積極的平和主義」という言葉・概念が，われわれの活動を通して，再度，真っ当な意味・概念として世間に認知されることをわれわれは望んでいる．

2-3　「社会的企業」を通して構築する「積極的平和」と「安全保障」

　われわれ BFD の八角平和計画は上記の「積極的平和」を達成するために，日本では比較的新しい概念である「社会的企業（Social Business）」という手法を取ろうと考えている．これまでも「積極的平和」＝「構造的暴力」(structural violence)＝貧困・差別・格差等社会的構造に根ざしている暴力がない状態，を構築する手段として様々なアプローチが存在した．社会契約説でいうところの「国家」は，ホッブス，ロック，ルソーのいずれをとっても，この構造的暴力をなくそうとする試みの１つであった．この八角平和計画の重要な舞台である多民族国家ミャンマーにおいても国家による，構造的暴力を排除する試みが

行われてきたが，うまくいかず，より大きな直接的暴力を引き起こす結果となっていった．第二次世界大戦以降，国家として独立を果たしながらも，多くの国々に存在した構造的暴力が，発展途上と呼ばれる原因の1つであった．第二次世界大戦前，その各国の構造的暴力を利用・惹起・扇動し，弱体化させ，搾取してきた第二次世界大戦以降に先進国と呼ばれた米国及び西欧諸国の個人・グループは，第二次世界大戦前より行ってきた己の国家や所属する社会が犯した罪を贖罪する意味で，そうした発展途上国の構造的暴力に対し，慈善事業という形で「積極的平和」の構築に務めた．この慈善事業を行った主体はFBOとNGOであった．西欧帝国主義はアジア・アフリカ諸国の植民化の際，既存の国家にある少数派をキリスト教に宣教，その少数派を宗主国政府が各国お抱えの商社を通して技術・経済的に支援する形で構造的暴力を作ってきたことから，前面に宗教を出すFBOは宗教色を伴わないNGOと組織体・名前を変えて慈善活動に勤しむことが多くあり，こうしたFBO的性質を持ったNGOの活動形態としては寄付行為・医療・教育等のボランティア行為が主で経済的自立を目標とするものは少なかった．天然資源等の発展途上国政府高官・有力者による元宗主国や先進国による経済的取引がより大きな構造的暴力を引き起こしていることや，元々宗教組織ベースの活動のため，構造的暴力解消のために経済活動を利用する傾向は大変少なく，これまでの経済的自立を促す活動があったとしても，それはあくまで技術提供止まりの傾向がみられた．

　こうした構造的暴力解消のための手法として，経済活動・社会事業を基盤とするものを始めた者の1人がノーベル平和賞受賞者のムハンマド・ユヌス博士[5]であると考えられる．1980〜90年代，世界銀行・IMFから最貧国とされたバングラディシュの中でも，最貧困層にある女性に5人規模の協同組合を作らせ，女性たちが個人レベルで行える個々の事業を立ち上げるための資金を利息付きで貸し出し，そうした事業を立ち上げることにより収入を上げ返済し自立させていくという「マイクロクレジット」と名づけられた経済活動，社会的企業により，これまで寄附・慈善行為や，執筆，芸術活動といった文化活動，デモを含む政治活動が主だった貧困・格差・差別といった構造的暴力を解消す

88 第1部 医療の経営的視点

る方法論に歴史的な1ページを開いた．このマイクロクレジットを基本とした
グラミン銀行を立ち上げ，それを基盤としてバングラディシュ国内で立ち上が
った多様なソーシャルビジネス（＝社会的企業）による取り組みは多くの成果
を上げた．この手法は，現在，発展途上国と呼ばれていた国々でも取り組まれ
ており，また，先進国と呼ばれていた国々でも新たな構造的暴力が生まれてい
ることから，同様に先進国と呼ばれている国々でも，今現在，取り組んでいる
ところが多い．

　従来の寄付・慈善活動は無償による奉仕や喜捨を基本としているが，社会的
企業は有料のサービス提供活動による社会的課題の解決を目指すところに大き
な違いがある．社会的企業が提供するサービスや製品は市場において充分な競
争力を求められるため，成功した社会的企業においては，商品開発や商品・サ
ービスの品質のレベルが高い．また，従来のボランティア事業の中には，公的
な補助金・助成金に大きく依存していたため，資金の出所である国や自治体，
各種財団等の事業内容への介入が事業展開に様々な制約を与え，資金がなくな
ると打ち切らざるを得ず，結果的に構造的暴力の解消につながらない場合も少
なくないが，社会的企業は主な資金源が自らの事業であるため，最終目的を変
更することなく，より柔軟でスピーディーな事業展開が可能なこともある[6]．

　構造的暴力を解消することで「積極的平和」は構築され得る．そしてわれわ
れBFDは，その積極的平和の上に構築されるものが「安全保障」だと考えて
いる．われわれのいう「安全保障」は，国家の領土・政治的独立を犯す外部か
らの脅威を，軍事的手段を含む牽制によって守ることを主眼においた「伝統的
な安全保障」の概念を含有するものの，より広く，脅威に対する手段を軍事的
なものにかぎらず非軍事的なものも取り入れ，同時に対象となる脅威も国外だ
けでなく国内や自然の脅威をも対象とする「総合安全保障」の概念や，国家・
グループの最小構成単位である「人間の安全保障」の概念をも含むものである
る．安全保障の理論上，安全保障と防衛は厳密に区別され，防衛は「及んでき
た脅威に対抗し何らかの強制力によってそれを排除する」ことが目的であるの
に対し，安全保障は「脅威が及ばないようにすることで安全な状態を保障する

こと」を目的とする．国家・グループに対して，そしてそれを構成する最小単位の個々の人間に，国内外を問わずに軍事的・非軍事的なあらゆる「脅威が及ばない」ようにするためには，積極的平和を構築することが必要である[7]．

こうしたことから，われわれ BFD は，「安全保障」を，積極的平和を構築することにより具現化できると考えており，この手法として，国や特殊グループ等の事業内容への介入・制約がなく，スピーディーに，商品・サービスの品質を高く設定することで大きな成果を達成し得る，社会的企業という形で，民間主導で作る総合的「安全保障」を達成したいと考えている．

2-4 「八角平和計画」＝「安全保障」を「積極的平和」構築を通して「社会的企業」により達成する具体的試み

日本は海に囲まれているといった地政学的，歴史的，民族的特徴及び第二次世界大戦での侵略による周辺国の徹底破壊と自国の徹底的な敗戦，その後の軍需景気をベースとした凄まじい経済復興，中流を悪としない文化のおかげで，顕著な構造的暴力が存在せず，積極的平和の欠如による国内での武力衝突といった紛争・内戦問題は存在しなかった．上記のような背景に加え，周辺国がヨーロッパ帝国主義による世界的／歴史的な構造的暴力のために疲弊していたことから，周辺国との関係において独自の「安全保障」を考える必要がなく，敗戦後からこれまで，国内・国外において積極的でない平和主義を通していられた側面がある．しかしそのため積極的平和主義という活動・実際を知らない．

本事業の発起人である筆者もそうした活動・実際を知らない日本人の１人であり，試行錯誤しながら，手探りで事業を進めている．また社会的企業そのものが比較的新しい概念であることから，これまでそれにより積極的平和構築を行い，人間・国家・国家の集合体レベル（アジア等）という地域の安全保障を作り上げ，貢献した例は少ない．しかしながら，日本でいうとアフガンで活動を行っている，中村哲医師が代表を務める「ペシャワール会」の灌漑事業・農業事業を含む活動は積極的平和構築を行っているといえ，それを積極的平和構築＋社会的企業のモデルとして考えている[8]．また，競争力があり，商品・サ

ービスの品質が高く，地域の安全保障レベルまで構築／貢献した．日本人が行う国際的な社会的企業としては，「すしざんまい」で知られる株式会社喜代村の木村清社長による，ソマリア海賊のマグロ漁師への転職支援と関連インフラの整備による雇用創出があげられる[9]．例にあげた双方とも，実際平和になっていない．国際社会による武力を背景にした警備活動がなければ海賊行為がなくならなかった等，課題とされるべき点はまだ残っている．当方も，今後こうした課題を念頭におき，「安全保障」を「積極的平和」構築を通して「社会的企業」による達成する試みである「八角平和計画事業」のこれまでの活動と，今後の展開を記していきたい．

3. 背　　景

3-1 「インフルエンザ」と「安全保障」

古今より感染症は国家の存亡を決定づける重大事象だが，人，物，金，情報の往来に障壁が少ないグローバル社会では，国家の安全保障政策に多大な影響を与える．人類・国家の歴史を変えた安全保障に関わる感染症として天然痘を例にあげると，古くは紀元前，トロイの木馬で有名な古代ギリシアの覇権をかけて争われたペロポネソス戦争の戦局を変え，350万人規模の犠牲者が出た「アントニヌスの疫病」と呼ばれ天然痘の流行はローマの衰退のきっかけを作った．仏教の伝来と共に日本に持ち込まれた天然痘は，蘇我氏・藤原氏の勃興の転機となり，最終的には奈良の大仏を建造してまで流行の沈静化を祈ることとなる．近代の夜明けとなるアメリカ大陸のヨーロッパ人による侵略は，原住民が天然痘に対する免疫が皆無であったことからなされ得た．1980年代に絶滅宣言が出された天然痘は，研究用にその株が残っているだけといわれているが，免疫がなくなり，ワクチンを接種しなくなった現代において，その軍事利用が危惧されており，言葉通り「安全保障」を脅かしている[10]．戦争の形態が，敵対する市民社会に無差別に脅威を与えるという形の「テロ」という形態に変わった今，兵器として意図的に使われることも十分考えられ，人間の歴史を紐解くとその感染症がコントロールできる・できないにかかわらず実際使わ

れてきた．

感染症の流行は，その規模に応じて地域的に狭い範囲に限定される「エンデ
ミック」，感染範囲や患者数の規模が拡大（アウトブレイク）することにより比
較的広い（国内から数ヵ国を含む）一定の範囲で多くの患者が発生する「エピデ
ミック」，複数の国や地域に渡って世界的・汎発的に更に多くの患者が発生す
る「パンデミック」に分類される．これまで，人，物，金の往来が物理的及び
政治・文化・経済的な理由により制限されていたが，2000 年以降のグローバ
ル社会では，人，物，金，そして情報の往来に障壁が少なく，このパンデミッ
クが容易に起こり得る状況になってきた．こうした「人類」・「国家」や「人」
の「安全保障」に関わるパンデミックを起こす感染症として世界保健機関の国
際的感染症対策ネットワーク（2009）は，炭疽，クリミア・コンゴ出血熱，デ
ング熱，エボラ出血熱，ヘンドラウイルス感染症，肝炎，インフルエンザ
（2009 年の H1N1 型，鳥インフルエンザも含む），ラッサ熱，マールブルグ熱，髄膜
炎症（髄膜炎菌感染による），ニパウイルス感染症，ペスト，リフトバレー熱，
重症急性呼吸器症候群（SARS），天然痘，野兎病，黄熱病の 17 疾病をあげてお
り，警戒・体制を構築するべく感染症として指定，各国政府が対策に取り組ん
でいる[11]．

その中でもインフルエンザウイルスのパンデミックは，感染力の強さ，遺伝
子変化の多様さ（致死性の高い新たな病原体が発生し得る），社会的影響力（発熱を
含む一般的な風邪症状であり，特徴的な症状を示さないことから社会的パニックを起こ
し得る）ことから人類の脅威とされる国際保健的課題である．一番新しいとこ
ろでは，2009 年メキシコの流行からパンデミックとなった，「パンデミック
（H1N1）2009 ウイルス」だ．ウイルスの遺伝子が豚インフルエンザ由来のため
「豚インフルエンザ」と呼ばれたが，鳥インフルエンザウイルス及び人インフ
ルエンザウイルスの遺伝子も持つことが確認され，WHO（世界保健機構）より
パンデミックと認定された．2010 年 8 月，この新型インフルエンザの世界的
な流行状況が「ポストパンデミック（パンデミック後期）」に移行したと WHO
より宣言され，現在は通常のインフルエンザとして取り扱われており，2011

92 第1部 医療の経営的視点

年4月1日以後は名称も「インフルエンザ H1N1 (エイチイチエヌイチ) 2009 (ニセンキュウ)」となった．2015 年昨年初頭にインドでも同じウイルスの流行が認められ，高い感染力や，抗インフルエンザ薬「タミフル」の早期投与を含む対応策がとられなかったため，約 2,000 人近い死亡者を出し，問題となった．

インフルエンザの流行が科学的に立証されているのは 1900 年以降であり，20 世紀には，1957 年香港で始まり，世界で 200 ～ 300 万人の死者を出した「アジアかぜ」，1968 年に 5 万人ほどの死者を出した「香港かぜ」，そして 1917 年から 1919 年にかけて世界各地で猛威を振るい鳥インフルエンザの一種と考えられる「スペインかぜ」は，全世界で 6 億人が感染し死者は 4,000 万～ 5,000 万人に及んだ．当時の世界人口は 12 億人程度と推定されており，全人類の半数が感染，4 ～ 5 ％の人口を 2 年間という短期間に死亡させた．兵士の間でも流行したことから第一次世界大戦の戦局にも影響し，またトンガ・フィジー等の南太平洋の島々ではその閉鎖性から島民の多くが感染・死亡率も極めて高く，その中でも西サモアは島民の約 20％が死亡したという記録が残る．こうした記録からみても，インフルエンザは人間の安全保障は元より，国家の安全保障，世界・人類の安全保障を脅かす国際感染症であることは顕かである[12]．

3-2　抗インフルエンザ薬「タミフル」の出現と，安全保障のための「備蓄」

しかしながら，この破壊力のある国際感染症に対する対策は発展途上であることは否めず，1996 年に米ギリアド・サイエンシズ社 (1997 年から 2001 年まで元アメリカ合衆国国防長官のドナルド・ラムズフェルドが会長を務めた) が開発，スイスのロシュ社がライセンス供与を受け全世界での製造，販売を行っている経口のノイラミターゼ阻害薬「タミフル：Oseltamivir」の出現まで，感染症の Standard Precaution や，EWARS (Early Warning and Response System) の設置・患者の隔離と継続的な Monitoring といった公衆衛生疫学としての常識的な対策以外存在しなかった．「タミフル」はノイラミニダーゼ (neuraminidase：NA) と呼ばれる酵素を阻害することで，宿主細胞からの脱殻を抑止し，ウイルス増

殖を抑える，静ウイルス作用を持つ薬である[13]．その静ウイルス作用という作用機序の特徴から，発症後早期に内服することが勧められている．また同時にこの作用機序が，発症者と濃厚に接触してしまった人が予防的に内服するといった形で致死性インフルエンザのパンデミック時対応策として，安全保障上，備蓄することが効果的であると考えられ，WHOや各国政府でその備蓄を推奨されてきた[14]．

　副作用として，意識障害や精神神経系の異常行動が問題視されたことがあったが，2007年の厚生労働省の薬事・食品衛生審議会安全対策調査会は，2006年度の冬にインフルエンザと診断された17歳以下の患者約1万人を対象とした疫学調査の結果，異常行動の発生率は「タミフル」を服用しなかった患者（22%）に対して服用患者では10%であり，10〜17歳でも同様とした上で，生命に関わる異常行動では発生率に大きな差がみられなかったと発表している．2014年にコクラン共同計画と英国医師会雑誌が共同で行った，24,000人以上からのデータを分析した結果では，精神的な事象は服用により1%増加すると報告があるが，この全てが生命に関わる異常行動ではないということを認識すべきである．同様にこの共同研究では，当初の臨床的使用の理由である入院や合併症を減少させるという十分な証拠はなく，成人では発症時間を7日から6.3日に減少させ，小児では効果は不明で，世界的な備蓄が必要なほどの恩恵があるかどうかの見直しの必要性を報告している[15]．

　しかしながら，予防投与としての効果は複数のRCT（Randomized Control Study）で有効性が示されており，タミフル内服では発症を68〜89%減少させるという結果について幾つもの検証がなされている[16),17),18),19),20),21),22)]．また抗インフルエンザ薬として他に同じNA阻害薬であるZanamivir（商品名：リレンザ　吸入薬（グラクソ・スミスクライン社）），Laninamivir（商品名：イナビル　吸入薬（第一三共）），そしてPeramivir（商品名：ラピアクタ　注射薬（バイオクリスト開発，塩野義製薬によるライセンス生産））が存在し，昨今，エボラ出血熱ウイルスの治療薬として治験が行われたRNAポリメラーゼ阻害薬であるFavipiravir（商品名：アビガン　経口薬（富山化学工業））があるが，吸入薬は服用

94 第1部 医療の経営的視点

と保存が難しいという問題点・注射薬は保存とロジスティクスが難しいという問題点，新薬であるアビガンはその価格と催奇形性といった副作用という問題点からいずれもパンデミック対策の備蓄薬という点ではタミフルに比べ適しているとはいい難い．従って現在他のインフルエンザ薬の備蓄と共に，タミフルの備蓄は，致死性インフルエンザによるパンデミック対策として最も重要な薬であるといえる．

　上記の理由で，現在，「タミフル」の備蓄がWHOや各国政府保健機関から勧められているものの，それであっても，その価格から世界の多くの貧困国では必要量を備蓄できていないのが現状である．備蓄量の公開が国家の安全保障に関わることから，現在世界各国の備蓄量の正確な把握はできない．しかしながら，著者の直接聞き取り調査にて，2015年度のミャンマーにおける「タミフル」の備蓄は，致死性インフルエンザの脅威にさらされる医療職への予防投与としての備蓄が限界であり，国民に対する備蓄はゼロである．それもベッド数200〜300床程度の州立病院クラス以上の医療機関での備蓄であり，それ以下の医療機関には備蓄がない．またそうした予防備蓄の対象は医師・看護師に限られ，他の病院職員への予防投与備蓄はされていない．とてもではないが，先進諸国が目標としている全国民人口の数十％という高い数値には及びもつかないのが現状である．

3-3 「積極的平和」構築につながる抗インフルエンザ薬「タミフル」とその原料「八角」の当事者による生産

　こうした備蓄ができていない理由の大きな原因は，その価格と供給体制にある．現在タミフルはスイスのロシュ社が特許を所持し製造・販売をしており，またこのロシュ社以外にはインドのHetero Drugs社と中国のShanghai Pharmaceutical Group（上海薬事公司社）がロシュよりの製造のサブライセンスを保持し，製造している．価格は当初，1粒75mg1.5€（200〜250円），1人あたりの治療・予防投与で15€（2,000〜2,500円）と大変高価であった．2003年よりアジアを発信源として流行した鳥インフルエンザは欧州にもわたり，高

病原性であり死に至ることから，パニックとなり，タミフルを買い占める個人
や団体が現れ，タミフルショックと呼ばれるパニックが起きた．その後，こう
したパンデミックのために予防投与のための備蓄が各国で考慮されたが，世界
の安全保障に関わる薬品がこうした価格帯であると，備蓄は不可能であり，世
界的な運動が起こった．ロシュ側もこれに応え，備蓄用のタミフルの値段を中
心国向けには1人あたり12€（1,500〜2,000円），低所得国向けには1人あたり
7€（1,000〜1,500円）まで下げた．これにより，経済的に余裕のある先進諸国，
自国に工場を作った中国・インドは目標量に達するまでのある程度の備蓄を可
能とした[23]．

　しかしながら，例としてあげたミャンマーは勿論のこと，ASEANレベルで
もその価格帯では備蓄は難しい状況である．日本政府が資金提供しWHO西太
平洋事務所やASEAN事務局と共同して，ASEAN地域に起こったパンデミッ
クを想定し，JICSを通してASEANの備蓄としてシンガポールに備蓄庫を設
け，2006年よりタミフルを含む抗インフルエンザ薬50万人分の予防投与量を
備蓄，またASEAN各国に50万人分の備蓄を配分，計100万人分の備蓄をし
た[24]．しかしながら，これはASEANの人口約6億人（2015年）の0.002％に満
たない上，使用期限が切れたにもかかわらず補充されることはなく，切れた物
より随時廃棄され現在備蓄されていないのが現状だ．

　こうした状況を打破する1つの手段として，パテント・ライセンス切れを待
ち，ジェネリック薬品としてより安く生産，市場に供給，備蓄することがあげ
られる．タミフルは八角から抽出される，「シキミ酸」という成分から化学合
成を経て作られるが，この化学合成の方法にパテントがついている．この化学
合成の方法は4世代を経て効率的なものとなっており，その各世代の合成法そ
れぞれにパテントがついている．ジェネリック薬品として安価に，なおかつ大
量に生産する場合，第3世代の生合成法が適していると考えられており，その
パテントは2023年にExpireすることから，ジェネリック薬品として生産でき
るのは2023年からである．

　このタミフルの原料である「シキミ酸」は，主に香辛料に使われている八角

96 第1部 医療の経営的視点

（トウシキミの樹木から得られる果実を乾燥させたもの）から抽出されている．「タ
ミフル」が製造された当初，原料である「シキミ酸」はこの八角から抽出され
たものからしか産業的に使用されていなかった．当時，世界市場にある「八
角」は主に中国で栽培されており，タミフルが安全保障上においても重要な薬
品ということが，2004年の致死性の新型鳥インフルエンザの流行や，2009年
の「H1N12009」の流行から認知されると，このタミフルの原料である「シキ
ミ酸」，その原料とされた「八角」が，世界政治に大きな影響力を持ちつつあ
った中国が独占的に生産していることに懸念を持つ国々・グループが現れた．
実際，日本との間で，レアアースの貿易が政治的な影響で取り引きが難しくな
った時期[25]があり，「シキミ酸」とその原料である「八角」も同様に供給不安
が取り沙汰された[26]．

　以降シキミ酸の生合成法は「八角からの抽出」以外からも研究され，種々方
法がみつかっているが，実際に工業的に稼働しているのは大腸菌プラスミドか
ら製造する方法[27]で，それ以外の方法は工業化すること自体にコストがかかる
ことから，現在は行われていない．これらの背景により，今後もタミフルの製
造は，「八角」から「シキミ酸」を抽出することにより行われることが考えら
れ，その際に，気候変動や地政学的リスクを考慮すると，栽培地・栽培国は中
国南部・単独国ではなく多岐にわたった方がよいと考えられる．またレアアー
スの時に顕らかになったように，資源の一極集中化は，争いの種の元になる．

　水・空気（酸素）等と同じく，人類・世界・人間の安全保障に関わる事象は
公共財として扱うべきである．こうした公共財の独占は国際政治バランスを崩
す．従って「タミフル」，そしてその原材料である「八角」も，「取り決め」や
「共有」といった手段で公共財として扱われるべきである．しかしながら，同
じ公共財であっても，非排除的かつ競合的な財であり「コモンプール財」とし
ての性格が強いことから，現実には，その競合性を排除するため，豊富に存在
すること，地政学的なバリアを取り除くこと，の必要がある[28]．そしてそれ
は，国家間に存在する構造的暴力（差別・貧困・格差）を取り除くことにつなが
る．更にはこの国家間の構造的暴力を取り除くことは，世界における「積極的

平和」の構築となる.

　上記より，人類・世界・人間の安全保障の課題の1つである国際感染症「致死性インフルエンザ」のパンデミックの対抗手段として抗インフルエンザ薬「タミフル」の原材料であり香辛料として知られる「八角」を中国以外の場所で栽培，市場に豊富に供給すること，そして「タミフル」の製造を大国の手に依存することなく当事者で行い，備蓄とすることは，人類・世界各国・人間の「安全保障」を構築することであり，国家間の構造的暴力を取り除くことであり，世界の「積極的平和」の構築となる.

3-4　多民族国家ミャンマーと民主化における課題

　ミャンマーはASEANの最西部，中国・インドという巨大国家・文化圏の狭間にあることから，多様な少数民族が混在する．日本ものちに加わった西欧列国が始めた帝国主義・植民政策は，第二次世界大戦後のミャンマー独立後，内戦・紛争を伴う少数民族問題を作り出した．1980年代後半の東西冷戦の終結に象徴される資本主義国家群と社会主義国家群の間での政治経済バランスの崩壊は本問題の顕現化に拍車をかけ，1988年，石油価格の高騰，憲法制定及び議会設立を目的として行われたミャンマーでの総選挙を契機に起こった民主化運動とその弾圧は，大きな政情不安をもたらし，国境地域の少数民族が自治独立を目指す等政府との対立は先鋭化，組織だった武装蜂起を起こしたことからそれまでの内戦も激化した.

　ミャンマー東部のタイ国境では，国境を超え逃れて難民となったものや，ミャンマー国内に国内避難民として残り戦闘を続ける者・生活する者が多く現れた．2008年からの計画的民主化移行開始後は各武装組織との停戦合意が進み，2015年に選挙が民主的に行われたことから，今後はタイ国境地域からの難民・国内避難民の帰還が予定されている．しかしながら，人間の安全保障が確保されており，構造的暴力がない状態での生活を送れる社会環境は整っていない．一方で西のバングラディシュ国境でも長年にわたる政治・宗教・民族問題を発端としたロヒンギャ・ムスリム難民・国内避難民が2012年のラカイン州を発

端とした暴動を機に，大きな人道的・社会的な問題となっている．ロヒンギャ・ムスリムを含むムスリムが，宗教的・文化的な理由で人口計画・家族計画が勧めにくいことから人口増加は免れず，それに伴う社会・経済・文化的な変化を現在マジョリティーである民族・宗教グループが恐れることから，本件をより複雑な問題としており，構造的暴力をなくすことの障害となっている．

このように，ミャンマー東西の国境で発生している国内避難民，将来帰還する難民を取り巻く雇用を含めた生活／社会環境は全く整っておらず，これまで国際人道援助団体の多くの支援を受けてきた難民，国内避難民の生活が困窮すること，彼らのための外部支援が地域・グループによって大きく偏ることが，新たな争いの種を生んでいる．こうした背景からミャンマー国内及び隣国の平和維持のため，継続的な産業の育成，現地での雇用創出は大きな課題の1つである．

3-5　Barefoot Doctors のこれまでの取り組みとミャンマーとの関わり

こうした社会的情勢・現状況の認知から，国境なき医師団フランス支部派遣医師として 2004 年にミャンマーに派遣・タイ国境紛争地域でのプライマリ・ヘルス・ケア振興とマラリア対策プロジェクトの臨床及びコーディネーション業務や，日本の多くの災害支援・人道援助 NGO のバックアップを受け行ったサイクロンナルギス支援に従事したことにより，ミャンマー少数民族地域の医療・社会事情に精通している日本人医師である筆者は，2010 年 12 月 Barefoot Doctors OKINAWA を立ち上げ，本問題の解決のための活動を開始した．2010 年より天然ハーブによる地産地消の蚊よけクリームの生産・販売を念頭においたプロジェクトの調査を国立国際医療センターと共に始めたが，2011 年 2 月にパラチフスに罹患し帰国し入院．退院後ミャンマーに戻ろうとするも，2011 年 3 月に東日本大震災が起きたことから，日本プライマリ・ケア連合学会の依頼もあり震災支援チーム PCAT のコーディネーターを務め，避難所や在宅被災者の医療救援活動から，宮城県北部被災地の地域医療再建活動を行うこととなった．2011 年 12 月には再度渡緬，トヨタ財団の助成を受け，タイ国境モン

州の PLHIV コミュニティーの自立支援活動を開始した[29].

　その後 2012 年，日本財団の要請にてミャンマー医師会／日本財団が行う同地域でのプライマリ・ヘルス・ケア振興のアドバイザーとしてタイ国境帰還難民を対象とした医療及び人間の安全保障インフラ整備の調査及び実施を行う．後日，この調査がもとで，その後ミャンマー農民発展党の顧問を拝命，少数民族地域全域の人間の安全保障インフラに対する情報を調査するにいたっている．その過程で，日本財団が人びとの健康を守るという趣旨でミャンマーをはじめモンゴル等幾つかの国，地域で行っている伝統医薬品が入った置き薬箱を村に設置するプロジェクトの原料の現地生産，また現地で使われている伝統医薬品の原料の現地生産といった目的で，ミャンマーのカレン州で幾つかの薬草作物の栽培プロジェクトが始められた．

4. 目　　的

4-1　問題提議

4-1-1　「倉廩みちて礼節を知り，衣食足りて栄辱を知る」と積極的平和構築

　これまでの，国境なき医師団派遣要員としての各国での医療プロジェクトを通しての活動，日本プライマリ・ケア連合学会をはじめ幾つかの団体をあげての東日本大震災での医療保健・福祉分野の救援・復興活動，ミャンマー医師会／日本財団との合同事業であった紛争地域でのプライマリ・ヘルス・ケア振興事業の中，人間の安全保障を作るうえで，「医療保健サービス，プライマリ・ケアの提供」と「識字・計算等の社会生活を送る上の基本的な教育」だけでは不十分であることを痛感した（アマルティア・セン 2006）．

　今ある命を救うために，今の身体的に病的な状態を脱するためには，基礎的な医療保健サービスやプライマリ・ケアの提供は必須であるが，こうして救った命・身体的な自由は，精神的・社会的に満たされないかぎり，すぐに損なわれ，病気となる．また，それは精神的・社会的に満たされないかぎり，繰り返す．身体的に健康となった状態を維持し，生活するには，精神的に安定し，社会的に認められることが必要であり，そのためには経済的に自立し，誇りを持

って従事できる仕事が必要である。同様に将来の本人の人間の安全保障として子供に施される「識字・計算等の社会生活を送る上の基本的な教育」は，その子供の基本的な生活を支える，親，保護者や，社会の学校に行ける環境・システムが整っていないかぎり，不可能である。親・保護者に収入がなく食事もままならない環境，子供が低賃金であっても長時間働かならねばならない環境があるかぎり，学校，教師等のハード・ソフトの教育インフラを含めた教育システムを整えても，そのシステムにアクセスすることができない。子供を含め教育システムにアクセスするべき人がアクセスするためには，その親・保護者が今現在，教育を受けるべき人に教育を受けることができるような環境を作れる経済的な余裕と，誇りを持った自己存在の社会的認証が必要である。

　積極的平和を妨げる構造的暴力を解消するには，「医療保健」と「教育」といった「人間の安全保障」を構成する最低限の部分だけでは不十分であり，構造的暴力を構成する「貧困」「差別」「格差」等を積極的に解消していく必要がある。「人間の安全保障」は「人間の生にとってかけがえのない中枢部分を守り，全ての人の自由と可能性を実現すること」と，この言葉を作り出したアマルティア・センが述べているが，時の変遷を経て，その達成のためには「欠乏からの自由」と「恐怖からの自由」に加えて「尊厳ある人間生活」が重要であると述べられるようになってきた。中国の為政者「菅子」は，各地方の有力者が覇権を争ったことから荒んだ国・社会の人びとを指して「倉廩満ちて礼節を知り，衣食足りて栄辱を知る」と述べた。「尊厳ある人間生活」のためには，礼節（＝互いに尊敬しあい丁寧にそれを行動として示すこと）が大切であり，その礼節を知るためには，誇るべき産業があり，経済・社会的余裕（＝「欠乏・恐怖から自由」となる）が生まれて初めて達成され，それは構造的暴力解消につながる。そして礼節を理解するためには，栄辱（＝社会的に何が尊敬されるべき行動で，何が恥ずかしい行動であるか）を知る必要があり，そのためには誇るべき仕事があり，個人の精神・社会生活が安定する（＝「欠乏・恐怖からの自由」となる）ことで達成され，構造的暴力解消のための基本となる。

4-1-2 「実行可能」な「社会的企業」

　構造的暴力を解消し積極的平和を構築するための地域，個人の誇りとなる産業や仕事でも，この地域で実行可能であることが大前提である．ミャンマーの主要産業はこれまで，農業・林業・鉱業が主流であった．これまでの調査で，タイ国境難民帰還地域では林業及び樹木からとれる農作物により多くの人びとが生計を立てていることを知っていた．具体的にはチークの木の伐採と輸出，Red/White Sandalwood といった香木の伐採と輸出，檳榔の果実の収穫，ゴム樹からの天然ゴム採取，その他コーヒー栽培・お茶栽培等があるが，いずれも樹木を用いた農林業が盛んな地域であり，住民達もその扱いになれているのが特徴であった．

　また日本財団が薬草栽培のための実験的プロジェクトを始めた際，疑問に思ったことが幾つかあった．当該元紛争地域／難民帰還地域において，気候にあった伝統医療薬草を栽培し産業とすることはよいが，マーケットがかぎられていたことだ．このプロジェクトは同団体がアジアで行っている伝統医薬品置き薬箱に使用している伝統薬品を作ることで一見マーケットが確保されているようにみえるが，本プロジェクトが実際，有効であり，人びとに使われているかどうかの調査がなされていないことから，今後もミャンマー政府の要望で同プロジェクトが続けていくのか否かが不透明であった．また，地元の人びとが使う伝統薬は，取り引きされている値段が安いことと，既に多くの場所で生産されていることから競合者が多いと予想され，ターゲットとしている帰還難民や国内避難民が栽培することで「人間の安全保障」が確保でき得る収入が得られるようになるのか定かでなく，日本財団側の担当者も家計を支える副収入レベルの経済的効果として捉えていた．

　そうした中，よりマーケットが強く，より社会での必要性があり，より将来大きな産業に成長する可能性があり，地域，個人が誇りを持てる産業，仕事に発展し得る，林業を中心とした産業を模索していた．同様に構造的暴力を解消・積極的平和を構築するため，地域社会・そして対象人口に経済的・社会的な余裕を与えうる手法として，社会的企業という形態が望ましいと考えられた．

102　第1部　医療の経営的視点

　社会的企業は，構造的暴力の解消と積極的平和の構築といった，社会的課題の解決を目的とする事業体という点ではボランティア活動やチャリティー活動と相似しているが，それらのように本活動は無償による奉仕や喜捨を基本としておらず，有料のサービス提供活動によること・経済活動の一環であることが，これまで BFD が取り組んでいる上記のような社会的課題に無関心であった層を取り込むことが可能となると考えたからだ．この社会的課題に無関心であった層を取り込むこと自体が，構造的暴力の解消や積極的平和構築といった社会的課題の達成に近づく上，事業自体に競争力を求めることから，商品・サービスの品質のレベルは高くなり，そして事業完成までのスピードを速めることになると考えた．同時に社会的企業は，自社の利潤の最大化ではなくミッションの達成を最優先することから，人類・国家・人間の安全保障が脅かされているいま，本社会的企業の目的そのものが多様なステークホルダーの共感・賛同を得ることが予想された．

4-1-3 「八角平和計画」の立案と始動

　東日本大震災医療保健対応の反省として，ここ数十年で急速に進み，人類有史上初めて迎えた超高齢化社会・高度福祉化社会への対応が不十分であったことから，国立保健医療科学院・健康危機管理研究部の客員研究員として BFD 代表の筆者が研究・教育に勤しむ中，致死性インフルエンザのパンデミックを含めた国民の健康危機管理政策を研究する金谷泰宏部長，同院国際保健学部に所属する冨田奈穂子研究員，日本財団の薬草専門家でありお茶の水女子大学講師である朝比奈はるか博士，日本ジェネリック医薬品学会細川修平事務局長，2004 年のインフルエンザ対策を指揮した元厚生労働省健康局長西山正徳医師，TPP 看護師再受験事業をはじめ先駆的国際的医療ビジネス事業を行う株式会社 Medical Drive 岡部正晴社長，九州大学ユヌス＆椎木ソーシャルビジネス研究センター岡田昌弘教授，製薬産業関係者等多くの分野の専門家との話し合いの結果，人類・国家・人間の安全保障に関わる国際感染症の1つであるインフルエンザの特効薬であり，世界保健機構もパンデミック対応として備蓄を推奨している薬品「タミフル」，そしてその原料である「八角」の果実を結実させ

第3章　八角平和計画による安全保障に関わる医薬品生産を目的とした……　103

るトウシキミの栽培が，当該地域の気候とも合致しており，なおかつ帰還難民
に対する一時的な雇用を少数であるものの創出し，なおかつ先に述べたよう抗
インフルエンザ薬「タミフル」を作る過程で多くの産業を生み出し得るもので
あることがわかった[30]．

　ここに八角平和計画が立案され始動した．

4-2　八角平和計画の総合目的

1)　トウシキミの木をミャンマー・タイ国境，ミャンマー・バングラディッ
　　シュ国境及び麻薬依存経済地域，貧困に喘ぐ地域住民が住む森林山岳地域
　　に植樹し，致死性インフルエンザパンデミック対応策である抗インフルエ
　　ンザ薬「タミフル」の原料であるトウシキミの果実「八角」を中心とした
　　産業を育成することにより，少数民族紛争・麻薬依存経済の根源である構
　　造的暴力の1つ「雇用問題」・「貧困問題」解決の一助とし，ミャンマー国
　　内の積極的平和を目指す．

2)　現在世界の9割以上を「中華人民共和国」で生産している「八角」とそ
　　こから抽出されタミフルにいたるまでの中間体である「シキミ酸」，そし
　　て2023年のロシュ社の持つライセンスにより欧・印・中といった大国で
　　しか現在生産されていない「タミフル」の生産と備蓄を，ASEAN に所属
　　する国々が共同しながら地域として独立して行うことにより，国家間の構
　　造的暴力を排除し，人類・国家の安全保障体制を確立，ASEAN 地域・世
　　界の積極的平和構築に貢献する．

3)　こうした産業を社会的事業として行うことで，2016年3月現在の日本
　　国政府内閣による偏った「安全保障の考え」の押しつけや，誤った「積極
　　的平和主義」の解釈により，平和・安全保障に対する考え方に混乱し，誤
　　解を募らせている「日本国民」をはじめ，世界においてこうした構造的暴
　　力に無関心な人びとの層からの当事業への参加を即し，正しく・鳥瞰的に
　　安全保障・積極的平和構築に対する見識・認識を培い，真の安全保障・構
　　造的暴力の排除・積極的平和構築を行うことの一助とする．

5．これまでの準備取り組み

5-1 八角のミャンマーでの生産，シキミ酸の精製・タミフルの生産の取り組み

5-1-1 八角のミャンマーでの生産に関する取り組み

2012 年，トウシキミの植樹，八角の生産・収穫に関する調査を，国立保健医療科学院国際保健部・日本財団関係者の紹介で，中国雲南省西双版納タイ族自治州にある国立西双版納熱帯植物園，京都薬科大学（薬用植物園），お茶の水女子大学（生活環境教育研究センター）の協力の下行う．トウシキミの種を購入，ベトナムでの大規模植樹経験がある専門家を招聘して，モン州・カレン州にて育苗園を設営し，本専門家と当団体理事を務めるミャンマー農業灌漑省 OB にて植樹地域に関する調査を継続して行っている．

(1) トウシキミの種子の輸入と発芽・育苗場の設営

2012 年 10 月，八角の調査のため，中国雲南省富寧（フーネイ）で八角栽培をしており，ベトナムにて八角の移植事業経験のある農業専門家の農園を訪問（写真 3-1）．栽培環境やその年の収穫状況等の調査ののち，栽培地を見学（写真 3-2）．八角種子購入・育苗場の設営と技術指導に関して交渉．発芽できる種子は，香辛料として売られている状態の八角の実からは採取できず，乾燥・焙煎

写真 3-1　　　　　　　　　写真 3-2

（出所）　写真は全て Barefoot Doctors Group 撮影

第 3 章　八角平和計画による安全保障に関わる医薬品生産を目的とした……　105

図表 3-1 　　写真 3-3

（出所）　Google Map を使用し, 筆者作成

させる前の状態のトウシキミの実から種子を摘出，摂氏 15 〜 20℃ の至適温度・湿度の状態で保存することが必要であることから，相当の状態で，5kg で 1 万粒という情報をもとに 100kg 前後（20 万粒）の種子の準備を依頼したが，後日 5 斤（約 2.5kg）で 1 万粒という事実が発覚．輸入予定量は倍の 40 万粒に．更に至適環境維持のため，湿った砂と混合したことから，計測があいまいとなり，最終的に輸入した量は 90 万粒という結果になった．

　八角農家の周氏にミャンマーでの八角栽培に関しての助言を依頼．その年の収穫が 10 月中盤から後半になることから，該当条件で用意した種子を，11 月に国立西双版納熱帯植物園関係者の唐氏とミャンマー農業・灌漑省側のアレンジで，陸路で輸送．中国雲南省富寧（フーネイ）で準備した種子を 4 t トラックにて雲南省昆明を経て中緬国境の町，瑞麗（中国側）まで移動．ムセ（ミャンマー側）にて受け取りを行い，そこから 36 時間をかけてモロミャイン（モン州）に輸送（図表 3-1）．発芽できる状態の種子をすぐに種蒔するため，ムセにて種子をミャンマー側に引き渡したのち，専門家周氏と唐氏は昆明から空路でヤンゴン入りした．発芽する前に，また乾燥して死んでしまう前に種蒔をする必要があったことから，種子の移動から 10 日以内に育苗場を設営，種蒔の準備を行った（写真 3-3）．苗が遮光性であることから日差しの強い地域で育苗するためには写真のような遮光が必須となる（写真 3-4）．

106　第 1 部　医療の経営的視点

写真 3-4

写真 3-5

図表 3-2

（出所）　図表 3-1 に同じ

　トウシキミ（学術名：Illicium Verum）はシキミ科の常緑高木であり，中国広西チワン族自治区南部やベトナムに自生，中国南部，南部インド，インドシナ，ベトナム等で栽培されている．生物学的に温暖多湿の気候に育ち，年間降水量は 1,000mm．年間平均気温は 19 〜 23℃で，気温は最低でも 10℃の環境で，500 〜 1,000m 以上の常緑地帯高所にて育つ．栽培する際は，育苗場にて種子より発芽させ，ある程度育った際に条件の合うところに植樹する必要がある．写真 3-5 は種蒔の際の様子である．ビニールカップに土（吸水性の良い赤土）を詰め，過マンガン酸カリウム水溶液で種を消毒，遮光ネットの下に並べて置いた土詰めカップに種蒔．種は，生存率向上のために，1 カップにつき 2 つ蒔き最終的に 2 つ目が出たカップは株分けした．

　気候・生物学的・地政学的リスク回避のため，専門家の指導の下設営した育

写真 3-6

写真 3-7

写真 3-8

　苗場をモデルとして，周辺地域に4つの育苗場設営（図表3-2）．2つはモン族の多く住むモン州，2つはカレン族の多く住むカレン州に造営した（写真3-6）．2012年12月中旬にはこれら4つの育苗場に種蒔が完了した．1月には芽が出たものの，水の管理の問題でカレン州の育苗場ではその大半が死滅した（写真3-7）．4月の乾期の終わりにはカレン州の2つの育苗場の維持が水の問題で厳しかったことから，残った苗を，モン州の2カ所の農場に移動し，閉所とした．その後，雨季に入った6月，遮光のために天然ゴム樹のゴム園の中に設営したモン州ニパド育苗場の苗にカビが感染し，約500株が犠牲になった．今後も感染拡大兆候がみられたことと，洪水による増水で育苗場浸水のおそれがあったことから，育苗場そのものを近くの河川から約100m内陸部の高台に移設，風通しを良くし，カビによる感染拡大を防ぎ，今にいたる（写真3-8）．

モン州モロミャイン育苗場は初年度の乾期，雨期には問題なくすくすく育ったが，2014年の乾期に野火に襲われ，あわや全滅の危機に瀕したが，現地育苗場スタッフたちの懸命の努力にて火を消し止め，無事現在にいたる．

(2) 実験的植樹による植樹最適地の検索

通常 2 年目から植樹が可能とされてはいるものの，苗の成長が大変早いことから，初年度の 2014 年度の雨期（6月頃）より実験的な植樹を開始．ミャンマーにおける植樹最適地の検索と植樹を進めるにあたっての調査を，元ミャンマー農業灌漑大臣率いる専門家チームと共に行った．場所は，ヤンゴン近郊にて 2 カ所，モン州に 1 カ所，マンダレイ管区に 2 カ所に植林実験を行った（図表 3-3）．本実験により，直射日光に大変弱いことがあらためてわかった．Agriforest として既に森林のある場所に植樹するか，幼少期は日陰を作り保護しながらの栽培が必要であることが判明した（写真 3-9）．また，マンダレイ管区の 2 カ所の内 1 カ所はミャンマーの伝統医薬品会社 FEME の農園で行っており，ここでは写真 3-10 のように遮光した上での植樹を行っており，2016 年現在も根付き成長している．同様に 2015 年度も幾つかの場所で実験的植樹を行っている．この中でもカレン州北部に存在し，2 年前の 2013 年にようやく停戦合意にこぎつけたものの，それまでカレン族武装勢力とミャンマー政府軍の停戦ライン上にあり緩衝地帯となっていたタウンダウンジー町（Taung Daung Gyi）[31]での実験的植樹は成功を収めている．山間部に植樹した苗木は遮光のための設備や給水をすることなく，乾期を乗り越え，枝葉を生い茂らせて

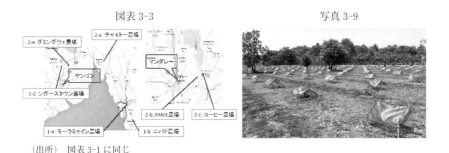

図表 3-3　　　　　　　　　写真 3-9

（出所）図表 3-1 に同じ

第 3 章　八角平和計画による安全保障に関わる医薬品生産を目的とした……　109

いる（写真3-11）．同地域は元カレン州農業灌漑大臣の出身地でもあり，ここに現在モデル山林ガーデンの設営を予定している．そこを中心に本事業に賛同してくれる事業主に対して，キャンペーンを展開していく予定である．これら実験的植樹に関する情報は GPS を用いて場所を測定し，Google Map に Input していくことで，チーム内の情報共有，及び外部への情報発信として利用して

写真 3-10　　　　　　　　　　写真 3-11

図表 3-4

（出所）　図表 3-1 に同じ

いる[32)]（図表3-4）．

5-1-2 シキミ酸精製への取り組み

2012年度より，化学関連薬品研究会社「新菱」と共に「八角」より「Oseltamivir（タミフル）」を製造する際の中間化学物質である「シキミ酸」の抽出に関する研究を行っている（写真3-12）．

具体的な産業として太陽光・バイオマス（稲のもみ殻・老齢化したゴム樹木廃材）発電を利用した地域レベルのシキミ酸抽出工場，アロマオイル抽出工場の建設と運営を考えている．そのための実地調査，Feasibility Studyを，実際にバイオマス発電を行っている自治体・コミュニティー，九州大学ユヌス＆椎木ソーシャルビジネス研究センター等を通して行っている．

5-1-3 タミフル生産「Oseltamivir」への取り組み

また現在スイスロシュ社が特許を持つ「シキミ酸」から「Oseltamivir」の製造法について，特許外の新たな製造法の研究・情報交換を関係専門家等と継続して行っている．ロシュ社が特許を持つ，シキミ酸から「Oseltamivir」の製造法は現在4世代にわたる．2018年に特許が切れるのが第1世代の製造法であるが，この方法は製造コストの問題でジェネリック薬品とした場合，採算性が悪い．第3世代の特許が生産性・採算性の両方の意味でジェネリック薬品として販売するのに適していると考えられるが，この特許は2023年になって初めて切れる予定である．従って「Oseltamivir」の生産はそれ以降となることを予想している．

写真3-12 写真3-13

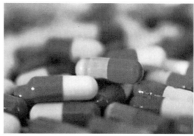

第3章　八角平和計画による安全保障に関わる医薬品生産を目的とした……　111

フェビラビルの開発を行った富士フィルム，及び然るべき研究グループと共に，タミフルとフェビラビルの合剤もしくはコンビネーションセラピーの臨床研究を行いたいと考えている．フェビラビルはRNAポリメラーゼ阻害によりウイルスの増殖を防ぐ作用であり，NA阻害薬であるタミフルと作用機序が異なることから，臨床的な効果の面からも，また薬剤耐性ウイルスの出現を防止する意味からも重要である．フェビラビルの現在の特許が切れるのが約20年後であることから，ジェネリックとしての合剤の開発は富士フィルム側との提携が必要であり，まずはコンビネーション療法の確立の研究をしなければならないと考えている．

5-2　社会的事業としての取り組み

八角栽培による利益は，現在ミャンマーで最も盛んである植樹産業である天然ゴム事業と同等以上の利益を生み出すと予想される．天然ゴム園での1 acreでの1年の収入は1,000 ～ 1,500US＄であり，近年，持続的低下傾向にある．対して八角栽培による1 acreでの1年の年収は1,500 ～ 2,000US＄前後である．香辛料であることから年の作柄によっては，これ以上の高値も期待される．

天然ゴムの値下がりの原因は，生産性の向上による供給過多，そしてその背景には肥料の大量使用が関係している可能性がある．特に肥料の大量使用から土壌の疲弊が懸念されており，継続性と自然環境への配慮という意味で今後は何らかの対策が必要であると考えられる．対して八角は一度植樹に成功すれば露地栽培にて，50年以上，肥料を使わずに収穫があるとされており，Agriforestの分野でも，肉桂（シナモン）と共に注目を集めている（www.worldagroforestry.org）．

現在ミャンマーでの地方の最低賃金・日雇い賃金は200円／日が相場であり，こうした労働には天然ゴム園での労働が含まれる．重労働に加え，夜間に採取を行うことから，夜行性であるマラリア媒介蚊にさらされるため，マラリア罹患のリスクが大きい．また年間，8カ月間の間，そうした環境にさらされるため，貧困層・移民労働者を中心として成り立つこの産業は，そこで働く家

112 第1部 医療の経営的視点

族の子供が教育を受けることができない等，社会的な問題も大きい．八角の栽培・収穫はこうした重労働とはならず，同等以上の価値を生み出すことから，日雇い賃金価格も上がることが予想され，労働者本人及び家族の身体的，社会的リスク（健康を崩す／学校に行けない等）を減らすことが予想される．

シキミ酸・アロマオイルの製造過程の一貫として，収穫した八角の乾燥・粉砕化・圧をかけた蒸留といった工程は，比較的に低いインフラ設備でも可能であることから，将来的にこうした産業の興業も考えると，地域住民の生計向上・生活／社会環境の改善と自立促進に大いに結びつく事業である．加えて土壌疲弊や短期サイクルでの材木資源としての植樹・山林伐採による土壌流出といった，土壌システム破壊の問題点を回避できる．

2013年，ミャンマー保健省認定の伝統医薬品会社FAMEと共同で八角の収穫と関連産業（八角アロマオイル，エッセンス）について，ベトナムで調査を行っている．また，Social Businessの形態としての研究・調査を九州大学ユヌス＆椎木ソーシャルビジネス研究センターと共に行っている．

5-3 安全保障を実現させるための取り組み

八角は標高500〜1,000m，降雨量1,000mm前後，平均気温19〜23℃といった亜熱帯／熱帯の山岳／丘陵地帯での栽培が可能である．ミャンマーでの栽培可能地域が丁度，タイ国境側の帰還難民／国内避難民居住指定地域，麻薬経済依存地域，バングラ・インド国境側の貧困地域と重なっている．こうした地域にて八角栽培・関連産業を興すことが，対象人口へのアプローチとなる．

現地NGO登録の際，タイ国境州の1つであるカレン州知事より既に活動許可を得ており，2016年現在，元カレン州農業灌漑大臣 U Saw Christpher 氏がイニシアティブを取り，これまでの民族系・キリスト教系・仏教系武装勢力や各宗派の宗教団体を集め，プロモーションを行っている．このプロモーションのためのモデル地区である，カレン州最北端に位置するタウンダウンジー町が，停戦ライン上にある行政区ということで，多くの戦争に関する傷跡が残っている．実際の停戦ライン，イギリス帝国がミャンマーを植民地とした際に連

第3章　八角平和計画による安全保障に関わる医薬品生産を目的とした……　113

れてきたグルカ兵の子孫の集落，旧日本帝国陸軍の遺跡，が存在することから，この土地にてモデル植樹を行い，人間の安全保障について学ぶスタディツアーを順次開催していく予定である．これにより，正しく・鳥瞰的に安全保障・積極的平和構築に対する見識・認識を培い，真の安全保障・構造的暴力の排除・積極的平和構築を行うことを学ぶ（https://traveltheproblem.com/tours/134）．

　本事業をソーシャルビジネスとしてこうした元武装勢力，少数民族グループにキャンペーン，土地の借用を行う団体として，Pride Myanmar という会社を設立した．これまでのミャンマーでのコネクションからこれまで反政府勢力と呼ばれていたグループと事業についての対話を進めている．具体的には当方から無料で苗木と育成技術を提供する代わりに，各グループが持っている土地を無償で提供してもらい，八角が採取された際は収穫の一部を当グループに無料で提供するという契約形態で進めている．当方はそれを換金，また残りは市場価格で購入し，シキミ酸を生産，それをジェネリック薬品業者に購入してもらう形で利益を得る予定である．その利益を，医療・教育・社会福祉といったサービスを契約農民，グループに提供・還元することで，元武装勢力や少数民族

図表 3-5

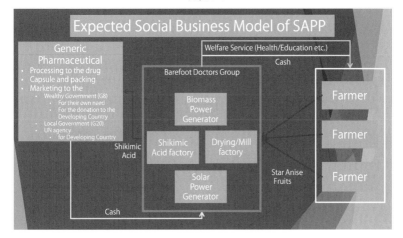

114　第1部　医療の経営的視点

に雇用と収入をもたらすと共に，人間の安全保障に関する基礎的な部分をカバーし，包括的な地域の安全保障を創出することを考えている（図表3-5）．

　最後に，現在タイ国にて，ASEAN向けのタミフルの備蓄計画が進んでいる情報が入っている．この備蓄を原料の八角からタミフルの生産まで行うことにより，世界の安全保障の一助になることを望む．

6．現在の課題とこれからの課題

1) 八角の収穫：現在植樹の段階まで来ているが，今後の八角収穫までに，どれぐらいの期間がかかるのかが不明である．中国で作成されているマニュアルでは，種より栽培してから8年目に初収穫があり，12年目頃より最盛期の収穫を迎え，条件にもよるがそれが50年続くとされている．しかし，土壌・気候が似ているとはいえ，ミャンマーのそれも気候・土壌が地域によって異なる場所で，収穫時期，収穫量及び収穫期間がどのように変化するか不明な点が多い．またそうして取れた，各地の八角のシキミ酸の含有量がどのようになるかも不明である．今後，収穫まで持って行った際，収穫時期，収穫量，収穫期間とシキミ酸の含有量の違いを精査し，条件に適した栽培，商品化・工業化を進めていく必要がある．

2) シキミ酸／タミフルの生産：現在，北九州にある関連会社で種子を購入した中国産の八角からシキミ酸の抽出実験が行われており，含有量は十分であるとされているが，その純度を上げることが課題となっている．今後，コストを抑え，薬用にできる純度で抽出できる方法の開発が望まれる．

3) ソーシャルビジネスとしての課題：香辛料としての形・香・サイズが良い八角と，シキミ酸原材料として使われる砕けた八角は価格が異なる上，天候により出来高，また地域柄による出来高があることから，価格の変動が予想される．安定した収入を雇用者・現地にもたらすことが，本事業の目的である．人間・地域・世界の安全保障の達成につながることから，農家との間にどのような契約を結んでいくことが，最適であるのか研究・調

査中である．

７．おわりに

中国の古典の１つ，「春秋左氏伝」に「武」の解釈として「戈を止めるをもって武と為す」とある．残念ながらこれはあくまで解釈であり，「武」という文字は「矛をもって歩く」姿を現したものである．「武」による抑止力が「平和」を作る，「武」をもって平和を作りだすというのは，常に戦争の目的，もしくは言い訳として使われる．

この度，「積極的平和」という単語を詭用し，武力を持つ軍隊を積極的に活用することにより平和を作り出すことを「積極的平和主義」という輩が跳梁跋扈しているが，こうした詭用は，2000 年に入ってからの米国ブッシュ政権・オバマ政権が「人道援助」の名の下に武力行為をアフガン・イラクで繰り広げたことから，発想を得ている節がある．

こうした詭用を正すためにも，当方が勧める八角平和計画事業を実行し，多くの人に知ってもらい，それが，今現在迫る人類の危機に対し，１つの抵抗であることをここに述べたい．

1） https://ja.wikipedia.org/wiki/%E7%A9%8D%E6%A5%B5%E7%9A%84%E5%B9%B3%E5%92%8C%E4%B8%BB%E7%BE%A9 2016/4/1 Accessed.

2） https://www.ifw-members.ifw-kiel.de/publications/does-it-pay-for-us-based-ngos-to-go-to-war-empirical-evidence-for-afghanistan-and-iraq/KWP_1878.pdf accessed 2016/4/1.

3） http://foreignpolicy.com/2009/10/13/what-is-a-gongo/?wp_login_redirect=0 accessed 2016/4/1.

4） https://ja.wikipedia.org/wiki/%E3%82%AF%E3%83%B3%E3%83%89%E3%82%A5%E3%83%BC%E3%82%BA%E7%97%85%E9%99%A2%E7%88%86%E6%92%83%E4%BA%8B%E4%BB%B6 accessed 2016/4/1.

5） https://ja.wikipedia.org/wiki/%E3%83%A0%E3%83%8F%E3%83%9E%E3%83%89%E3%83%BB%E3%83%A6%E3%83%8C%E3%82%B9

6） https://ja.wikipedia.org/wiki/%E7%A4%BE%E4%BC%9A%E7%9A%84%E4%BC%81%E6

116 第1部 医療の経営的視点

%A5%AD

7） https://ja.wikipedia.org/wiki/%E5%AE%89%E5%85%A8%E4%BF%9D%E9%9A%9C

8） http://www1a.biglobe.ne.jp/peshawar/

9） http://gendai.ismedia.jp/articles/-/48307

10） https://ja.wikipedia.org/wiki/%E5%A4%A9%E7%84%B6%E7%97%98

11） https://ja.wikipedia.org/wiki/%E3%83%91%E3%83%B3%E3%83%87%E3%83%9F%E3%8
3%83%E3%82%AF

12） https://ja.wikipedia.org/wiki/%E3%82%A4%E3%83%B3%E3%83%95%E3%83%AB%E3%
82%A8%E3%83%B3%E3%82%B6

13） https://ja.wikipedia.org/wiki/%E3%82%AA%E3%82%BB%E3%83%AB%E3%82%BF%E3
%83%9F%E3%83%93%E3%83%AB

14） World Health Organization (WHO) (2013), "Pandemic Influenza Risk Management,
WHO Interim Guidance," (http://www.who.int/influenza/preparedness/pandemic/
GIP_PandemicInfluenzaRiskManagementInterimGuidance_Jun2013.pdf?ua=1).

15） 注13）に同じ.

16） Hayden F.G., et al. (1999), N Engl J Med, 341, pp. 1336-1343.

17） Hayden F.G., et al. (2000), N Engl J Med, 343, pp. 1282-1289.

18） Monto A.S., et al. (1999), JAMA, 282, pp. 31-35.

19） Welliver R., et al. (2001), JAMA, 285, pp. 748-754.

20） Monto A.S., et al. (1999), J Antimicrob Chemother, 44 (Suppl B), pp. 23-29.

21） Monto A.S, et al. (2002), J Infect Dis, 186, pp. 1582-1588.

22） Bowles S.K., et al. (2002), J Am Geriatr Soc, 50, pp. 608-616.

23） http://www.roche.com/med_mb091105etdr.pdf

24） https://www.jics.or.jp/jigyou/musho/influenza/asean.html

25） http://sankei.jp.msn.com/world/news/120319/erp12031907310001-n1.htm

26） http://www.excite.co.jp/News/chn_soc/20090506/Searchina_20090506053.html

27） http://www.ncbi.nlm.nih.gov/pubmed/16240440

28） https://ja.wikipedia.org/wiki/%E5%85%AC%E5%85%B1%E8%B2%A1

29） http://barefoot-doctors.org/

30） 注7）に同じ.

31） https://goo.gl/maps/gGbJ6c5R6Vv

32） https://www.google.com/maps/d/u/0/viewer?mid=zDX_zxo5XQDk.k2nrK5ZvD-
oc

参 考 文 献

Bowles S.K., et al. (2002), J Am Geriatr Soc, 50, pp. 608-616

Hayden F.G., et al. (1999), N Engl J Med, 341, pp. 1336-1343

Hayden F.G., et al. (2000), N Engl J Med, 343, pp. 1282-1289

Monto A.S., et al. (1999), JAMA, 282, pp. 31-35

Monto A.S., et al. (1999), J Antimicrob Chemother, 44 (Suppl B), pp. 23-29

Monto A.S, et al. (2002), J Infect Dis, 186, pp. 1582-1588

World Health Organization (WHO) (2013), "Pandemic Influenza Risk Management, WHO Interim Guidance," (http://www.who.int/influenza/preparedness/pandemic/GIP_PandemicInfluenzaRiskManagementInterimGuidance_Jun2013.pdf?ua=1)

アマルティア・セン（2006） 東郷えりか訳『人間の安全保障』集英社新書

沖縄毎日新聞「平和学の父：ガルトゥング氏，首相は積極的平和の言葉「盗用」」2015年8月24日

福島安紀子（2013）「グローバル化する多様な脅威と『人間の安全保障』」，松田ひとみ・大久保一郎・岩浅昌幸・柏木志保編『ヒューマン・セキュリティ―ヒューマン・ケアの視点から』医学評論社，1-23頁

ヨハン・ガルトゥング（1991）「暴力・平和・平和研究」，高柳先男・塩屋保・酒井由美子訳『構造的暴力と平和』中央大学出版部，原論文は "Violence, Peace and Peace Research", Journal of Peace Research, No. 3, 1969

第4章 レセプトシステムの日韓比較

1. はじめに

私ごとで恐縮だが 2015 年 8 月 3 日，筆者は突然の胸痛に見舞われた．幸い救急車で 15 分の大学病院に搬送され，急性大動脈解離 StanfordA の診断で緊急手術を受け，まさに九死に一生を得て 21 日間の入院で無事退院し，通常の生活に戻ることができた．

退院時の領収書に書かれた全医療費は 875 万円だが，支払ったのはわずかに 44,400 円である．全ての医療行為が保険適用で，高額療養費制度のひと月分の限度額が適用された結果である．夢のような制度だがこの制度が今後も安泰に持続するだろうか．

勿論この大学病院の医療保険は DPC 算定である．DPC は 2003 年から大学病院等の急性期病院に推奨されている「診断群分類別 1 日あたり包括支払方式」である．現役時代にはなかった制度なので筆者の DPC の知識は耳学問のレベルしかない．この機会に得られる資料は全て入手することにした．15 枚にわたる明細付領収書は退院時に自動的に発行された．レセプトは神奈川県の後期高齢者医療広域組合に請求して紙に印字された 24 枚を入手した．特に知りたかったのは「DPC データ」の内容である．この病院も患者に開示した例はないとのことだったが，電子媒体にコピーして提供いただけた．

「DPC データ」は DPC 病院がレセプトとは別に提出するもので，簡易カルテ情報，電子レセプトをデータ処理用に編集した D ファイル，出来高算定を仮定した E，F ファイルで構成されている．

電子レセプトは 33 年前の設計なので，紙レセプトをそのまま電子的に送信

する FAX のようなシステムなのでそのままではデータ処理には適さない．その対策が DPC に限っては「DPC データ」で行われている．

　FAX 形のデータのままでも個別に対策すればデータ処理は不可能ではない．その成果も発表されているが，この対策は全ての電子レセプトに対して実施すべきではないだろうか．日本の医療制度は複雑で，業務経験者でもフォローを怠るとわからなくなってしまう．確認した範囲で現状を述べ，あるべき姿を提案したい．

2．レセプト関連法規

　文献では診療報酬の支払い方式は，① 総額予算制，② 人頭制，③ 1 件あたりの定額制，④ 1 日あたりの定額制，⑤ 出来高払い制に分かれるとされている．日本では制度発足以来，⑤ の出来高払い制であったが，2003 年に ④ の 1 日あたりの定額制（DPC）が追加された．

　医療保険制度は健康保険法，船員保険法，国民健康保険法，高齢者の医療の確保に関する法律，共済組合に関する法律または私立学校教職員共済法と，多くの制度に分かれているが，療養給付費用の請求に関しては全て健康保険法の規定によることになっている．

　詳細は略すが健康保険法の規定の下に「診療報酬点数表（点数表）」，「保険医療機関及び保険医療養担当規則（療養担当規則）」，「療養の給付，老人医療及び公費負担医療に関する費用の請求に関する省令（請求省令）」等が定められている．電子レセプトの形式は 1991 年に，請求省令に「オンラインまたは光ディスク等によって請求する場合の記録条件仕様」として規定されている．

　点数改正は 2 年ごとに行われ，そのつど関連規定は改正される．全ての関連機関は，これらの膨大な規定を解釈して，所要のシステム改造を終えねばならない．その作業を個別に対応することは不可能なので専門企業に委託せざるを得ない．専門企業は背水の陣で対応する．そのコストのデータは見当たらないが無視できる規模ではない．因みに韓国は，点数あたりの金額変更で改正が行われるので対応も容易である．

「療養担当規則」の内容は，下記のような抽象的なものである．

第20条　医師である保険医の診療の具体的方針は，前12条の規定によるほか，次に掲げるところによるものとする．
1　診察
　イ　診察は，特に患者の職業上及び環境上の特性等を顧慮して行う．
　ロ　診察を行う場合は，患者の服薬状況及び薬剤服用歴を確認しなければならない．ただし，緊急やむを得ない場合については，この限りではない．
　ハ　健康診断は，療養の給付の対象として行ってはならない．
　ニ　往診は，診療上必要があると認められる場合に行う．
　ホ　各種の検査は，診療上必要があると認められる場合に行う．
　ヘ　（略）
2　投薬
　イ　投薬は，必要があると認められる場合に行う．
　ロ　治療上一剤で足りる場合には一剤を投与し，必要があると認められる場合に二剤以上を投与する．
　ハ〜ヘ（略）
　ト　注射薬は，患者に療養上必要な事項について適切な注意及び指導を行い，厚生労働大臣の定める注射薬に限り投与することができることとし，その投与量は，症状の経過に応じたものでなければならず，厚生労働大臣が定めるものについては当該厚生労働大臣が定めるものごとに一回十四日分，三十日分又は九十日分を限度とする．
3　処方せんの交付
　イ　処方せんの使用期間は，交付の日を含めて四日以内とする．ただし，長期の旅行等特殊の事情があると認められる場合は，この限りでない．
　　　　　　　　　　　　　　　　　　　　　　　　　　　　　（以下略）

　そのために，実際の審査は，都道府県ごとの社会保険診療報酬支払基金（支払基金）または国民健康保険団体連合会（国保連合会）の審査委員会の内規によるとされているが，その内容は非公開である．公表を望む声は古くからあるが，公表によって限度一杯の請求が行われるような弊害が生じるとして公表されない．

　支払基金の目的は1948年に制定された支払基金法の第1条に下記のように記載されている．

122　第1部　医療の経営的視点

第1条（支払基金の目的）
支払基金は，全国健康保険協会若しくは健康保険組合，……(中略)……私立学校教職員共済法の規定に基づいてなす療養の給付及びこれに相当する給付の費用について，療養の給付及びこれに相当する給付に係る医療を担当する者に対して支払うべき費用の迅速適正な支払をなし，あわせて診療担当者より提出された診療報酬請求書の審査を行うことをもつて目的とする．

　1948年当時，診療報酬の支払いは深刻な遅延状態に陥り，支払基金はその対策のために設けられた組織のようである．また，国保連合会でも審査が行われているが，その根拠法として下記が定められている．

国民健康保険法
第87条
　第45条第5項の規定による委託を受けて診療報酬請求書の審査を行うため，都道府県の区域を区域とする連合会に，国民健康保険診療報酬審査委員会を置く．
　2　連合会は，前項の規定による事務の遂行に支障のない範囲内で，健康保険法第76条第5項の規定による委託を受けて行う診療報酬請求書の審査を審査委員会に行わせることができる．

3．レセプトの電算化及び電子化の経緯

3-1　紙レセプトの様式

　医療機関が所定の期限に診療報酬を得るには，翌月10日までにレセプトを提出する必要がある．当初はそれを手作業で行っていた．そのためレセプト様式やその記載要領は，少ない文字で請求内容がわかるように細かな工夫が施されている．実施日は書かず，単価にひと月の実施回数倍して請求していた．しかし審査上，実施日の情報が必要になり，手術等の主な行為だけは実施日をコメントで記載したが，その対象が徐々に増え，最後には1〜31日の日計表を添付して全ての実施日を記載する方式になった．

　患者の一部負担金以外の医療費は医療保険，各種公費，地方単独事業等の各

種制度が条件に応じて分担する．しかし実際は医療保険だけの患者が大部分なので，全ての記載枠は設けず，記載枠が不足すれば枠の細分や，「余白にその旨を記載する」こと等で対策する形式になっている．

3-2　紙レセプトの電算処理

複雑なレセプトの処理は，初期の小型コンピュータでは処理しきれず，レセコンと呼ばれる特殊コンピュータが1970年代に出現して診療所にも導入がやっと可能になったが，レセプトの記載条件は都道府県ごとに決められる．「コンピュータは何でもできるのではなかったのか？」等のユーザの意向との間で企業は妥協点を探りつつ，やがてはその効果が評価されて普及にいたった．

3-3　レセプトの電子化

規定はそのままで，企業努力だけによる紙レセプトの電算処理の効果は医療機関止まりである．ICTの効果を審査機関や保険者にまで拡大するには，紙を電子情報に置き換える等，国の規定の変更が必要である．1983年になって国会でも「紙レセプトは電子化すべき」の声が起こり，厚生省（当時）も「レセプト電算処理システム」の計画を打ち上げた．官が推進するシステムなので，諸規定もICT処理向けに改まるとも期待したが，不正請求防止が目的であるかのような報道もあり，医師団体は「電子化しても紙と同様の扱い」の条件をつけることになってしまった．

3-4　電子レセプトのデータ形式

紙レセプトのままの電子化ではデータ処理に難がある．その具体例を医科レセプトの摘要欄で紹介する．

図表4-1の左側が紙レセプトの摘要欄の記載例で，右側がそれを電子化し，紙に再現した例である．

レセプトの請求は項目ごとに行うのではなく，同時に実施した診療行為や薬剤のグループ単位で行い，その請求点数をグループの末尾の行に書くことにな

124　第1部　医療の経営的視点

図表 4-1　医科レセプトの摘要欄の記載例

紙レセプト			一連編集の電子レセプト（現状）					
摘要欄			コード	分類	区分	名称	点数	回数
11	＊	初診料	111000110	SI	11	初診料(270点)		
		6歳未満加算　342×1	111000370	SI		6歳未満加算(72点)	342	1
21	＊	タチオン 100mg　6錠	613920056	IY	21	タチオン 100mg　6錠		
		アトミラート 200mg　6錠	612180011	IY		アトミラート 200mg　6錠		
		バンピオチン 60　6錠　21×7	613130240	IY		バンピオチン 60　6錠	21	7
50	＊	子宮悪性腫瘍手術	150217710	SI	50	子宮悪性腫瘍手術(39000点)		
		時間外加算　　　54600×1	150000490	SI		時間外加算(40%)	54600	1
		医療材料A(56000円)	729130000	TO		医療材料A(56000円)		
		医療材料B(785円) 5679×1	738910000	TO		医療材料B(785円)	5679	1
60	＊	PTH	160033610	SI	60	PTH		
		12-KGS	160033310	SI		12-KGS		
		ACTH　　　　　　410×1	160034210	SI		ACTH	410	1

（出所）　筆者作成

図表 4-2　電子レセプトのデータ例

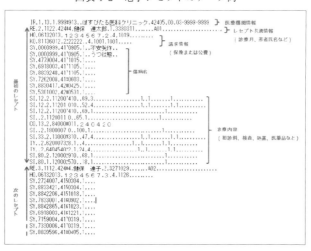

（注）　電子レセプトデータはデータの構造化はなされているが，行によって列数・列に記録される情報が異なる等正規化が行われていない。
（出所）　健康保険組合連合会「政策立案に資するレセプト分析に関する調研究(最終報告書)」より引用

っている．記載文字を少なくして空白を設け，目視の審査を容易にするための工夫と思われる．しかも，このグループの請求点数は，構成要素の点数の単なる合算とはかぎらない．比率による加算や端数処理を伴う円と点数の単位変換も含まれている．手作業重視でデータ処理を意識しない表現がICT時代にもそのままである．

図表4-2は図表4-1と対応したものではないが，電子レセプトのデータの記録例である．1行ごとには患者識別情報がなく，IR, RE, HO, KO, SY, SI, IY等の識別ごとに縦列のデータ位置が不統一状態で，いわゆるデータの正規化が行われていない．

このデータが医療機関から審査機関に電送され，紙面に再現されて審査が行われている．

4．NDB（National Database）

2015年12月現在，103億件のレセプトと，1.4億件の特定健診等の情報が蓄積されているNDB（National Database）を概説する．

4-1　医療費適正化計画

2008年に老人保健法が廃止され「高齢者の医療の確保に関する法律（高齢者医療確保法）」がこれに代わって施行された．その第8条に「医療に要する費用の適正化（医療費適正化）計画」があり，5年を1期として全国及び都道府県ごとに医療費適正化計画を立てることになった．

その計画の中に特定健診が医療費の削減に及ぼす効果の確認が含まれている．その確認のために2008〜2014年度に27.9億円を投じてNDB（National Database）が構築され，電子レセプトと特定健診のデータが蓄積された．

それらは個人情報保護のために氏名，年齢，保険情報等は疑似乱数（ハッシュ値）におき換えられている．その両者をレセプトと特定健診で突合した結果は図表4-3のように芳しくない．

126　第1部　医療の経営的視点

図表4-3　得られた突合率ごとの保険者数

突合率	2011年	2012年
80%以上	1,162	1,512
60～80%	251	103
40～60%	6	3
20～40%	4	7
0～20%	1,997	1,778
計	3,420	3,403
平均突合率	19.0%	24.9%

（出所）　会計検査院報告書（2015）

　その原因は，保険情報としての「被保険者証の記号番号」の英数字や漢字が全角，半角文字が混在状態である等の事前確認が不十分であるためなどと会計検査院も指摘し，2015年9月4日に厚生労働大臣に意見書を提示している．

　厚生労働省はシステム改修でそれに応じるとし，2013年からの医療費適正化計画は，2012年9月28日に厚生労働省告示第124号「医療費適正化計画に関する施策についての基本的な方針」で，「生活習慣病対策等による効果は，メタボリックシンドロームの該当者及び予備群と被該当者との年間平均診療請求点数の差が平均8千点から1万点であることから，9千点（9万円）と評価して計画をまとめる」ことで医療費適正化計画を進めるとしている．

4-2　NDBの2次利用

　NDBは，2次利用として研究者への提供も行われている．統計法を根拠としたデータなら研究利用が法律上も可能であるが，高齢者確保法を根拠としたNDBは，研究利用の規定が法律上も明確に位置づけられておらず，研究者へのNDBデータ提供は抑制的な運用になり，研究者にはデータのセキュリティ管理の徹底が求められ，研究環境の制約は厳しく指定されている．

　更に，要求があれば電子レセプトの省略規定のために生じている空白エリア

は埋める用意もあるとされているが，NDB の研究者への提供は，関連企業の
コラムによれば，2011 ～ 2012 年の試行期間に 19 件，2013 年からの本格提供
になって 20 件（2015 年 1 月現在）とのことである．

　蓄積された 100 億件の電子レセプトデータが，本来の目的にも 2 次利用に
も，有効に活用されていると言える状態ではない．

5．DPC

5-1　DPC 包括算定方式

　出来高方式には医療費の高騰を招く欠点があるので，包括算定が世界的な傾
向になっており，多くの国では DRG（Diagnosis Related Group）と呼ばれる「1
入院あたりの包括払い」が採用され，日本では出来高制に加えて「診断群分類
ごとの 1 日あたり包括算定方式」が 2003 年から追加導入された．この方式は
正式には DPC/PDPS（Diagnosis Procedure Combination/Per Diem Payment System）
と称すべきだが，本報告では通例に従って DPC（Diagnosis Procedure Combina-
tion）と称する．

　DPC は新たな請求方式としてだけでなく，診断群分類ごとに医療の標準化
を目指すことに本来の意義があるとされている．

　DRG，DPC は共に包括算定ではあるが，全ての診療報酬が包括されるわけ
ではない．診療報酬はドクター・フィーとホスピタル・フィーに区分される
が，DPC も DRG も包括算定はホスピタル・フィーの部分にかぎり，ドクタ
ー・フィー部分はいずれも出来高制になっている．

　DPC の診断群分類は約 4,200 に区別され，DPC の 1 日あたり包括点数は診
断群分類ごとに入院開始日からの日数によって 3 段階で逓減する形になってお
り，その日数と点数が告示によって示されている．

　昨年の筆者の疾患は，診断群分類コードは「050161XX97X10X」の「解離性
大動脈瘤，その他の手術あり」の区分で，「入院日から 15 日までが 4,466 点」，
「16 日から 29 日までが 2,148 点」，「30 日から 58 日までが 1,826 点」と告示さ
れている．

128 第1部　医療の経営的視点

だが，診断群分類ごとの1日あたり包括点数だけでは病院の特殊性は評価できないとして，「医療機関別係数」が決められている．この係数は，対象患者の重篤度，地域医療への貢献度，看護度，救急医療体制，へき地医療体制，後発医薬品使用率等々……多くの評価によることが論議され，点数改正のつど見直されている．この係数が病院の収入を直接左右するものなので，DPC病院の関心は当然ながら高い．

昨年，筆者が入院した大学病院の係数は1.4852で，ドクター・フィー部分は出来高算定で756,867点であった．筆者はそこに21日間入院した．従ってDPCによる総点数は，

　　［包括算定（ホスピタル・フィー）］＋［出来高算定（ドクター・フィー）］
　　＝［1日あたりの包括点数］×［入院日数］×［医療機関別係数］＋出
　　　来高点数
　　＝｜(4,466点×15日＋2,148点×6日)×1.4852｜＋756,867点
　　＝118,635点＋756,867点＝875,502点→8,755,020円

となり，包括部分が13.6%，出来高部分が86.4%で，出来高の内の手術料と麻酔料の点数は689,120点で全請求の78.6%を占めていた．

5-2 「DPCデータ」

「医療機関別係数」は提出した「DPCデータ」によって設定される．「DPCデータ」は「様式1」と「D, E, Fファイル」が主な内容である．「様式1」は簡易カルテ情報，「D, E, Fファイル」はレセプトを編集した情報である．そして，「Dファイル」はDPCの規定によるレセプトをデータ処理に適した形式に編集したもので「E, Fファイル」は比較のため，出来高制を仮定して請求したもので，「Eファイル」は請求のグループを1行に要約し，「Fファイル」は規定通りに表示したものである．

図表4-4は筆者の昨年の「Dファイル」の内容である．「E, Fファイル」は省略したが同様の形式であり，図表4-2のFAX形の電子レセプトと比較すれ

第4章　レセプトシステムの日韓比較　129

図表 4-4　Dファイルの例（筆者の昨年のもの，一部加工してわかり易く編集している．）

実 施 年月日	コード	名　　　称	区分	順序 番号	行為点	薬剤 点	材料 点	分類番号	医療機 関系数
20150803	111000110	初診料	11	1	762	0	0	050161XX97X10X	1.4852
20150804	113010710	薬剤管理指導料1	13	1	430	0	0	050161XX97X10X	1.4852
20150804	113011210	医療機器安全管理料	13	2	100	0	0	050161XX97X10X	1.4852
20150811	113010710	薬剤管理指導料1	13	3	430	0	0	050161XX97X10X	1.4852
20150804	150245010	大動脈瘤切除術	50	1	319230	75229	59141	050161XX97X10X	1.4852
20150804	150147610	人工心肺（1日につき） （初日）	50	2	124861	0	59521	050161XX97X10X	1.4852
20150804	150125910	胸腔内（胸膜内）血腫 除去術	50	3	36166	18836	1980	050161XX97X10X	1.4852
20150804	150224910	保存血液輸血(200mL ごとに)（1回目）	50	4	103935	90805	0	050161XX97X10X	1.4852
20150804	150327910	輸血管理料1	50	5	220	0	0	050161XX97X10X	1.4852
20150805	150286310	保存血液輸血(200mL ごとに)（2回目以降）	50	6	4723	3545	0	050161XX97X10X	1.4852
20150804	150332510	閉鎖循環式全身麻酔1	54	1	88212	6345	3	050161XX97X10X	1.4852
20150804	150233410	閉鎖循環式全身麻酔5	54	2	10773	1972	1	050161XX97X10X	1.4852
20150804	160190470	病理診断管理加算2	60	1	320	0	0	050161XX97X10X	1.4852
20150804	160155110	組織診断料	60	2	400	0	0	050161XX97X10X	1.4852
20150804	180014610	血液照射	80	1	330	0	0	050161XX97X10X	1.4852
20150806	180027610	脳血管疾患等リハビリテ ーション料(1)（その他）	80	2	640	0	0	050161XX97X10X	1.4852
20150804	193001610	(包括)特定集中治療室 管理料3（7日以内）	92	1	7317	0	0	050161XX97X10X	1.4852
20150805	193001610	(包括)特定集中治療室 管理料3（7日以内）	92	2	7317	0	0	050161XX97X10X	1.4852
20150806	193001610	(包括)特定集中治療室 管理料3（7日以内）	92	3	7317	0	0	050161XX97X10X	1.4852
20150807	193001610	(包括)特定集中治療室 管理料3（7日以内）	92	4	7317	0	0	050161XX97X10X	1.4852
20150808	193001610	(包括)特定集中治療室 管理料3（7日以内）	92	5	7317	0	0	050161XX97X10X	1.4852
20150809	193001610	(包括)特定集中治療室 管理料3（7日以内）	92	6	7317	0	0	050161XX97X10X	1.4852
20150810	193010810	(包括)ハイケアユニッ ト入院医療管理料1 （14日以内）	92	7	4540	0	0	050161XX97X10X	1.4852

| 20150811 | 193010810 | （包括）ハイケアユニット入院医療管理料1（14日以内） | 92 | 8 | 4540 | 0 | 0 | 050161XX97X10X | 1.4852 |
| 20150803 | 930000000 | 解離性大動脈瘤　その他の手術あり　手術・処置等2 | 93 | 1 | 4466 | 0 | 0 | 050161XX97X10X | 1.4852 |
| （14～16日の請求内容は同じ） |
| 20150817 | 930000000 | 解離性大動脈瘤　その他の手術あり　手術・処置等2 | 93 | 15 | 4466 | 0 | 0 | 050161XX97X10X | 1.4852 |
| 20150818 | 930000000 | 解離性大動脈瘤　その他の手術あり　手術・処置等2 | 93 | 16 | 2148 | 0 | 0 | 050161XX97X10X | 1.4852 |
| （19～22日の請求内容は同じ） |
| 20150823 | 930000000 | 解離性大動脈瘤　その他の手術あり　手術・処置等2 | 93 | 21 | 2148 | 0 | 0 | 050161XX97X10X | 1.4852 |

（出所）　筆者の「DPCデータ」より筆者作成

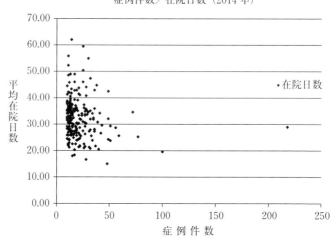

図表4-5　大動脈解離（手術あり）医療機関ごとの症例件数／在院日数（2014年）

（出所）　厚生労働省の「DPCデータ」より筆者作成

ば，一見しても明らかにデータ処理に適した形式になっている．

「DPC データ」は匿名化されて 3 月分単位で厚生労働省の業務委託企業宛に送り．それが 1 年ごとに中央社会医療協議会（中医協）に報告されて DPC の論議に供される．厚生労働省のホームページでも公開されるので，民間企業がそれを再加工して公開する例も多い．DPC 病院間での研究会で互いのベンチマークにも供されている．

図表 4-5 は，筆者の疾病群「大動脈解離で手術あり」の患者数と平均在院日数を DPC 病院ごとにプロットしたものである．入院日数の 21 日が短い方であることも判明する．民間企業のホームページでは，病院名を明らかにして発表している例もみられる（Http://Hospia.jp/DPC）．

5-3　DPC の普及状況

DPC にはわが国の 7,426 病院中，1,666 病院（22％）が参画し，その病床数は全病床数 89 万 4,000 床の内 49 万 5,000 床（55％）を占めている．

図表 4-6 は，DPC が病院の経営に及ぼしている効果を推測するために，厚生労働省の統計から DPC 開始直後の 2004 年を 1 とし，2014 年の医療機関種別ごとの請求額の上昇率を試算したものである．医科全体では 1.37 であるが，大学病院等の特定機能病院は 2004 年に一斉に DPC を導入したので 1.99 と高く，DPC を逐次導入した一般病院は 1.55 になっている．DPC は明らかに病院の収入アップをもたらしていると言える．

筆者の入院の例でも，DPC 算定では 875,502 点であるが，出来高算定の「E ファイル」では 849,045 点である．DPC 算定の方が 3.1％高くなっている．

DPC が全国医療費に占める割合も試算した．2014 年の厚労統計では，調剤

図表 4-6　医療機関種別ごとの請求額の上昇率（2004-2014 年）

一般病院	特定機能病院	療養病院	精神病院	有床診療所	無床診療所	全体
1.55	1.99	1.20	1.25	0.87	1.31	1.37

（出所）　厚生労働省統計より筆者作成

報酬と歯科報酬も出来高に加えれば68対32であり，医科における出来高とDPCの構成比は58対42である．

これらの試算でDPCで医療費はアップする傾向にあるが，それが医療の質向上に及ぼした効果の評価資料は見出せない．

6．「DPCデータ」の処理は電子レセプトと別ルート

「DPCデータ」によるDPCの「見える化」は歓迎すべきである．だがレセプトの処理はFAX形の電子レセプトのままで行われている．データ処理形に加工された「DPCデータ」が審査機関や保険者に提供される仕組みは作られていない．

図表4-7は，レセプト関連情報の現状の流れを示したものである．上半は電子レセプトの正規の流れである．この流れは「請求省令（昭和51年厚生省令第

図表4-7　現在のレセプト情報の流れ

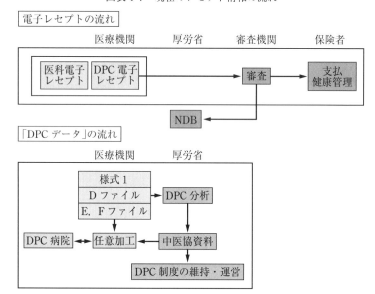

（出所）　筆者作成

36号）」で電子レセプトの形式と共に定められたままである．

NDBは審査機関から収集されるが，その根拠法は請求省令でなく高齢者医療確保法であり，匿名化されているので，審査・請求・支払いの実務に供する機能は失われている．

図表4-7の下半には「DPCデータ」の流れを示したが，正規のレセプトの流れとは別ルートになっている．

7．レセプトの処理は電子レセプトのまま

上述のNDBや「DPCデータ」は，いずれも患者情報は削除されているので，統計的な医療情報は存在するがレセプトの実務には使用できない．

レセプトの実務は審査機関及び保険者において電子レセプトによって処置される．審査機関では，医療機関からのレセプト（診療報酬）と薬局からのレセプト（調剤報酬）との突合点検や，同一医療機関のレセプトを6カ月前に遡っての縦覧点検の実施が報告されている．しかし，審査業務の実態は外部からはうかがい知れずICTの活用状況についても不明である．以下にうかがい知れる範囲での問題提起を行う．

7-1　信頼と納得が得られない審査の仕組み

7-1-1　審査のあり方論議

レセプトの審査に関する論議は堂々巡りしている．2011年11月16日に衆議院決算行政監視委員会は，

> 「二つの機関が，全く同じ業務をそれぞれ都道府県ごとに事務所を出して，別のシステム，別の人間，別の建物でやっている．これが果たして効率的かどうか」

と問題提起を行っている．また，同12月8日には，

134　第1部　医療の経営的視点

> 「競争による改善が期待できないのであれば，審査の効率化を図り，医療費を削減するため，保険者たる市町村に混乱を来さないようにしつつ，統合に向けた検討を進めるべき」

と，決議されている．これに対する検討が厚生労働省保険局の下で行われ，2012年1月18日に「審査機関の在り方について」が発表された．詳細は省くが当事者がそれぞれの立場からの統合や，民間企業の活用，審査基準の標準化等に関して意見を述べているが結論は定かでない．座長を務めた大学教授は最後に，

> 「競争促進，あるいは統合の場合でも，それぞれ難しい問題があることは理解している．しかし，今の体制には，行政刷新会議などから厳しい批判が寄せられている．現状維持という選択肢はよほどの合理的な説明がない限り，提言としてはなかなか受け入れてもらえないだろう．具体的に詰めていくほど，多くの障害があるのかもしれない．また，競争原理と統合は，必ずしもに二者背反ではないという意見もある．いずれにせよ，それぞれの関係者の方も，厚労省にしても，思い切った決断をして踏み出すことが求められているのではなかろうか」

と述べ，また別の日の会議では，

> 「同じ病気であっても，国保，社保で審査基準が違うのは今の制度では論理的にあり得るが，国民からすれば納得できないのではないか．何らかの差が生じるならその要因を明らかにして是正すればよい．それでも残る格差は個別の判断によるのであり，なぜ差があるかを説明できればいい．現時点では，一患者からすれば，納得ができる説明がないのではないか．そのための制度，仕組みを入れていくべきだろう」

と締め括っている．

　審査支払手数料は，経費を件数で除して算定することになっている．支払基金は手数料の額を1997年の107.88円から2014年には80.60円に削減してい

る．職員数は 2001 年の 6,321 人を 2010 年には 4,934 人，2015 年には 4,310 人
と減少させて経費の削減に努めていると報告されている．

　委託元の保険組合は委託の成果をレセプトの査定額で判断している．査定減
額が委託経費に見合わないとの不満が絶えない．保険者による直接審査も法的
には可能であり，その実現策が提示されているが，保険者は複雑な支払い業務
までの自営には踏み切れない．

　支払基金のホームページには「支払基金サービス向上計画（2011 年〜 2015 年
度）」を掲載して改善の努力が述べられている．支払基金は 2003 年に支払基金
法に基づく民間法人になった．この種の文書提示も民営化の成果だろうが，そ
の向上策は下記の制度の枠組みが前提であることを強調している．

　審査及び請求支払の業務は次に掲げる健康保険法，支払基金法で規定された
制度的な枠組みの中で処理されている．
① 　支部を都道府県ごとに設置し，支部ごとに審査委員会を設置し，各都道府
　県の圏域内に所在する医療機関のレセプトの審査を行う．
② 　審査委員会の審査は，理事長及び支部長の指揮命令に対して独立性を有す
　るとともに，各審査委員会はそれぞれ独立して審査の決定をする権限を有す
　ることとされている．
③ 　審査の決定は，審査委員の 2 分の 1 以上の出席を得た審査委員会の合議に
　よるとされている．このため，担当の審査委員が単独で審査の決定をするこ
　とや，職員の審査事務またはコンピュータチェックをもって審査を完結する
　ことは認められない．
④ 　審査委員会は毎月，当月 10 日までに提出された前月診療分のレセプトに
　ついて，当月末日までに審査することとされている．そして，合議制を採用
　する審査委員会においては，審査委員が一堂に会して審査の決定をする必要
　があるため，毎月，審査委員会の会期を決定し，その最終日に審査の決定を
　することとされている．
⑤ 　保険者が負担する手数料については，レセプト件数を基準として設定する
　こととされている．

　また，厚生労働省の「審査支払機関の在り方について（2012 年 4 月 18 日）」
には下記のように書かれている．「医師等の専門家の目による医学的妥当性の
判断が不可欠」とは関連文書によく出現する文言である．

136　第1部　医療の経営的視点

> 「多様な患者に適切な医療を提供するという保険診療の性格上，現在の保険請求のルールは，診療する医師等に一定の裁量を認めるものとなっており，診療行為のルールに適合するかどうかを，すべて機械的に判断することは不可能である．このため，最終的には医師等の専門家の目による医学的妥当性の判断が不可欠であり，また，診療側，保険者側双方の信頼と納得を得られる公正な審査の仕組みが必要となる」

7-1-2　レセプト審査の実例

　昨年の筆者のレセプトは，審査に関する貴重な事例なのでそのまま紹介する．

　レセプトの症状詳記欄には「強烈な出血に難渋したが……（中略）……により何とか止血を得て救命することができました．大動脈解離，上向置換症例の低体温，体外循環下の手術では適切なタイミングで適切な量の輸血製剤，止血製剤を効率的に使用することで救命することが可能になるということを再確認し

図表 4-8　筆者のレセプトの査定減額の詳細

詳　　細	請求	査定	請求	査定	査定減額(点)
胸腔内血腫除去術	1	0	15,350	0	
新鮮凍結血漿 400ML	5 袋	3 袋	18,836	15,254	
人工心肺回路	4 個	2 個	59,521	56,361	
新鮮凍結血漿 400ML	16 袋	8 袋	75,229	38,986	
ボンヒール組織接着用	5ML 4 瓶 1 組	0			
保存血液輸血	6550ML	6100ML	11,650	10,950	
照射濃厚血小板	200ML 1 袋	0	90,805	66,963	
照射濃厚血小板	250ML 3 袋	2 袋			
サブパック血液ろ過用補充液 2020ML	5 キット	0			
塩化カルシウム注射液	5 管	3 管	6,277	5,782	
査定計			277,668	194,296	83,372

（出所）　筆者のレセプトより筆者作成

た症例です.」等々が詳細に記されている. 手術は 15 時間を要し意識を回復したのは 5 日後で, 文字通り九死に一生を得ての生還であったが, レセプトでは胸腔内血腫除去術とその血液, 材料の 83,372 点 (833,720 円) が減額されている. 全請求額の 9.5%, 手術の 14% に相当する額である (図表 4-8).

40 万円を越えるレセプトは本部での特別審査の対象である. 多量の出血で生死の境をさまよう患者に懸命の対策を施す医療陣の対策に無駄があるというのが審査委員会の合議の結論になっている.

橋本厳「保険審査 Q & A」の 60 頁に審査委員会規定の紹介と, 実態が述べられている.

(審査委員会規定)
第 2 条 審査委員会において, 審査の決定をなす場合には, 審査委員の 2 分の 1 以上の出席がなければ審査の決定をすることができない.
2 審査委員会において, 審査のため必要ある場合には, 審査委員の担当を定めて, あらかじめ審査をすることができる.
つまり, レセプトの審査は, 過半数の審査委員が出席した委員会で行うのが基本であり, 例外的にあらかじめ担当を決めて審査を行うことができるというものだ.

しかし, すべてのレセプトがあらかじめ決められた審査委員によって審査されているのが現実で, 決定は審査委員会最終日に, 「今月は全体として何件審査した」ということが確認されるのみで, 各審査委員の減点そのものを確認・決定するものではない.

これが現実の姿であろう. 担当審査委員の医師は本意で査定されたのだろうか. 保険者が意見を述べるのも非現実である. 筆者はこの減額の事実を主治医に報告した. 主治医は「高額な心臓手術は格好の査定対象にされるのです」と諦観状態である. 病院が再審査請求するにしても, その手間を考えれば二の足を踏むのだろう.

高額療養費制度のおかげで 44,400 円の支払いで済んでいる患者にとっては, 査定による減額には無関係で, 「医療の危機」も他人事である.

繰り返される審査のあり方論の通り「信頼と納得を得られる公正な審査の仕組み」が必要なことは全く同感だが，この例でも関係者は真逆の，信頼と納得が掻き消される状態におかれ，不信は増すばかりのようである．

上述の審査委員会規定はその典型だが，関連規定は実行不能を承知の上で，あるべき姿を正面に掲げ，例外の逃げ道が用意され，実際は100％が例外として処理される．関係者は承知の上でそれが繰り返されている．

7-1-3 ICT機能での具体的な解決策を

「医師等の専門家の目による医学的妥当性の判断が不可欠」の一般論を繰り返していても問題は解決しない．直ちに実現しなくても，その解決策こそICTに託すべきではなかろうか．

専門家に求める判断力にも程度に差があるはずである．レセプトの審査に必要な判断力の分布は，碁や将棋の愛好家の技の分布に似ているのではなかろうか．大部分のレセプト審査に必要な判断力はアマチュアレベルで，有段者級は一部ではなかろうか．二昔前のICTは碁・将棋には全く無能であった．一昔前にはアマチュアとなら対戦できるようになった．それがいまや名人級と対等の勝負が挑めるレベルに達した．囲碁の世界的名人と対応して快勝するレベルにまで達している．

レセプト審査にICTが無能と決めつけて，目視の審査を続け，DPCの医療機関係数設定に使用している「DPCデータ」をなぜレセプト審査に活用しないのだろうか．「DPCデータ」はDPCだけでなく，出来高のレセプトにも適用できるようになっている．

それに自己学習型プログラムを装備して，まずはレセプトの審査難易度の区別を計画するのは如何であろうか．次いで難易度レベル最低に分類されたレセプトの予備審査を分担させてみる．次いで難易度2に挑戦させ，やがては予備審査を最終審査に移行する．それを根気よくやれば，早晩，医師等の専門家は有段者級のレセプトの審査に専念できるようになるのではないだろうか．

いずれの業務も合理化の手法は同じであり，韓国ではまさにこの方式でICT審査の範囲を逐次拡大している．

7-2　多彩だが部分的な医療費統計

厚生労働省のホームページには多くの統計が存在する．その内から医療費の統計3種を取り出して図表4-9で比較した．2016年2月現在，3種共に統計が揃っているのは2013（平成15）年分なので，それを取り上げた．

① 国民医療費（http://www.mhlw.go.jp/toukei/list/37-21.html）

　　年間医療費を40兆円と発表している統計で，全てが推計によるもので，その推定手法が下記に詳述されている．（http://www.mhlw.go.jp/toukei/list/37-21a.html#link01）

② 医療保険医療費データベース（http://www.mhlw.go.jp/bunya/iryouhoken/iryouhoken14/）

　　明細まではないが1984年からの支払基金と国保連の全レセプトの請求金額，件数，日数が保険者別に揃っている．

③ 社会医療診療行為別調査（http://www.mhlw.go.jp/toukei/list/26-19.html）

　　5月診療分（6月審査分）に限定して，診療行為別の明細までが存在する．図表4-9の年間医療費は5月分を12倍したものである．

図表4-9　2013年（平成15年）の各種統計値　（単位：億円／年）

		① 国民医療費	② 医療保険医療費DB	③ 社会医療診療行為別調査
年間医療費		400,610		
医科診療医療費	総数	287,447（112.3）	267,431（104.5）	256,037（100.0）
	入院	149,667（114.1）	138,139（105.3）	131,156（100.0）
	入院外	137,780（110.3）	129,292（103.5）	124,881（100.0）
歯科診療医療費		27,368（126.6）	26,252（121.5）	21,614（100.0）
薬局調剤医療費		71,118（108.7）	66,797（102.1）	65,398（100.0）
入院時食事・生活医療費		8,082		
訪問看護医療費		1,086		
療養費等		5,509		

（出所）厚生労働省統計より筆者作成

140　第1部　医療の経営的視点

　3種の統計の内，比較可能項目を図表4-9に記載した．③を100として①，②の相対値を括弧内に記載している．これをどのように解釈して扱うべきだろうか．

7-3　効果の確認が不十分なままにコストを掛けて繰り返される点数改正

　2年ごとに繰り返される点数改正ではまず改定率が公表される．2016年4月の改正では，診療報酬本体：＋0.49％（医科：＋0.56％，歯科：＋0.61％，調剤：＋0.17％），薬価：△1.22％，材料：△0.11％であった．

　改定率の公表には膨大な項目ごとの統計値が必要になる．診療行為に関しては「社会医療診療行為別調査」に5月診療分だけの統計が存在する．5月診療分を12倍して年間医療費とみなしてよいかを②の「医療保険医療費データベース」の統計値で確認した．②には内訳はないが，1984～2014年の31年間の月ごとの請求点数は存在する．31年間の5月分と年平均の請求額との間には0.952～1.031（7.9％）の幅の変動が存在するので，0.49％の改定率は7.9％の変動の中に埋没してしまう．薬剤と材料の項目ごとの統計は「社会医療診療行為別調査」にも見当たらない．これらの関係を図表4-10にまとめた．

　発表される改定率に如何ほどの信憑性があるのだろうか．改定率を掲げて点数改正を行うなら，改正実施後の改定率を示してこそ，PDCAのサイクルが実現するのではなかろうか．

図表4-10　改定率とその根拠となる関連統計の状態

	項目ごとの請求点数／回数の統計値			全請求額
	診療行為	薬剤	材料	
5月診療分だけの統計値	あり[*1]	なし	なし	95.2～103.1[*2]
1年分を1/12した統計値	－	－	－	100[*2]

　（注）　＊1：社会医療診療行為別調査，＊2：医療保険医療費データベース

2016年点数改正の改定率	0.49％	△1.22％	△0.11％

　（出所）　厚生労働統計より筆者作成

点数改正における PDCA サイクルの実態は，盛りだくさんな改正内容（Plan）が示され，それを解釈して処理システムを改造して実行（Do）するのが精一杯で，結果をチェック（Check）して（Action）につなげることまではできないのが現実の姿である．

現状のレセプト処理に ICT は必須であり，ICT は点数改正のつどのシステム改造が欠かせず，そのコストを推定したデータは見当たらないが無視できる額ではない．間接的な被害も大きい．点数改正の費用対効果の評価も，取り組むべき重要課題と考える．

8．EDB の提案

上記のような問題の解決にこそ，電子レセプトのデータを活用すべきであろう．それには現状の FAX 形電子レセプトをデータ処理形電子レセプトにあらためて，DB 化する必要がある．その DB を EDB（Estimable Database：評価レセプト DB）と仮称する．EDB は下記の機能を備えたビッグデータである．

---

① 全レセプトが患者識別情報を備え，請求・審査・支払い業務に使用されるものであること．
② わが国に最適な医療制度を実現し，それを持続させるための PDCA サイクルの情報源として活用できるものであること．

図表 4-11 はそのイメージ図である．EDB はレセプトの実務処理の DB なので個人情報が必要で，NDB のような匿名化を施すことは適さない．法規定を含めて個人情報管理を徹底させ，研究用等に提供する際には匿名化を実施するような運営が必要であろう．

EDB の開発・管理部門の設定も重要な課題である．その候補には現行の審査機関が統合されてあたるのが順当であろう．現在の審査機関は定められた規則に従った処理を実行するのが基本的姿勢になっているようであり，審査委託元の保険者は，委託費用と査定による減額とを天秤にかけて評価する傾向にある．

図表 4-11 あるべき医療情報(イメージ図)

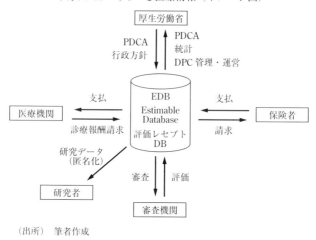

(出所) 筆者作成

　審査機関がレセプトの質向上をはかれば,査定額が減少し,収入が減るという負のスパイラル状態におかれている.

　ビッグデータである EDB は,その情報処理によって情報に価値を生み出す宝庫である.審査機関は価値を生み出す正のスパイラルに転じる.そのためには価値を生み出すビッグデータ処理技術の開発が条件になる.従来のレセプト審査のノウハウがそのベースになることが期待されるが,そのためにも,この分野で先行している韓国のベンチマーキングは不可欠である.残された紙面でそれを紹介する.

9. 韓国のレセプトシステム

9-1 2000 年の大改革

　韓国の医療保険制度は 1977 年に 500 人以上の事業所に導入されたのを契機に逐次拡大し,12 年後の 1989 年に早くも国民皆保険制度が実現された.1997 年になって IMF 危機対策の一環として,医療福祉政策の改革が積極的に展開された.日本と同様に多種存在していた保険組合は,2000 年に国民健康保険

公団に統合された．医薬分業も全面実施された．健康保険審査評価院〔Health Insurance Review & Assessment Service, HIRA〕が，2000 年に施行された国民健康保険法で下記の業務が指定されて発足した．

韓国の国民健康保険法（2000 年）
第5章　健康保険審査評価院
第55条（設立）
　療養給与費用を審査して療養給付の適正性を評価するために健康保険審査評価院を設立する．
第56条（業務等）

① 　健康保険審査評価院は次の各号の業務を管掌する．
　1.　療養給付費用の審査
　2.　療養給付の適正性に対する評価
　3.　審査及び評価基準の開発
　4.　第1号ないし第3号の業務と係わる調査研究及び国際協力
　5.　他の法律の規定によって支給される給付費用の審査または医療の適正性評価に関して委託を受けた業務
　6.　健康保険と係わって保健福祉部長官が必要と認めた業務
　7.　その他保険給付費用の審査と保険給付の適正性評価と係わって大統領が定める業務
② 　第1項第2号・第5号及び第7号の規定による療養給付等の適正性評価に関する基準・手続き・方法その他必要な事項は保健福祉部令で定める．

HIRA はレセプトの審査だけでなく医療の評価までが業務となっている．審査や評価の基準は医学の進歩や社会の変化と共に流動するものと考えられ，その基準の開発までが HIRA の役割となっており，開発された基準は保健福祉部令としてオーソライズする仕組みになっている．示唆に富んだ規定である．

9-2　整備を続ける審査基準

　上述の規定に従って日常の審査業務の中から審査基準が整備され，それが随時ホームページで公開される．1 年ごとにそれが整理されて「療養給付の適用基準及び方法に関する細部事項と審査指針」として発行される．その規模は診療行為と材料版で 578 頁，薬剤版は別冊で 340 頁に達する規模である．

144　第1部　医療の経営的視点

下記はその告示の例である．

人工関節置換術（股関節）の認定基準
1.　適応症
　ア　関節破壊がひどくて保存的療法にもかかわらず症状（痛み，機能低下など）が好転しない関節炎
　イ　大腿骨頭無血性壊死症（Ficat 病期Ⅱb 以上）
　ウ　大腿骨頭粉砕骨折
　エ　大腿骨頸部及び転子間骨折
　　－粉砕と転位がある大腿骨頸部及び転子間骨折（Garden 分類第3，4型）
　　－股関節疾患（腫瘍，壊死など），パーキンソン，認知症疾患を伴う大腿骨頸部と転子間骨折
　オ　大腿骨頸部と転子幹部骨折の不癒合または固定失敗
　　－治療を受けなかった発達性股関節脱臼及び神経筋育成障害による亜脱臼と脱臼
　カ　その他
　　－大腿骨近位部あるいは臼蓋窩の腫瘍
　　－股関節硬直あるいは偽関節症
　　－失敗した股関節周辺再建術など診療上人工関節置換術が必要な場合認める
2.　禁忌症
　　－活動性感染症がある場合
　　－成長期の児童
　　－手術後歩行やリハビリ不可能と予想される場合　（告示第 2010-31 号）

9-3　レセプトのデータウェアハウス（DWH）

　韓国の点数表の構成等は日本の点数表と類似しているが，ICT 処理向けに見直されている．注加算や通則加算も日本と同様に存在する．日本は請求のつど加算の計算を行っているが，韓国はあらかじめ全ての加算を実行した結果にそれぞれコードが設定されている．コード件数は多いが現場処理は単純化し，システム精度は向上する．

　DWH は日常業務に利用されると共に，行政のための情報提供に応じている．レセプトのビッグデータ処理技術蓄積のため，研究者用のサンプルデータは 3

第4章　レセプトシステムの日韓比較　145

万円ほどで提供されているのでその処理技術は逐次積み上っている.

9-3-1　国会との質疑で項目ごとに推進される業務改善

　下記はHIRAから国会保健福祉委員会に提出された業務報告に対して発せられた委員会からの質問項目の例である.　HIRAの業務改善が具体的な項目ごとに進められている.

○　韓国国会保健福祉委員会の口頭及び書面質疑事項（抜粋）(2010.10)
・審査人力不足対策としての電算審査拡大方針
・高価なジェネリック医薬品が処方される理由
・現地調査後に同一問題が再発する医療機関に対する対策
・麻薬類の誤濫用防止のための総合対策
・医師別情報に対する質評価及び国民への公開方策
・情報化事業に対する事後評価実施状況
・多品目処方，消化器官用薬の濫用減少対策
・過剰な不当診療に対する実態調査及び処分・啓導方策
・尿失禁関連の不当請求の調査現況
・抗生剤の処方現況及び減少誘導対策
・年齢禁忌医薬品の請求原因
・薬剤使用量と効果薬処方削減に対する実効性ある対策
・適正評価研究の結果に関連した病院別死亡率の公開
・多品目処方医療機関の処方慣行の改善対策
・難治性疾患関連給与基準及び許可事項の制定
・外来処方インセンティブ制の効果的な定着方案

9-3-2　アクションに連携できる正確・迅速な医療費の全国統計

　項目ごとの詳細な医療費統計が，１年の上下期終了の２カ月後に発表される.　統計の内容を理解するために統計に合わせて発行される報道記事を下記に紹介する.　レセプトの集計による統計なので，それぞれに内訳があり，各種のアクションに連携できるものである.

「韓国の2015年度上半期（１月〜６月）医療費統計指標」（発表2015-9-1）
　○　全国医療費：28兆6,999億ウォン（前年同期比7.6%増）

146 第1部 医療の経営的視点

- −入院 10 兆 1,435 億ウォン（同 10.5％増），外来 11 兆 9,678 億ウォン（同 6.8％増）
- −薬局：6 兆 5,886 億ウォン（同 4.9％増）
- ＊健康保険適用対象者 1 人当り 57 万ウォン（同 7.0％増）
- □ 医療機関種別
  - ○ 薬局 6 兆 5,886 億ウォン（23.0％），医院 6 兆 150 億ウォン（21.0％），病院 4 兆 8,415 億（16.9％）上級総合病院 4 兆 3,131 億ウォン（15.0％）
  - ○ 前年対比増加率：歯科医院（19.2％），漢方病院（17.8％），歯科病院（15.1％），療養病院（13.9％）
- □ 数価類型別，4 大分類別
  - ○ 行為別数価 92.82％，定額数価（療養病院定額，包括数価）7.18％
  - ○ 4 大分類別：基本診療料 28.32％，医療行為料 41.95％，薬品費 26.14％，材料代 3.59％
    - −医療機関：基本診療費 37.62％，医療行為料 47.11％，薬品費 10.51％，材料代 4.77％
    - −薬局：行為料（薬局管理料，服薬指導料）26.27％，薬品費 73.73％
- □ 多頻度傷病別
  - ○ 入院：詳細不明の病原体の肺炎，老年性白内障，その他椎間板疾患の順
  - ○ 外来：急性気管支炎，歯齦炎及び歯囲疾患，本態性高血圧の順
- □ 悪性新生物（がん）診療費現況
  - ○ がん疾患の診療費：2 兆 553 億ウォン（前年対比 3.4％増）
  - ○ 多頻度がん傷病別（患者数順）
    - −入院：胃がん 1,321 億ウォン，肺がん 1,517 億ウォン，肝がん 1,439 億ウォンの順
    - −外来：甲状腺がん 558 億ウォン，乳房がん 1,457 億ウォン，胃がん 560 億ウォンの順
- □ 性別・年令別医療費
  - ○ 男性：13 兆 1,514 億ウォン（45.8％），女性 15 兆 5,485 億ウォン（54.2％）
  - ○ 健康保険適用対象者 1 人当り医療費 57 万ウォン，（前年同期対比 7.0％増）
    - −男性：52 万ウォン（同 7.1％増），女性：62 万ウォン（同 6.9％増）
  - ○ 65 歳以上の老人人口 615 万名（健康保険適用人口の 12.2％）で 10 兆 4,252 億ウォンを出費（総医療費の 36.3％），70 歳以上：1 人当り医療費 191 万ウォン（3.3 倍）

9-4　HIRA 経由で紹介する OECD の日本への提言

HIRA は海外事情を常にウォッチしている．海外派遣員からの報告は HIRA の機関誌に随時掲載される．

OECD は，保健医療の質と成果を比較・分析するために，2001 年より保健医療質指標（Health Care Quality Indicators）の提出を求めている．条件を定めた疾病の死亡率や入院率等である．日本も一部は提出しているが，韓国の提出データの方が相当に多い．

韓国は OECD の警告を謙虚に受け入れている．日本には医療先進国の自負があるためなのか OECD の警告が国内に報道されることもない．下記に HIRA のホームページで発見した OECD の日本に対する警告を紹介する．

医療の質改善に関する OECD の日本への提言
- 日本の医療制度はよく整備されており，すべての OECD 加盟国の教訓である．
- 予算抑制に対する便宜性は注目に値する成功である．
- しかし，質管理への注目度は歴史的にも低く，自由放任が特徴にもなっている．
- 今まで経験しなかった複雑な医療ニーズに直面し，日本の医療制度が立派なサービスと金額にふさわしい価値を提供するなら，質監視及び改善に関し統合的な接近が求められる．日本は次の事項を実施しなければならない．
- DPC データベース（または健康保険請求）などの既存データを分析し，病院のケースミックスの差違を比較し，病院種類による適切なケースミックスの区域を特定する．
- 病院病床の機能的分化及び専門化を促進させるため，不適切なケースミックスの要因を検証する．
- 最も良い様相を呈している病院を評価するために DPC 要素をより効果的なものにする．
　　調整係数を撤廃し，DPC に準じて支払われる病院費の区域を拡大し，（後日入院する患者に対して外来で実施される臨床調査及び臨床診断など）構造及び過程の指標ではないリスク調整をした結果，（再入院率など）による調整率を取り入れる．

---

10. お わ り に

日韓比較がテーマであるが，紙面の多くを日本の紹介に使ってしまった．日本の医療制度は国民に身近なものであるべきだが，精緻に過ぎて一般に理解が

148　第1部　医療の経営的視点

十分といえる状態ではない．かつてはレセプトを業としていた筆者も，自身の入院で得た資料で初めて理解した部分も少なくない．

　電子レセプトは 1983 年当時の社会事情から，データ処理の前段階の FAX 形に留まっている．そのために 100 億件ものレセプトを蓄えている NDB が，有効なデータ処理を行っているとの報告は聞かれない．

　DPC では，医療機関別係数の設定が制度運用に不可欠なため，電子レセプトを処理に適した形に加工した「DPC データ」をレセプトとは別ルートでの提出を DPC 病院に求めている．この「DPC データ」は公開されるので，DPC 関係者には好評で DPC のベンチマークにも活用している．

　しかし，DPC を含めたレセプトの請求・審査・支払い・統計の日常処理は現在も FAX 形の電子レセプトの状態のままで行われている．FAX 形であっても処理が不可能ではないが，図表 4-7 に示したような状態になっている．イメージに過ぎないが，あるべき姿を図表 4-11 に示した．

　首相官邸の健康・医療戦略推進本部には次世代医療 ICT 基盤協議会が設けられ，そのタスクフォースの中間報告には，デジタル基盤運営の理念として，

　①　医療の質・効率性の向上を実現すること．

　②　患者・国民の利便性の向上に効果があること．

　③　臨床研究等の研究開発，産業競争力の強化に資すること．

　④　社会保障のコストの効率化をもたらすこと．

が掲げられている．そして，レセプトデータに関しては「厚生労働省による標準化が行われており，収集，分析，結果の利用が開始されている」と記されているが，図表 4-7 が現実の姿であり，その隔たりは無視できるものではない．

　このデジタル基盤運営の理念を実現するためにも，先入観を抱かずにレセプトが扱われている現状を冷静に観察し，対策樹立の必要性を，実例を交えて記述した．

参考文献・資料

医療費適正化計画 2 期（http://www.mhlw.go.jp/bunya/shakaihosho/iryouseido01/info02c.html）

会計検査院（2015）「レセプト情報・特定健診等情報データベースシステムにおける収集・保存データの不突合の状況等について（平成 27 年 9 月 4 日）厚生労働大臣宛て」（www.jbaudit.go.jp/pr/kensa/result/27/pdf/270904_zenbun_01.pdf）

健康保険組合連合会（2014）「政策立案に資するレセプト分析に関する調査研究（最終報告書）」（https://www.kenporen.com/include/outline/pdf/chosa25_02.pdf）

健康保険審査評価院「療養給与の適用基準及び方法に関する細部事項と審査指針」2007 年 9 月版

健康保険審査評価院「療養給与の適用基準及び方法に関する細部事項（薬剤）」2008 年 7 月版

厚生労働省保険局「審査支払機関の在り方に関する検討会」（http://www.mhlw.go.jp/stf/shingi/other-hoken.html?tid=129209）

「次世代医療 ICT タスクフォース中間とりまとめ（案）平成 26 年○○月○○日」（https://www.kantei.go.jp/jp/singi/kenkouiryou/jisedai/dai3/gijisidai.html）

第 179 回国会「決算行政監視委員会行政監視に関する小委員会」第 1 号（http://kokkai.ndl.go.jp/SENTAKU/syugiin/179/0253/17911160253001c.html）

西山孝之ほか（2013）「データ処理に適した電子レセプト」『医療情報学』33(1)

橋本巌「保険審査 Q&A」医学通信社

「平成 28 年 DPC 導入の影響評価に係る調査の実施説明資料」（http://www.prrism.com/dpc/15dpc.html）

HIRA ホームページ（http://www.hira.or.kr/）

第5章　PFSの課題と今後の展開

1．はじめに

　医療技術の高度化により，国民の寿命は長くなった．2014年における日本人の平均寿命は女性で86.83歳，男性は80.50歳で，共に過去最高である（日本経済新聞，2015a）．しかし医療技術の高度化と国民の高齢化は，医療提供のコストが非常に高くなる要因でもある（関原，2013；小泉，2015）．医療費負担の増大が財政を圧迫する構図は，全ての国で共通である．特に先進国では共通して，医療費負担の削減が財政上大きな問題になっている（Villa et al., 2009）．

　日本では政府の強い医療費削減への圧力によって，診療報酬は長期的に圧縮されてきた（産経ニュース，2015）．この結果，医療機関，特に病院経営は大変厳しい状況である．厚生労働省が実施した2014年度の医療経済実態調査の結果によると，病院の経営は悪化し，一般病院の損益率は平均でマイナス3.1%と，赤字幅が拡大していた（日本経済新聞，2015b）．病院にはより効率的な経営が求められている．特に高額な設備投資の必要な高次病院では，施設や設備の効率的な利用により経営採算性を向上することが，ますます重要になっている．

　病院運営は非常に複雑なシステムである．病院が対象とする患者は外来と入院に大別できる．まず来院患者ごとに来院時の状況，診断，検査，処置，投薬が異なり，診察終了後すぐに会計処理まで終了しなければならない．無床診療所ではここまでである．しかし有床診療所あるいは病院では，来院患者の内，入院が必要な患者は入院患者になる．入院患者ごとに入院日時，病室・病床，診察内容，検査，処置，投薬，食事が異なり，短いサイクルで定期的に容態の

152　第1部　医療の経営的視点

変化を確認しなければならない．多くの場合，特殊・高価な設備を使った検査
（例えば X 線，MRI，CT 等）・処置（手術を含む）が必要である．

　誤解を覚悟であえて医療を生産管理に当てはめれば，病院とは故障した製品
を修理して社会に戻す修理工場である[1]．病院では来院患者・入院患者が多数
いる．これらの患者を全て，間違いのないように管理・処置しなければならな
い．更に入院患者は合併症の発現，容態の急変等により応急的な追加処置や処
置計画の変更となる場合がある．救急患者にも対応しなければならないので，
24 時間体制である．これらのために，病院では修理工場以上に高い精度で，
精密・正確な情報管理が必要である．

2．病院情報システムの発展

2-1　病院経営効率化の必要性

　今までも医療機関の業務改善による経営採算性の改善努力は行われてきた
し，これについての研究も多数なされてきた．そして病院内の主要な機能を統
合して改善することの重要性は，以前から認識されていた（Rhyne and Jupp,
1988）．しかし既存の改善策や研究は医療の特定の段階あるいは部門に限定的
なものが多い．これは医療の歴史が長く[2]，多くの病院で診療科ごとの専門性
や独立性が高く（Glouberman and Mintzberg, 2001; Lega and DePietro, 2005; Smithson
and Baker, 2007），各部局が縦割（サイロ）化しているためである．特に大病院で
は病院内であっても診療科間連携はかなり難しい．このため病院全体の業務運
営の最適化は長く放置されてきた．各診療科の部分最適化は必ずしも病院全体
の最適化にはならず（Haraden and Resar, 2004），この結果，医療技術の高度化の
一方で，病院運営は長く，全体的な視点からの最適化は不十分な状態であった
（Dentzer, 2010; White et al., 2011）．

　今後ますます高齢化する社会で，国全体の医療費の伸びを抑える必要があ
る．併せて，少子化する社会で医療従事者の増加を期待できない．この状況下
で病院経営を改善するためには，病院運営の全体最適を実現し，病院の処理能
力の向上，医療サービスの効率化によるコスト削減で，病院経営の効率化が必

要である.

2-2 病院情報システムの歴史

　他産業の場合と同様に，病院経営の効率化・改善においても，情報システム
は大きな役割を果たしてきた．病院情報システム（Hospital Information Systems：
HIS）は，上記の病院情報を管理し，医療従事者のデータ・情報共有を効率化
するシステムである．常に入院患者がいるので，多くは24時間無停止の情報
システムである.

　HISには図表5-1のような様々なサブシステムが含まれる．これらは1960
年代から緊急性・重要性・技術的可能性によって，次第に開発・運用が始まっ
た．会計処理の必要上，医事会計システムが最初に開発された．次に各検査部
門のシステムが順次機械化されていき，1980年代からはオーダーエントリー
（computerized physician order entry：CPOE）システムの導入が始まった.

　HISには図表5-1の各サブシステムの他にも，看護システム，コミュニケー
ションシステムや各種部門システムが含まれる．部門システムには，スタッフ
管理システム，物流管理システム，食事管理システム，栄養管理システム，検
査部システム，放射線部システム，薬剤部システム等様々なサブシステムが含

図表5-1　病院情報システムの発展

利用開始年代	HISサブシステム	内容・説明
1960	医事会計システム	来院患者の会計・清算処理，保険者への請求
1970	検査部門システム	各種検査の機械化・自動化
1980	オーダーエントリーシステムオーダーリングシステム	医師から他部門（検査・会計等）への指示とその結果返信
1990	電子クリニカルパス	個々の患者の診療過程の計画・管理
2000	電子カルテシステム	患者の診療録
2000	PACS[3]	画像データのデジタル保存・共有

（出所）　松村泰志（2010）を参考に筆者が作成[4]

154 第1部 医療の経営的視点

まれる．眼科や集中治療室等の特殊なシステムも部門システムの一部である．

　導入・利用されているサブシステムは病院・診療所ごとに異なる．総じて大病院ほど導入・普及が早く，小規模な診療所では導入が遅れている．これらは機能ごとにサブシステムとして導入されてきたので，企業の経営情報における職能別サブシステムと同様に，システム間でデータの互換性がなく，システム統合ができていない．HISと各部門システムの間でデータ連携がない場合が多く（渡辺，2011），データの互換性，ベンダーごとにもユーザーインターフェース（User Interface：UI）や用語がバラバラで，多様なサブシステムを使う多様な利用者からは，使い難いという批判がしばしば出る．特に複数の病院で勤務する非常勤医師は病院ごとに異なるHISを使い分けなければならないので，システム間での用語やUIの違いが，システムの理解・活用を困難にしている．そこで，システム間の連携を実現するために，今まで，後述するような多様な標準化が進められてきた．

　一般産業においては，統合情報管理システムとして，従来からERP[5]が使われてきた．ERPは組織全体の資源及び活動に関する情報を単一の統合データベースで管理する仕組みである．一部の医療機関においても，病院内の全資源と活動を患者管理も含めて統一的に管理できる，ERPのような情報システムの開発が試みられてきた[6]（Protzman et al., 2015, p. 207）．しかし，医事会計システム，電子カルテシステム／オーダーリング，財務会計システム，人事給与システム，薬品／物品システム，償却資産システム，病歴システム等の多様な既存システムを統合する，病院の複雑な業務を誰にも使い易いERPとして実現することは難しく，病院内の多様な利用者全てを満足させるシステムにはならないことがある（Merodea et al., 2004; Escobar and Escobar, 2010）．

2-3　病院情報システムの連携

　前項で述べたように，病院内には様々な情報システムがある．これらシステム間を連携させてERPのような統合システムを実現する試みがなされてきた．しかし実際のシステム間連携はあまり進んでいない（Protzman et al., 2015, p. 206;

大下淳一，2014）．第1に HIS ベンダーは囲い込み戦略として，標準化よりも自社システムに独自性を出そうとする．このため，データ，機能，UI，インターフェースが異なってくる．そして第2に，医療技術者と事務部門等，それぞれ高度に独自技術を持つ複数の部門が独自にシステム化を推進してきた歴史的経緯がある（Escobar and Escobar, 2010, p. 105）．

　システム間連携・統合ができていないことによる非効率を改善するためには，各種 HIS のシステム間連携を実現することが大事である．そこで国際的には IHE（Integrating the Healthcare Enterprise）が，システム間連携を実現するための標準規格の使い方の「ガイドライン」を提案している．並行して厚生労働省では，厚生労働省電子的診療情報交換推進事業（SS-MIX；Standardized Structured Medical Information Exchange）を制定して，標準的電子カルテ情報交換システムを開発している（日本医療情報学会，2016）[7]．「SS-MIX2 標準化ストレージ構成の説明と構築ガイドライン Ver.1.2c」によると，SS-MIX の改訂版である SS-MIX2 は，以下の活用に配慮して開発された．

　1．医療情報の継続性の担保

　2．地域医療連携におけるリポジトリ

　3．マルチベンダ間での情報共有

　4．バックアップ情報としての活用

　今後利用を期待されているシステムには，臨床意思決定支援システム（Clinical Decision Support System：CDSS）[8]，患者フロー管理システム（Patient Flow Management Systems：PFS）等がある．本章ではこのうち PFS 及びその経営政策である PFM（Patient Flow Management）に注目して論じる．

2-4　HIS の導入状況

　図表5-1のような様々な HIS をどこまで導入したかは病院ごとに異なる．図表5-2は日本クリニカルパス学会が実施したアンケート調査結果のグラフである．このアンケートの調査対象は200床以上の病院と日本クリニカルパス学会会員病院であり，7対1看護病院が8割という大病院中心のデータである．

156 第1部 医療の経営的視点

図表 5-2 HIS 導入状況

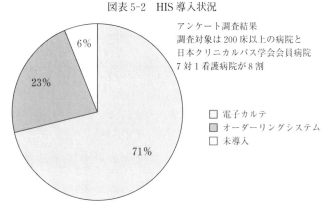

（出所） 日本クリニカルパス学会誌 Vol. 16 No. 4, 77 頁

このため大病院に限れば HIS の導入はかなり進んでいるが，それでも未導入の病院も 6 ％ある．

本章では，診療科ごとのシステムではなく，病院内の各部門を連携して病院全体の業務効率を向上させるクリニカルパス（Clinical Pathway：CP）と PFS，特に後者に注目して論じる．この内 CP は，医師の視点からの個々の患者のためのシステムである．他方，後者の PFS は病院経営者の視点からの病院運用管理最適化のためのシステムである．

3．クリニカルパス

3-1 クリニカルパスとは

クリニカルパス（CP）は「患者状態と診療行為の目標，および評価・記録を含む標準診療計画であり，標準からの偏位を分析することで医療の質を改善する手法」（日本クリニカルパス学会）[9]である．それは個別患者の入院から退院までに必要な処置や治療計画を時系列的に記録する．病院内における個別患者の処置過程・経路なのでクリニカルパスである（Pearson et al., 1995; De Bleser et al., 2006）．

電子クリニカルパス（略名：電子パス，electronic clinical path：ECP）はクリニ

第5章　PFSの課題と今後の展開　157

カルパスを電子化した情報システムであり，「情報通信技術（Information & Communication Technology：ICT）を用いて標準診療計画を作成し，標準診療計画に基づく診療の実施を支援し，患者個別の診療状況とその評価を記録し，逸脱事例の集計と分析などを処理する医療管理手法」（日本クリニカルパス学会）である．

　医療機関である病院は，来院または入院した患者を診断・処置して日常に復帰させる．図表5-1の各種サブシステムの内，ECPを除く全てのものは，任意の患者の処置過程の一部分をシステム化したものである．すなわち，医事会計システムは患者の費用・会計の清算を，狭義の電子カルテは患者ごとの診断結果と処置内容を記録するためのものである．PACSはその時点での患者の画像である．いずれもある一時点における多数の患者の情報の集積であり，測定項目を軸に横断的（cross sectional）にデータを取り出すことができる．病院では，多様なスタッフが図表5-1のような多様なHISサブシステムを専門的役割・目的に応じて使いこなしている．

　前記のECPは，任意の患者についての時系列的（time series）な情報管理を行うシステムであり，性格が異質である．このため，ECPには，その他のシステムを連携する機能が求められている．しかし前記のように，HISは図表5-1で示したようにICTの発展に伴って，段階的に導入されてきたために，システム間のデータ互換性，連携可能性が低い．このため，ECPへの多様なHISサブシステムの連携は不十分である．しかし医師が発行し関連職種で運用されるECPは，各部門のコミュニケーション・協調システムとしての役割がある（図表5-3，図表5-4）．

　医療機関のECPに乗せるCPには，患者の状況（例えば入院曜日や容態）や診療科の違いにより，また時には医師の治療方針の違いにより多数の異なる版が並行的に利用されている[10]．この結果，CPSでは多数の異なるCPを使い分けている．ECPは個々の患者を軸として，病院内の各種サブシステムを連携させる可能性を持つシステムである．他方で，個々の患者について地域の医療連携を実現するために，別に地域連携パスシステムを開発・運用するようになっ

158　第1部　医療の経営的視点

図表5-3　EPC画面の例

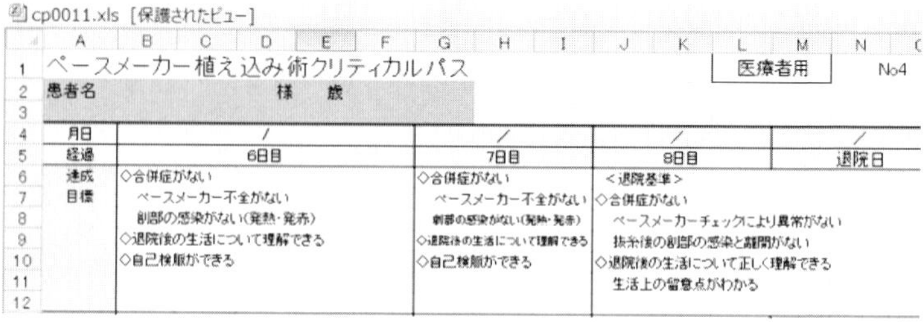

（出所）　http://epath.medis.jp/cp_file/cp0011.xls

図表5-4　ECPとその他のHISシステムの関係

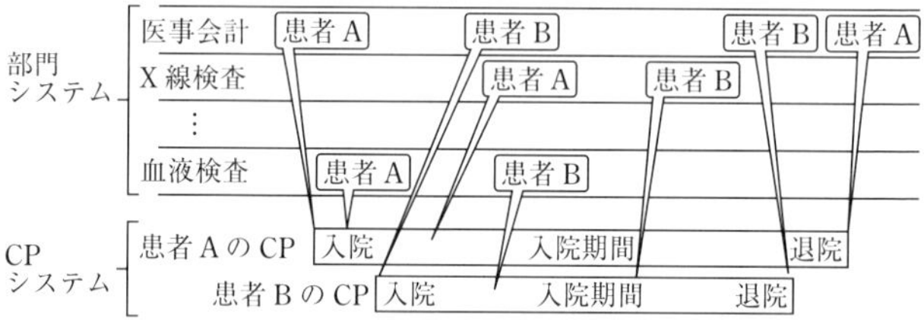

（注）　CP：クリニカルパス．

てきた．

3-2　ECP普及の問題点と成果

　日本クリニカルパス学会の調査（2015年）によると，回答病院の95.3％は
HISを導入している．そして電子カルテを導入した病院の多く（93％）がECP
を導入している[11]．しかし各病院内でのその利用度・普及度は決して高くな
い．日本クリニカルパス学会のアンケート調査[12]によると，全退院患者数に
占めるパス利用患者数の比率は平均で39.5％，中央値で40.0％であり，ECP
を使っている医科・医師もあるが，使っていない診療科や医師も多数いること
がわかる．大病院ですら上記の状況であり，より小規模な病院では利用度は更
に低い．

図表5-5 CP運用で困っている項目延べ施設数（n=604施設）

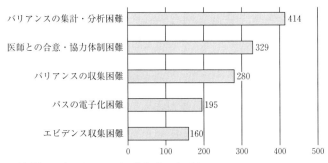

（出所）日本クリニカルパス学会（2015），図12

　図表5-5によると，運用上の最大の課題はバリアンスの集計・分析困難である．これは前述のHIS間のデータ互換性欠如及び収集データの偏りあるいは漏れによる集計上の問題が原因である．第2の原因は医師との合意・協力体制の困難であり，これは前述の診療科・医師ごとの違いに起因する．これには診療科や医師により処置を標準化できていないことも含まれる．第3のバリアンスの収集困難は，治療アウトカムの記載方式標準化ができていないことによる．このような障害により，実際のECP普及はまだ途上である．日本クリニカルパス学会は治療アウトカムの記載方式を標準化すべく，基本アウトカムマスター（Basic Outcome Master, BOM）を開発し，定期的に改訂・拡張してその普及に努めている[13]．

　図表5-6は日本クリニカルパス学会（2015）に掲載された，CPを導入して達成した効果である．CPが医療ケアの標準化達成，業務改善達成，平均在院日数短縮，チーム医療達成，医療の質向上達成等に成果を上げていることに注目されたい．

　ECPは個々の患者の入院から退院までの医療・ケア計画とその処置結果を記録するものである．それは個別患者に注目したシステムである．医療の基本目的である個々の患者の治療として，これは重要な情報システムである．

160　第1部　医療の経営的視点

図表5-6　パスを導入して達成した上位3項目延べ施設数

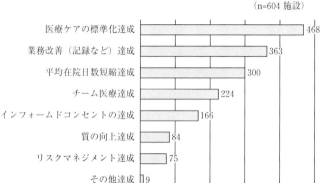

(n=604施設)

(出所)　日本クリニカルパス学会（2015），図12

4．患者フロー管理システム

4-1　患者フロー管理（PFM）とは

　病院経営の立場からの医療経営改善のためには，医療資源管理の視点からのシステム化が必要である．医療業務の効率性改善の点で重要性が高まるのはPFSである．ECPが患者を軸とした医師の視点からの統合システムであるのに対して，PFSは設備を軸とした病院経営の視点からの統合システムである（Fredendall et al., 2009）．

　PFSの経営政策がPFMである．患者の流れに配慮した設備や施設設計・運用により，設備の稼働率を高める．効率的な患者配当計画により，病院の患者処理能力，患者の回転率を上げる．更に患者の退院が早くなれば保険者から保険料を早く回収できるので，運転資金回転率も良くなる（Drupsteen et al., 2013）．患者にとっても，外来患者は病院内での待ち時間を減らし，入院患者は入院期間を短縮することで，病院で拘束される時間的負担を軽減できる．これにより，仕事を持つ患者は入院による欠勤日数を減らしたり自由になる時間を増やしたりして，経済的にも生活上も利益がある．

PFM についての理解は国内外で多少異なる．日本の PFM は，入院前患者の病院へのスムーズな受け入れに着目したシステムである（Wikipedia「PFM（医療）」）[14]．

他方海外では，PFM を病院施設の効率的な運用を実現する手段と認識している．それは効率的な患者フローを実現することで，病院の業務効率性と患者満足度の両立を実現することを目的とする（Litvak, 2009; Villa et al., 2009）．Hopp and Spearman（2001）によると，PFM とは医療機関において患者をできるだけ早く次の処置ステップに回すことである．病院医療システムに経営における生産管理の知識を導入し，バリアンスが大きくなりがちな医療業務に定型的な標準化作業をできるかぎり適用して，スムーズで効率的な医療システムを実現するのが PFM である．ここで生産管理の知識としては，制約理論（Theory Of Constraint: TOC; Showell et al., 2012）やリーン生産方式（Lean systems, Albanese et al., 2014; Protzman et al., 2015）の知識を転用する．

Albanese et al.（2014）は，リーン生産方式の基本原理は次の 4 点であると述べている．

・安定的なプロセス基盤を構築する
・サービスを必要な時に（Just In Time: JIT）提供して，顧客を待たせない．
・完全品質で提供し，顧客に欠陥品を提供しない．
・従業員による継続的改善で，可能なかぎり低コストで提供する．

生産システムで使われるこのリーン生産の原理を医療システムに適用することで，PFM を実現することができる．

Albanese et al.（2014, Figure 1.1）は，医療におけるバリアンスの原因は 3 つに大別できると述べている．

・需要側：患者の来院はばらばらで，スタッフが計画的に対応できない．
・運用側：処置手順が標準化されていない．
・医療側：医療側の事情で処置が遅れる．

これらのバリアンスを削減することで，スムーズで効率的な医療サービスを提供できる．

162 第1部 医療の経営的視点

Showell et al.（2012）は，病院内の資源やスタッフの不足は，各種資源の非効率な管理によると主張する．例えば診察室前の患者待合室の混雑は診察室を出る患者や退院する患者の退出・退院の遅れが原因であるが，これら患者の退出面には従来ほとんど注意を向けていないと主張する．従来は診察室や病床の不足等の資源不足にのみ注意を向けていたが，無駄な病院資源の占有を削減すれば，資源不足の問題も解消すると主張する．そして病院内資源管理を効率化する情報システム（PFS）によって，患者にとっても待ち時間のない，より効率的な医療サービスが提供できる．Showell et al.（2012）は現状の問題点とPFM の効果を以下のようにまとめている．

・医療従事者も患者も，非効率な資源管理により待たされており，これがスムーズな医療サービスの提供を阻害している．

・医療資源（医療従事者を含む人的資源・設備・施設）を総合的に管理する情報システムが必要である．

・効率的な医療資源管理によって，無駄・重複・遅れを解消することができ，これでスムーズな患者フローを実現できる．

・医療サービスはサービスなので，蓄積・保存ができない．よって非効率や余剰は無駄になる．

・患者やその関係者も患者フローシステムの一部として認識し，情報共有を図る．

・病院システムの各段階で関係者の情報共有による自主的問題認識・解決を支援する．

・診察室の混雑，診察室への誘導の遅れ，退出の遅れが最大の問題であり，病院内の資源管理の非効率がこれらの原因である．

・病院内での業務の変動をなくすることで，スムーズな患者フロー，職員のストレス低減，医療品質の向上が実現できる．

・患者フロー管理には，コミュニケーションと関係構築が大事である．

・資源の追加でなくより効率的な利用によって，患者フローの効率化を実現できる．

上記の PFM を実現するためには，医療経営への TOC や Lean システムの適用が必要である．

4-2　PFM の生産管理的性格

　PFM は病院内での患者の流れを最適化して，より多くの患者を短時間で処理する，医療業務の効率化を目指すものである．このために経営学の一部門である生産管理の知識を活用する．PFM の本質は以下の 3 点に整理できる．

・医療資源情報共有

・医療資源の効率的利用

・患者を待たせず，滞留させず，スムーズに流す

　第 1 の医療資源情報共有とは，PFS により，医療機関が管理する医療資源（病室・病床，医療従事者，施設・設備）の保有情報，利用予定と空き情報をデータベースで管理し，関係者が即時（realtime）に共有することである．第 2 は，この即時情報共有に基づいて遊休資源を柔軟に相互利用する．即時情報共有という点では Industry4.0 に類似であるが，Industry4.0 が物の情報共有自動化（Internet of Things：IoT）であるのに対して，PFM は人間に対する処理なのが違いである．

　そして第 3 に，患者やスタッフを待たせない．生産管理的にみるならば，処置対象すなわち病院にとっての原材料である患者をできるだけスムーズに早く流すための統合アプローチ（Narasimhan and Das, 2001; O'Leary-Kelly and Flores, 2002; Schmenner and Swink, 1998; Schmenner, 2001）で，リーン生産方式，Supply Chain Management（SCM）及び TOC 等の生産管理の知識を組み合わせたものである．PFM は生産管理の知識及びシステム統合を医療経営に応用するというアイデアであり，前記の Showell et al.（2012）はこの立場で書かれている．後述するように米国では急速に広まりつつあるが，日本の医療分野ではまだ活用されていないし，研究もあまりなされていない．しかし生産管理の知見を援用するならば，PFM は医療における SCM であり，これを実現する情報システムである PFS は医療における重要な効率化手段である．PFM におけるフロ

164　第1部　医療の経営的視点

ー効率化の基本原則は，① ボトルネックの解消，② 付加価値を生まない待ち時間や不必要なステップ，そして ③ フローに伴うバリアンスの低減の3点である（Schmenner and Swink, 1998）．これは生産管理の知見であるが，医療における PFM でも当てはまる（Protzman et al., 2015）．

4-3　PFM の手段としてのリーン生産方式

　PFM 実現のための具体的な手段はリーン生産方式の導入である．リーン生産方式は生産管理における Toyota システムから発生した生産効率化の手法であるが，これが病院でも活用できることが知られている（The Joint Commission, 2012; Protzman et al., 2015）．「リーン生産方式は，業務の標準化と付加価値を生まない活動や無駄の削減を通して業務効率を改善し，全体での患者の処理能力と患者の流れを改善することに注目する手法である」（Protzman et al., 2015, p. 223）．リーン生産方式が根づいた組織では，毎日のように組織の全員で小さな改善活動が実施される．

　医療機関におけるリーン生産方式では，患者の病院内滞在期間（Length of Stay：LOS）を最小化することを重視している．LOS はリーン生産方式実現程度の重要な指標（Key Performance Index：KPI）である．Protzman et al.（2015, p. 89）は，LOS は患者安全度，患者満足度と共に鍵となるリーン生産性の尺度であると述べている．すなわち，「LOS を短くできれば病院のコストが下がり，患者安全度が向上し，患者満足度が高まり，処置が計画通りの時間に終わり，病院の能力が向上して収益拡大の可能性が高まる」（Protzman et al., 2015, p. 90）と述べている．逆に LOS が長くなれば，患者収容のためにより多くの施設（設備投資）が必要になり，患者の病院内滞在時間が伸びて，院内感染の危険も高まる．

　実際の LOS がどうであるかは患者が滞在する目的や設備の性格により異なる．手術前検査入院（Pre-Ops）では LOS は短いし，回復病棟やリハビリ病棟では LOS は長いので，これらの違いを考慮して，施設や目的ごとに長期的な推移を測定することが大事である（Protzman et al., 2015, p. 90）．また，LOS 短縮

が特に重要なのは DPC（Diagnosis Procedure Combination；診断群分類包括評価）適用病院の場合であり，入院期間に診療報酬が正比例する従来型の診療報酬の場合には，LOS 短縮の誘因は小さくなる．

よりミクロなレベルでも，リーン生産方式の知恵は活用されている．例えば作業をできるだけ並列化することにより，施設の利用効率を高めることができる．具体的には，患者への麻酔を手術前に手術室で行うのではなく，そのための別室（麻酔室，Anesthetic Induction Rooms）を準備してそこで麻酔処置をすることで，その時間に手術室の準備を並行して行うことができる（Protzman et al., 2015, p. 144）．これにより，手術室の回転率を高める効果が報告されている（Torkki et al., 2005）．

リーン生産方式と類似の生産管理の知識にシックスシグマ（Six Sigma）がある．シックスシグマは，バリアンスを削減することによりプロセスを改善する手法である．それはバリアンス低減を重視した仕組みであり，統計学を応用した重要なツールを幾つか含む．しかし医療は人間を扱うので，物の製造のように簡単にバリアンスを低下させることはできない．このため医療においては，シックスシグマを使うのは難しい（Protzman et al., 2015, p. 65）．Protzman et al., (2015, p. 223) は，まずリーン生産方式を最初に適用して無駄を削減し，プロセスの流れを良くしてから，バリアンスを低減するためにシックスシグマを使うことを推奨している．

4-4　PFM の普及

4-1 項で紹介した Showell et al. (2012) の PFM の視点で日本の状況をみると，日本でも患者のスムーズな流れに配慮して効率性改善を実現している事例がある．例えば，東海大学医学部付属病院では「在院日数の短縮と病床の高回転化を実現，旧病院よりも病床数を減らしながら収益性を高めた」（日経メディカル）[15]．しかし総じて大病院では各部門がサイロ的縦割りである傾向が高く，これを打破して部門間連携・医療従事者（特に医師）間の連携と統合を行うことは難しい（長尾, 2013）．この現状は国内だけでなく海外でもみられる（Bamford

166　第1部　医療の経営的視点

and Griffin, 2008)．この状況ではリーン生産方式の実現は難しい．

　CPやPFMの普及及び実現，患者のスムーズな流れを実現するためには，病院内の各部門及び医療従事者間の連携が必須である．幸い病院には縦割りになりがちな多職種を横断的に連携させる各種委員会の設置が義務づけられており，これらが普及する傾向にある（全日本病院協会，2015）．CPの場合には病院内に組織横断的なCP委員会ができていて，これがCPの普及及び処置の標準化を推進している事例が多い．その一環として病院内医療従事者へのCP教育・普及活動を行っている．病院内や地域での普及活動としては，それぞれ院内パス大会や地域パス大会がある．日本クリニカパス学会によるアンケート調査結果（2015）によると，回答病院の43.8%は院内でパス大会を開催している（日本クリニカパス学会，2015，77頁）．

　PFMの普及においても，病院経営者（院長，副院長等）をトップとするCP委員会と類似の組織を，PFM委員会として設立すべきである．筆者の知るかぎり日本で事例はない．しかし米国では，PFM推進のために経営者を含む職種横断的なLean委員会（Lean steering committee, Protzman et al., 2015, p. 212）やPFM委員会（PFM steering committee, Wilson et al., 2005, p. 10）を設置することが推奨されている．

4-5　CPとの関連

　現在日本で普及の途上にある上記CPは，PFMの前段階あるいは前提条件として不可欠である．第1に，PFMを実現するためには，個別部門最適の集合では駄目で（Haraden and Resar, 2004, Protzman et al., 2015），全ての部門が情報を共有する体制が必要である．従来の医療経営及びHISのほとんどは前記のように，部門縦割りのサイロ型ISであった（Lega and DePietro, 2005）．その中でCPだけは個別の患者を軸として全ての部門が患者情報を共有している．CPが処置需要側の情報であるのに対して，PFMは処置供給側の情報であり，両者の組み合わせを最適化することで，医療資源の効率的利用と患者のスムーズなフローが可能になる．

第 5 章　PFS の課題と今後の展開　167

　生産管理の視点で考えるならば，SCM の各段階で需要と供給があり，全て
の段階でそれらが量的にもタイミング的にも整合していることが，スムーズな
SCM の条件である．同様に患者の処置需要と医療資源の供給が病院内の全部
門で整合していることが，患者や他部門を待たせない，無理なく資源を最大利
用するための，最も効率的な患者フローを実現する理想である．

　上記で病院内における需要と供給の整合化について述べた．PFM と CP の
連携において重要なもう 1 つの側面は，計画化と統制である（Drupsteen et al.,
2013）．CP は前掲の日本クリニカルパス学会の定義にもあるように「標準診療
計画」であり，計画の実現すなわち統制が重視されている．すなわち CP から
の逸脱は標準からのバリアンスとして注目され，その最小化を重視する．
PFM においても入院の段階で退院予定日が計画され，これからの逸脱（バリア
ンス）最小化が重視される（Drupsteen et al., 2013）．入院に関わる不確実性が患
者にとって不満因子の 1 つなので，在院日数または退院予定日の確実性が高ま
ると，患者の不満を減らす効果も期待できる．

　医療機関は重要資源である病床を効率的に回転させるために，入院患者の退
院過程での効率化には特に注意する．退院可能な患者に無駄に病床を占有させ
ない．具体的には（Showell et al., 2012, pp. 2-3.; Protzman et al., 2015, p. 121），

　・患者入院時点で現実的な退院予定日を設定する．
　・退院予定日は入院中に常時更新する．
　・入院から 24 時間以内に退院計画を策定する．
　・可能ならば入院前に退院計画を策定する．
　・救急及び特別な手術の場合には，異なる処理過程を採用する．
　・入院患者は毎日主治医の診察を受ける．
　・退院処理が複雑な場合にはその 2 〜 3 日前に確認して必要なサービスの調
　　整・計画をする．
　・退院日時を関係者（薬局，地域サービス，家族や介護士等）に効果的に伝え
　　る．
　・退院日にはできるだけ早い時刻に退院できるようにサポートする．

168 第1部 医療の経営的視点

上記のように，退院予定日の管理及び退院患者の迅速な退出がPFMでは重要な管理項目になっている．Protzman et al., (2015) は，上記のような計画的で迅速な退院とその情報の早期提供で，患者満足度も向上すると述べている（p. 121）．しかしこの計画と統制の視点は既存の医療システム研究では弱く，特に病院内処置過程と連携させて考慮されることはほとんどなかった（White et al., 2011; Drupsteen et al., 2013）．

CPの普及とこれによるバリアンスの低減が，PFMを効果的に導入する前提である．まず，リーン生産方式の実現がPFMの有効なツールである（Protzman et al., 2015）．しかしバリアンスが大きいとリーン生産方式の導入によってプロセス上の無駄が顕在化する．よってバリアンスが大きい状態ではリーン生産方式の実現は難しく，場合によってはリスクにもなる．このためCPとバリアンス管理によるバリアンスの低減すなわち平準化（Heijunka）が，PFMの前提として必要である（Protzman et al., 2015, p. 155）．

PFMでは経営者から末端まで，全ての医療従事者が業務を標準化することが大事である．業務の標準化がリーン生産方式の基礎である（Protzman et al., 2015, p. 157, p. 207, p. 244）．「業務標準化がなければLeanは失敗する」（Protzman et al., 2015, p. 214）．しかし前記のように，高度な技術と知識がサイロを形成する医療分野では，業務標準化は難しい．他方，前記のようにCPには医療ケアを標準化したり，業務改善を実現したり，平均在院日数（LOS）を短縮したりする効果がある（図表5-6）．これからも，CPの普及がPFM成功の条件であることが推測できる．

Drupsteen et al. (2013) は3つの病院の患者フローを観察して，PFMが患者フローの効率化に有効であると述べている．その中で紹介された具体策は次の4点である．

① 患者が直前の処置に予約されたという情報（予約情報）の共有．これにより，自部門にその患者がいつ来るかを予想することができる．

② 直前の処置における待ち行列情報（待ち情報）の共有．これにより，その患者がいつ頃自部門に来るかを予想できる．

③ 次の処置部門の患者情報（多部門計画）を共有する．これにより，次の処置でどの程度の余力があるかを知ることができる．
④ 連結する処置を同時に予約（同時予約）する．これにより，一連の処置を同日中に実行する．

　Drupsteen et al.（2013）は，計画と統制による病院内の統合は，① 付加価値を生まない活動の低減，② バリアンスの減少を通じて，PFM 実現に貢献すると述べている（図表 5-7）．彼らの実証研究の結果，計画と統制の統合によって，患者の予約情報の共有，患者の待ち情報の共有，同時予約即ち連続する設備・サービスの利用を一度に予約すること，他部門の処理計画の共有ができると，付加価値を生まない活動を減らして患者フローを改善すると述べている．但し彼らの実証分析の結果では，バリアンス削減には他部門計画の共有だけが有効で，その他はバリアンス削減には影響していないと述べている．勿論，バリアンスの削減は患者フローを効率化する．彼らは計画と統制の統合によるバリアンス削減の効果をより大きく予想していたが，他部門計画の共有以外には病院内で事例をみつけられなかった．Drupsteen et al.（2013）は更に，付加価値を生まない活動とバリアンスの削減の他に，ボトルネック削減の効果もあると予想していた．しかし彼らの観察の結果ではボトルネック削減の実例を見出せなかった．Drupsteen et al.（2013）は「病院の統合レベルは限られていたが，よ

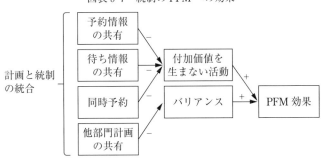

図表 5-7　統制の PFM への効果

（出所）　Drupsteen et al.（2013），Figure 9

図表 5-8 ECP データ蓄積による PFM の実現

り統合実践的な病院では患者フロー成果は高かった」(p.928) とまとめている．

　PFM を実現するためには，CP の普及が前提である．図表 5-7 の予約情報は正に CP の持つ情報である．またこの情報を集計することで，任意の処置サービスに対する患者の待ち情報を得ることができる．前記のように同時予約の機能や他部門の情報共有は PFS の機能である．よって PFM を実現するためには，CP の普及が前提条件として不可欠である．CP が普及してバリアンス情報を収集・蓄積し分析することで，バリアンス低減に寄与する知識を得ることができる．この知識は医師ごとの処置の違いを解消し診療処置を標準化するのに役立つ．診療処置の標準化が進めば CP の種類が減るので，CP テンプレートの作成・管理負担が減り，ECP 導入・運用負担が減り，ECP が普及する．

　PFM 実現のためには，前記のように ECP の情報を含む，詳細な医療データが不可欠である．ECP については更に，バリアンスが大きいと信頼性の高い PFM を実現できない．診療処置の標準化ができていない場合にも，PFM は不可能である．以上の条件を満たして PFM を実現できれば，前記のように医療資源の効率的な利用を実現して，医療経営を改善できる．併せてバリアンス低減と患者フロー管理の実現で，患者満足度も高めることができる．以上の因果経路を図示したものが図表 5-8 である．

4-6 米国における PFM 推進

　米国では PFM 推進が積極的に行われている．米国では，PFM の実施が病院経営改善活動として重視されており，病院経営に定着している．具体的には，The Joint Commission (医療施設認定合同機構)[16] は救急救命室 (Emergency

Department：ED，救急科，救急診療部）を中心とした PFM の実施を，病院認定プログラムの 1 項目（Standard LD.04.03.11）に 2011 年に加えた（The Joint Commission, 2011）．そしてこれに基づいて，PFM の不断の実施と改善を病院に求めている．The Joint Commission による Standard LD.04.03.11 改訂においては，医療データの蓄積とその分析による PFM 改善が強調されている（The Joint Commission, 2012）．

The Joint Commission は，救急救命室での診察で入院が決定された患者を 4 時間以上待たせないことを求めている[17]．患者を長時間待たせることは医療リスクであると認識しており，患者をできるだけ待たせないことを Standard LD.04.03.11 で求めている．PFM は患者フローの効率化による患者の待ち時間減少のために重要な手段である．

経営工学[18]の知識と技術を医療経営に活用しようとする国際団体 SHS（The Society of Health Systems）[19]はリーン生産方式導入による病院経営改善のための知識や情報を提供している．SHS は毎年 The Healthcare Systems Process Improvement Conference を開催し，上記の知識共有・普及を推進している[20]．2016 年の大会は同年 2 月 17 日から 3 日間にわたり米国 Houston で開催された[21]．また情報システムにより医療経営改善を支援する非営利団体 HIMSS（Healthcare Information and Management Systems Society）[22]も，医療経営過程改善の手段としてリーン生産方式や Six Sigma の導入を推奨している[23]．

The Healthcare Systems Process Improvement Conference 2016 では多数の事例が紹介された．その中に，米国 New York 州にある Long Island Jewish Medical Center（LIJ）の事例がある（Rudy, 2016）．以下で内容を簡単に紹介する．同センターは広い敷地内に 3 つの病院を含む，全部で 524 床の非営利病院である．New York の Long Island という人口急増地帯の中核病院で，当初は年間延べ 55,000 人の患者に対応できる施設として建設された．しかし地域の人口急増により，2012 年には年間延べ 7 万人の患者が来るようになり，施設の処理能力を超えてしまった．この結果，患者の待ち時間が増え，来院から診療開始まで平均 83 分の待ち時間になった．このため来院しても諦めて診察を

受けずに帰ってしまう人が来院者の 2.5 ％に達した．病院側は対応策として，新棟建設による ED の拡張案を検討した．しかし必要な 30 室の増設には 3,000 万 $ の設備投資が必要になる．これは投資できないので，Patient Flow の再設計による処理能力の向上（PFM）を検討した．

Patient Flow は Arizona 州の Banner Health の事例を参考に，split flow すなわち患者の症状に応じて患者の流れを 2 つに分ける仕組みとした．簡略化した患者選別（トリアージ）と受付の後，軽度な患者は準備室（Intake area）を経由して処置室（Procedure area）で診察・処置して待合室で診断結果を渡し，退院させる．ED に受け入れるのは軽度でない患者のみとすることで，従来ボトルネックになっていた ED の負荷を減らした．待ち行列モデルによる分析やシミュレーションで実現可能性を検討した上で，Patient Flow を split flow とした．病院内のフロアレイアウトを変更し，来院患者にも処置手順の変更を十分に広報して実施した．この結果病院の処理能力は当初の年間延べ 55,000 人から 37,000 人分増えて，92,000 人迄対応できるようになった．患者の平均待ち時間も 22 分減り，来院しても諦めて診察を受けずに帰ってしまう人は来院者の 1.2 ％に半減した．LIJ では設備投資せずに患者の処理能力を大幅に拡大することに成功した．しかしその後も患者数は予想以上のペースで拡大し，2015 年には 92,000 人の処理能力を超えてしまうほどになった．そこで同病院では再度のリーン生産方式適用による Patient Flow の再改善で，処理能力拡大を検討中である．

4-7 Ｐ Ｆ Ｓ

PFM では，全ての医療関係者が医療資源情報を共有することで，効率的な医療資源の利用を実現し，これによって患者や医療関係者を待たせる時間を最小化する．これを実現するための情報システムが PFS である．これは病棟・病院施設・地域医療における患者フロー情報を組織全体で共有するクラウドシステムである．概念的には，図表 5-7 の計画と統制の統合のための各種情報共有を実現する情報システムである．

図表 5-9　PFP の機能

Electronic Patient Journey Board (EPJB)
個々の入院患者の治療やその進捗・流れを表示する．

Dashboard
病棟全体の流れ・状況を一覧表示する．

Bedboard
ベッドの使用状態・空床状態を表示する．

Predictive Tool
空床の向う 14 日間の予測を表示する．

Reports
病棟及び各職能の状況や効率を示す．

（出所）http://www.health.nsw.gov.au/pfs/Pages/pfp.aspx を元に作成

　この PFS の代表例が，Australia の New South Wales（NSW）州保健局における PFS である．NSW 州の PFS は，州全体の医療資源情報システムである．これはクラウドシステムにより，その即時情報共有の仕組みを実現している．同システムでは，データは 5 分間隔で更新されるので，ほとんど即時といえる．医師や看護師のような医療従事者は，Patient Flow Portal（PFP）というポータルサイトからアクセスする．これにより病院内だけでなく地域全体の医療資源の利用状況をみることができる．このシステムには図表 5-9 のような様々なサブシステム（モジュール）が含まれている．

5．おわりに

5-1　PFM の前提としての CP

　本章では，日本における医療の現状と HIS の発展を概観した上で，現在推進中の CP とその ECP，今後日本でも期待される PFM とそのための PFS について論じた．PFM を実現して医療経営を改善するには，ECP の普及が前提であり，日本の現状は正にその段階であると筆者は理解する．本章ではこれらの間の因果関係を図表 5-8 として示した．しかしこれは現時点での筆者の予想モ

デルであり，ここで示した因果モデルが実際であるかどうかは，今後の研究課題になる．

患者の処置計画・退院計画が変わるので，CPにおいてはバリアンス低減が重要なテーマである．PFMにおいてもバリアンス削減が導入の鍵になっている．Drupsteen et al.（2013）は「統合によるバリアンスの低減が，現在の医療環境において病院経営者にできる数少ない選択肢の一つである」（p. 929）と結論づけている．

しかしバリアンスには，医療従事者が短期的に統制できるものとできないものとがある．前者についてはCPにおける標準業務の適用でバリアンスを発見し，バリアンス情報を抽出・分析することがバリアンス低減施策として重要である．Protzman et al.（2015）は，PFMの導入でそれまで隠れていたバリアンスが浮き彫りになると述べている．医療機関内外のDPCデータの活用により処置や業務の標準化を推進し，CPやPFMにより病院内で業務標準化・部門間連携を進めて，浮き彫りになるバリアンスを低減することが望ましい．

しかしバリアンスの完全消去は，対象が人間なので，かなり難しいことも事実である．第1に，入院前に正しい診断が行われることが正しいCPの前提であるが，早い時点では正しい診断ができない場合がある．現在の医学知識では仕方ないことであるが，診断が遅れあるいは診断が改訂されて，CP作成が遅れたり改訂されたりする場合がある．第2に，入院中における体調の変化，併発症の発生やその可能性の発見，患者の体力や特性（年齢・性別・既往症等）による回復力の違い等からCPの改訂がなされることもある．これらの他にも，人間を対象とする医療の場合には，バリアンスの発生源となる要素は多い．医療においてはバリアンスの削減は難しいので，精度の高いCPやPFMは容易でないかもしれない．第3に，大学病院等急性期病院におけるCPからPFMへの発展，ECPとPFSの連携は，前記のようにCP自体の普及が簡単に進まないことからも，必ずしも容易に進むとはかぎらない．本章ではPFM実現にはCPが前提になることを述べたが，以上の結果，PFM実現・普及にはかなり時間が掛かるかもしれない．

対策としては第1に，バリアンスについての研究が重要である．具体的には
バリアンスの内容や原因についての分析，バリアンスをコントロールする方策
についての研究等が必要である．この分析には他分野からのアプローチが必要
であり，広範な課題を含んでいる．特に，これは医学の問題である．医療知識
や医療技術が発達すれば，早期に正しい診断ができるようになり，適切なCP
を早い時点で作れるようになる．また，患者の状況や処置の結果からアウトカ
ムをより正確に予測することができるようになると期待する．しかし現時点で
はこれは難しく，期待通りになるまでには時間がかかる．

対策の第2は，容態の変化など患者の状態の変化を即時に把握し関係者に伝
達する情報システムの開発・普及である．この情報により決定される診療計画
の変更を，CPに迅速に反映できるようなECP，更には，このECPに連携で
きるPFSの機能も必要である．これらについても更に研究が必要である．

5-2　政府の医療・介護政策の影響

米国では，医療経営と医療の質の両方を同時に改善するための重要な方策と
してPFMが活用され，両方の改善で成果を上げている．日本では，厚生労働
省が政府の医療費負担を減らすために，DPC制度を導入した．これは医療効
率化により患者の入院期間を短縮することが，病院にとっても経済的に利益に
なるような診療報酬配分制度である．日本では米国とは異なる政府の医療政
策，社会環境があり，このため米国の医療機関ほどPFMの活用は進まないか
もしれない．

第1に，政府は高次病院の混雑（処理能力超過）を，来院する軽度の患者を
診療所に回すことで解消しようとしている．紹介状なしで高次病院を初診する
と，追加で5,000円を請求される（堀井, 2016）．高次病院は混雑しているのに，
診療所は余剰能力があるという現状を調整する方策として決められた．政府は
診療報酬の配分を政策的に操作することで，患者の流れと資源の配分を調整し
ようとしている．政府の強い医療費配分政策のため，一般急性期病院におい
て，医療経営はかなり厳しい状況である（橋本, 2015）．米国では診療報酬の

設定がより柔軟なので，PFMによる診療効率改善で一般急性期病院や高次病院の混雑を解消し，経営を改善する誘因が働き易いが，日本ではそうではない．

第2に，政府の手厚い社会福祉政策によって，高齢者介護に医療施設が使われている側面がある．このため過剰な医療施設が必要であり，医療サービスを提供する医療従事者の負担が大きくなっている．米国ではトリアージや選択的な診療（例えば前記のLong Island Jewish Medical Centerの事例）によって，一般急性期病院や高次病院へ向かう軽度の治療負担の影響を緩和し，また介護に使われる可能性を入り口で止めている．この結果，米国では医療機関が介護負担をする必要が薄い．日本でも介護は地域で，という方向に進みつつあるが，日本の病院における仕組みでは，流れを変えることは難しい．

厚生労働省の医療政策は短期間に大きく変わり，日本の病院経営はこれに翻弄されているようにみえる．医療機関としての一貫した経営戦略を長期的に実現することは難しく，これが慢性期を扱う病院も含めた病院全体におけるPFMの普及にも障害になっている懸念がある．米国のPFM活用に比べて，日本では国の医療福祉政策に対する現場の環境整備が不十分であることから，医療経営の効率化がなかなか進まないかもしれない．

上記のような日本固有の問題があるので，日本ではPFMの導入普及は米国ほどスムーズには行かないかもしれない．しかし短期的には医療品質を落とさずに医療経営を改善し，医療従事者の負担を減らすために，そして長期的には更なる社会の高齢化と少子化に対応するために，PFMの導入やPFSの開発を検討する必要があると筆者は考える．

謝辞　本稿執筆にあたり，若宮俊司先生（川崎医科大学眼科学1・川崎医療福祉大学医療情報学科），岡垣篤彦先生（独立行政法人国立病院機構　大阪医療センター医療情報部・産婦人科）から御教示を頂きました．記して感謝致します．

1) 人間はモノではないので，特別な心理的・社会的配慮が必要である．
2) 恐らく，医療の歴史は人類の歴史と同じくらいであろう．
3) 画像保存通信システム（Picture Archiving and Communication Systems）．
4) 表の開始年代は大まかなもので，具体的な開始年は多少異なる．
5) 企業資源計画（ERP; Enterprise Resource Planning）システム．
6) 類似の統合情報システムは，国内主要ベンダーからも発売されている．
7) 類似の標準化規格として MML（Medical Markup Language）等もある．
8) 医師の判断を支援し，医師の行動を監視して不適当な場合に警告を出すシステム（松村泰志，2009b；山本康仁，2011）．
9) http://www.jscp. gr.jp/about.html#sub02
10) 筆者が 2012 年 9 月に某都立病院で実施したインタビュー調査結果による．
11) 日本クリニカルパス学会誌，2015 年，Vol. 17 No. 1，図 6 から筆者が計算．
12) 日本クリニカルパス学会誌，2015 年，Vol. 17 No. 1，図 7．
13) http://www.jscp. gr.jp/bom.html
14) 地域包括ケアを想定した Person Flow Management（PFM）という動きもある．
15) http://medical.nikkeibp. co.jp/leaf/all/special/it/casestudy/200612/504480.html
16) 米国で病院認定をする非営利団体で，米国内では 60 年以上にわたって 4,000 以上の病院や医療機関を認定してきた．全米の 77％の医療機関がこの認定を受けており，この認定を受けることが医療保険者による支払いの前提条件になっている（The Joint Commission, 2016）．The Joint Commission は 2012 年に Standard LD. 04.03.11 を改訂し，PFM が病院全体の問題であるとしている（The Joint Commission, 2012）．同改訂は（2 つの要件を除いて）2013 年 1 月 1 日から施行された．
17) The Joint Commission (2012).
18) 管理工学，生産工学，産業工学ともいう，Industrial Engineering：IE.
19) http://www.iienet2.org/SHS/
20) http://www.iienet2.org/shs/conference/default.aspx
21) http://www.iienet2.org/shs/conference/details.aspx?id=9250
22) http://www.himss.org/
23) http://www.himss.org/resourcelibrary/TopicList.aspx?MetaDataID=734

参 考 文 献

Albanese C., Aaby D. and Platchek T. (2014), *Advanced Lean in Healthcare*, CreateSpace Independent Publishing Platform

Bamford, D. and Griffin, M. (2008), "A case study into operational team-working within a UK hospital", *International Journal of Operations & Production Management*, Vol. 28 No. 3, pp. 215-237

De Bleser, L., Depreitere, R., De Waele, K., Vanhaecht, K., Vlayen, J. and Sermeus, W. (2006), "Defining pathways", *Journal of Nursing Management*, Vol. 14 No. 7, pp. 553-563

Dentzer, S. (2010), "Foreword," in Litvak, E. (Ed.) (2009), *Managing Patient Flow in Hospitals: Strategies and Solutions*, 2nd ed., Joint Commission Resources, Oakbrook Terrace, IL

Drupsteen, J., Vaart, T. and Donk, V.D.P. (2013), "Integrative practices in hospitals and their impact on patient flow," *International Journal of Operations & Production Management*, Vol. 33 No. 7, pp. 912-933

Escobar, B. and Escobar, T. (2010), "ERP Systems in Hospitals: A Case Study," *The Global Journal of Management and Business*, 10 pp. 104-112

Fredendall, L.D., Craig, J.B., Fowler, P. J. and Damali, U. (2009), "Barriers to swift, even flow in the internal supply chain of perioperative surgical services department: a case study", *Decision Sciences*, Vol. 40 No. 2, pp. 327-349

Glouberman, S. and Mintzberg, H. (2001), "Managing the care of health and the cure of disease-part II: integration", *Health Care Management Review*, Vol. 26 No. 1

Haraden, C. and Resar, R. (2004), "Patient flow in hospitals: understanding and controlling it better", *Frontiers of Health Services Management*, Vol. 20 No. 4, pp. 3-15

Hopp, W.J. and Spearman, M.L. (2001), *Factory Physics*, Irwin/McGraw-Hill, New York, NY

Lega, F. and DePietro, C. (2005), "Converging patterns in hospital organization: beyond the professional bureaucracy", *Health Policy*, Vol. 74 No. 3, pp. 261-281

Litvak, E. (Ed.) (2009), *Managing Patient Flow in Hospitals: Strategies and Solutions*, 2nd ed., Joint Commission Resources, Oakbrook Terrace, IL

Merodea, G., Groothuisb, S. and Hasmanb, A. (2004), "Enterprise resource planning for hospitals," *International Journal of Medical Informatics*, Vol.73, pp. 493-501

Narasimhan, R. and Das, A. (2001), "The impact of purchasing integration and practices on manufacturing performance", *Journal of Operations Management*, Vol. 19 No. 5, pp. 593-609

O'Leary-Kelly, S.W. and Flores, B.E. (2002), "The integration of manufacturing and marketing/sales decisions: impact on organizational performance", *Journal of Operations Management*, Vol. 20 No. 3, pp. 221-240

Pearson, S.D., Goulart-Fisher, D. and Lee,T.H. (1995), "Critical pathways as a strategy for improving care: problems and potential", *Annals of Internal Medicine*, Vol. 123 No. 12, pp. 941-948

Protzman, C., Kerpchar, J. and Mayzell, G. (2015), *Leveraging lean in medical laboratories*, CRC Press

Rhyne, D.M. and Jupp, D. (1988), "Health care requirements planning: a conceptual framework", *Health Care Management Review*, Vol. 13 No. 1, pp. 17-27

Rudy, J. and Aronhalt, J. (2016), "Implementing an Emergency Department Split Flow," *Presentation of Healthcare Systems Process Improvement Conference 2016*, February 18

Schmenner, R.W. and Swink, M.L. (1998), "On theory in operations management", *Journal of Operations Management*, Vol. 17 No. 1, pp. 97-113

Schmenner, R.W. (2001), "Looking ahead by looking back: swift, even flow in the history of manufacturing", *Production and Operations Management*, Vol. 10 No. 1, pp. 87-96

Showell, C., Ellis, L., Keen, E., Cummings, E., Georgiou, A., Turner, P. (2012), *An Evidence-based Review and Training Resource on Smooth Patient Flow*, eHealth Services Research Group, University of Tasmania, Australia (on behalf of the Ministry of Health, New South Wales Government)

Smithson, K. and Baker, S. (2007), "Medical staff organizations: a persistent anomaly", *Health Affairs*, Vol. 26 No. 1, pp. w76-w79

The Joint Commission (2011), "Patient Flow in the Emergency Department: Hospital Accreditation Program," http://www.jointcommission.org/assets/1/6/Field_Review_20111201_EDO_HAP.pdf（2016/02/26 確認）

The Joint Commission (2012), "APPROVED: Standards Revisions Addressing Patient Flow Through the Emergency Department," http://www.jointcommission.org/assets/1/6/stds_rev_patient_flow.pdf（2016/02/26 確認）

The Joint Commission (2016), "Facts about Hospital Accreditation," http://www.jointcommission.org/accreditation/accreditation_main.aspx, 2016/1/29（2016/02/26 確認）

Torkki, P. M., Marjamaa, R.A., Torkki, M.I., Kallio, P. E., and Kirvelä, O.A. (2005), "Use of anesthesia induction rooms can increase the number of urgent orthopedic cases completed within 7 hours," *Anesthesiology*, 103, 2, pp. 401-405

Villa, S., Barbieri, M. and Lega, F. (2009), "Restructuring patient flow logistics around patient care needs: implications and practicalities from three critical cases", *Health Care Management Science*, Vol. 12 No. 2, pp. 155-165

White, D.L., Froehle, C.M. and Klassen, K.J. (2011), "The effect of integrated scheduling and capacity policies on clinical efficiency", *Production and Operations Management*, Vol. 20 No. 3, pp. 442-455

Wilson, M.J., Siegel, B. and Williams, M. (2005), *Perfecting Patient Flow: America's Safety Net Hospitals and Emergency Department Crowding*, National Association of Public Hospitals and Health Systems, (https://smhs.gwu.edu/urgentmatters/sites/

urgentmatters/files/Resources_Perfecting_Patient_Flow.pdf)

小泉浩樹（2015）「医療費，初の40兆円超え13年度，7年連続で増加」朝日新聞10月7日（http://www.asahi.com/articles/ASHB65Q6SHB6UTFL00D.html）（2015/12/13確認）

大下淳一（2014）「仕様がばらばらな医療ビッグデータ，いかに統合的に活用するか」日経デジタルヘルス，12月14日号

産経ニュース（2015）「診療報酬薬価1.4％下げ方針28年度改定 医療費6000億円圧縮」12月4日（http://www.sankei.com/politics/news/151204/plt1512040008-n1.html）（2015/12/13確認）

関原健夫（2013）「医療技術の費用対効果評価」東京大学公共政策大学院「医療政策教育・研究ユニット」（HPU）主催―医療政策実践コミュニティー（H-PAC）第3回公開シンポジウム―（www.pp. u-tokyo.ac.jp/HPU/seminar/2013-09-22/d/2_2_Sekihara.pdf）（2015/12/19確認）

全日本病院協会（2015）「病院の機能と組織」（http://www.ajha.or.jp/guide/6.html）（2015/12/13確認）

長尾和宏（2013）「縦割り医療に安住する大学病院―「昼は開業医」「夜は無医村」でいいのか」（https://www.m3.com/open/iryoIshin/article/184010/）（2015/12/13確認）

日本IHE協会「IHEという考え方」（http://www.ihe-j.org/basics/）（2016/03/06）

日本医療情報学会（2016）「SS-MIX2 標準化ストレージ構成の説明と構築ガイドライン Ver.1.2c」（http://www.jami.jp/jamistd/docs/SS-MIX2-V1.2c-3/SS-MIX2-V1.2cpdf_release20160212/SS-MIX2_stdstrglVer.1.2c_20160212.pdf）（2016/03/06）

日本クリニカルパス学会（2014）「クリニカルパスの普及・体制の現状と課題～第13回（平成25年）アンケート結果から～」日本クリニカルパス学会誌，Vol. 16 No. 1, pp. 75-89

日本クリニカルパス学会（2015）「クリニカルパスの普及・体制の現状と課題～第14回（平成26年）アンケート結果から～」日本クリニカルパス学会誌，Vol. 17 No. 1, pp. 73-82

日本経済新聞（2015a）「日本人の平均寿命，最高を更新」日本経済新聞7月31日朝刊

日本経済新聞（2015b）「一律の診療報酬改定は限界だ」日本経済新聞11月5日朝刊

橋本英樹（2015）「診療報酬改訂の論点（上）地域医療支える仕組みに」日本経済新聞12月19日朝刊

堀井恵里子（2016）「診療報酬紹介状なしで大病院，初診5000円以上改定案」毎日新聞，2月10日，東京夕刊

松村泰志（2009a）「病院情報システムの発展の歴史」電子情報通信学会「知識ベース」（http://ieice-hbkb.org/files/11/11gun_04hen_01.pdf#page=3）（2015年11月8

日）

松村泰志（2009b）「病院情報システムの現状の問題点と将来への期待」電子情報通信学会「知識ベース」（http://ieice-hbkb.org/files/11/11gun_04hen_01.pdf#page=10）（2015 年 11 月 8 日）

山本康仁（2011）「医療情報の高度活用，DataCube による医療安全のための CDSS」，若宮俊司・吉田茂編著「医療現場のデータベース活用」ライフサイエンス出版，166-188 頁

渡辺浩（2011）「FileMaker を使った標準ストレージからのデータ抽出」，若宮俊司・吉田茂編著「医療現場のデータベース活用」ライフサイエンス出版，189-202 頁（https://ja.wikipedia.org/wiki/PFM_(%E5%8C%BB%E7%99%82)）

Wikipedia「PFM（医療）」（2015 年 11 月 19 日確認）

第 2 部
医療連携における実践

第6章　地域連携の実践

1．はじめに

　昨今，様々な場所で「地域連携」もしくは「地域医療連携」が人びとの話題に上がるようになって久しい．実際に医療関連職に就いている立場のみならず，それらに関連する立場，あるいは全く関係のない立場であってもこの言葉を目にすることは少なからずあるものと考える．一方で，また，こうした言葉に対して，関係する立場にある多くの方々が自由なイメージを持ち，各々が思い描く言葉の先にある具体例もまた千差万別の状況にある．

　筆者は，医療職務に直接従事している立場にはなく，あくまで地域医療連携業務に従事する医療機関及び医療関係者をシステム構築（開発）並びにシステム運用の面から支援する形で地域連携に関わっている立場にある．

　そこでこの章では，こうした観点から地域連携をより効果的に実践し得るシステム基盤について，その背景・構築の側面から論じ，実際に運用スキームに入っている地域医療連携基盤（DASCH Pro／ダッシュプロ）についてその実践について言及したいと考える．

2．連携が望まれる背景

2-1　疾病管理の実情

　本来，こうした「疾病管理の実情」なる考察は医療従事者なるものが言及すべき内容であり，筆者のような非従事者が口にすべき対象ではないかもしれない．従って，ここはあくまで"非医療従事者の視点からみえる"疾病管理の実情と読み替えていただくことにする．

186　第2部　医療連携における実践

　事実システム開発会社として医療現場に接すると，その実情は，高度に専門
化されており，およそ全ての情報を網羅的に把握することは著しく困難である
ようにみえるケースにたびたび遭遇する．

　所狭しと配置されている多くの最新鋭の医療機材や患者の周りに存在する医
療器具等多くの機器は近代的な様相を呈しているものが多い．医療従事者とす
れば，こうした機材を適切に使用，利用することでより高度な医療行為を対象
者に実施できている，という状況はまぎれもない事実であろう．その一方で，
そうした近代的な機材とは一線を画し，手に馴染んだ医療器具と積み上げられ
てきた経験を通じて患者の意図を適切，的確に汲み取り確実に対応している医
療者もまた数多く存在する．

　いずれにしてもこうした機器や経験を通じて患者に対して施された多くの医
療行為は，様々な方法で正確に記録される．時に電子的に，また時には従来の
紙の形，いわゆる紙カルテの形で．

　今日ほど世の中にコンピュータが溢れていなかった時代には，このように紙
に記載された患者への治療情報を他の機関との間でやり取りすることは，直接
の物理的な媒体のやりとり以外には存在しなかったかもしれない．また，そこ
では記載されている文字情報を読み取る能力が求められる，ということが一般
的であった．

　今日多くの医療機関では，医療行政の方向性と相まって多くの機関で，こう
した医療行為を電子的に記録することも程度の差こそあれ一般的になりつつあ
る．

　医療記録の電子化は，いわゆる医事会計システムやオーダーエントリーシス
テム（オーダリング）というその診療，治療行為を確実に医療費請求につなげ
て医療費そのものを把握する，という部分から始まったと考えることができ
る．従って，医療記録の電子化というと，一般的には医療という名称から治療
等の記録が残された“カルテ”が，電子化された“電子カルテ”のイメージが
強いが，実際には，医師が記録するカルテそのものは依然電子化されておら
ず，オーダリング等の診療費等に直接関わる部分だけが電子化されている，と

いう医療機関も少なからず存在する.

また医療機関の種別に左右される内容ではあるが,いわゆる入院可能な医療機関から診療行為のみの機関,あるいは介護施設等,それぞれの機関,組織で,記録している内容,あるいは必要としている(されている)記録内容は大きく異なる.どこの医療機関においても確実に必要とされ,かつ確実に記録している項目は,姓名,性別,生年月日,保険関連情報くらいではないだろうか.

この「姓名,性別,生年月日」は,いわゆる患者基本情報と呼ばれるもので,最低限必要な最重要情報ではある.しかし,現在,この基本情報であっても,どこの組織でもあるいはどこの機関でもシームレスに連携し,かつ相互に確認しあえるような電子情報として流通している状態にはない.

2-2 高齢化と連携

今日,多くの国民が実感として持っている高齢化社会への流れにあって,国の施策の方向性も如何にこの状態に対応していくか,という部分を重要課題として扱っている.

高度に専門化された機能を複数有するような大きな病院があちらこちらに存在し,かつそれぞれが適切に財政運営ができていた時代は既に終焉を迎え,地域地域で機能が分化された特徴のある医療機関が併存し,全体で1つの医療機関を構成する形になるように施策は向かっているようにみえる.こうした流れは,数年ごとに実施される診療報酬の改訂をみていれば自ずとみえてくる方向性でもある.

この方向性からみえてくる実情は,1つの病院に入院したのち,そこの病院で当該疾患が完治して退院してくる,という過程は現在の基本的な形ではなく,最適な機関で適切な医療行為を施されたあとは,適切な次組織(医療機関)で次のステップの治療行為をする.そして,そこが終われば,また次へ,ということが基本の形となる.

高齢化社会の実情と照らし合わせてもこうした手法は必然といえるかもしれ

ない．患者の状態に関係なく，患者や利用者が限られた特定施設に長逗留するのではなく，相応の状態の患者は，相応の医療機関で対応していく．多くの高齢者や増え続ける医療費に対応していくには，こうした患者の自助も必要になる．そして，このように複数の医療機関にわたって状態を診てもらうことになる患者には，複数の医療機関であっても，必要な情報は必要な形で取得できる必要がある．そこにこそ医療連携が可能となる情報基盤が必要となる背景がある．

3．連携を構成する要素

3-1　組織内連携

　一言で「連携」，それも「地域連携」といっても，それを実現するためには複数の工程が存在する．1つ目は組織内連携．つまり，院内，施設内での情報連携となる．医療機関に外部から参画すると，多様な専門分野が存在する巨大な医療機関にあっては，関連する全ての組織で横断的に情報連携がスムーズにできているように思えることは多くはない．これは，医療現場におけるカンファレンス等とは全く別の次元の話で，組織Aで入力したり使用した情報，特に電子情報が，シームレスに組織Bでも利用可能になっているという状態はそれほど多くはない，という意味である．そもそもシステムに内包されている情報に関しては，「多分持っているんだろうなぁ」という状態を想像こそすれ，情報連携にまでたどり着くには多くの専門的な知識を経由しなければ越えることが困難な障壁が存在している．それぞれの組織組織で利用しているシステムそのものも統合的に導入されたものではないことも多い，という実態もそれに拍車をかけている．従って，人事方針として組織間での異動を頻繁に行っている組織でもないかぎり，各々の組織でどのような情報をどのように利用しているかを明確に認識している人材は多くはない．

3-2　組織間連携

　地域で1つの医療組織を形成するかのような地域連携は非常に夢のある話で

第 6 章 地域連携の実践 189

はあるが，情報連携という観点から考えると，障壁はそれなりの高さがある．
そもそも，各々が個別の独立した組織であり，組織同士で 1 つの情報のやりと
りをしようとしても，共通のルールに基づいた情報の持ち方でもしていないか
ぎりは実情として困難である．現段階において，各医療情報の共通プロトコル
（SS-MIX 等）もないわけでなく，それぞれがそれなりの認知度を持った状態で
存在はしている．しかし，その実装には相応のコストと困難とのトレードオフ
であるがゆえに，すべからく広く共通基盤として普及しているとは，なかなか
いいきれない状況にある．但し，こうした共通プロトコルを実装していれば少
なくとも情報連携の取り掛かりにはなり得ていることも事実である．

3-3　システム間連携

　ここまでに述べてきた組織内，組織間の連携には多かれ少なかれ，情報シス
テム間の連携がその前提として存在しているが，この情報を連携することに関
しても多くの問題が存在している．システム構築や情報処理の観点から考えた
場合，最も大きな問題はそれぞれのシステムにはそれぞれの生い立ちが存在
し，人が違えば性格や人生が異なるように，システムも同じように独特の性格
を持っている点にある．同じ組織が構築したシステムであっても情報の持ち
方，単位，あるいはその属性が首尾一貫した統一性を持ったものであることは
当然の帰結とはなり得ていない現実がある．生い立ちが異なる情報システム同
士が手と手をつなぐためにはどうしたらよいか．それは，そのシステム構築の
当事者同士が手と手をつなぐことでしか実現できない．幸いにして，多くの医
療関連情報は，一部に画像等の情報はあるにせよ，その大半はテキストの情報
であることが多い．このテキスト情報というのは，多様なシステム基盤でやり
とりされている情報の種別の 1 つでもあることから，最もシステム間連携には
適した種別の情報ではある．一定の情報のやりとりを実現するルールさえシ
ステム間で共有できれば，情報流通は比較的容易に実現できる．勿論，先に述
べた一般公開されている共通ルールに準拠することも 1 つの手法である．どの
手法を採用するにせよ，必要な情報を必要な形で相互に利用し合える共通ルー

190 第2部 医療連携における実践

ルを策定し，共通言語とすることを可能とする仕組みを適切なコストで実現することが重要である．

3-4 院内システムにおけるシステム間連携の実現性

一部繰り返しにはなるが，院内には，院内で動いている業務の数だけ大なり小なりの情報システムが稼働している．特に医療機関ともなれば，事務方の職員情報に関する情報から医療情報をコスト計算する医事会計システムや先述した検査関係から発生するオーダーエントリーシステム（オーダリング），画像システム，各部門ごとの業務を扱う部門システム，更には経営管理のためのシステム，勿論治療記録等，利用する部署やタイミング，あるいはその対象も異なれば，それを提供しているシステムベンダーも異なる多種多様なシステムが存在する．

更には，所属する事務系職員や院内技術者が独自に開発したプライベートな独自システムも，こうしたシステムベンダーが提供してきたシステムと肩を並べ，場合によってはそれらを凌駕するような存在感を持って組織内で稼働していることもある．

本来であれば，これらのシステムが相互に完全に連携したシステムとして一体化されているのが望ましいかもしれないが，現実的には，それらの多様性から考えても不可能である．

現実的な解決策としては，最低限必要な情報は必要とされるシステム間で連携する，その必要な情報はそもそもどこで発生（発現）しているかを明確にする（発生源）こと等をルール化することが必要になる．そして，このルールを実現化するためには，開発社（者）の協力が必要であることは明らかである．

4．医療行為の側面からみる連携情報の必要性

4-1 病院の立場から

さて，実際の患者を目前にした医療者の立場を想像すると，その患者に関連する情報は可能なかぎり最新の情報として入手できるものは入手したいと思う

だろう．また，ある患者を別の医療機関に移動させる，ということになれば，次の医療者の手助けになるような情報を可能なかぎり伝えたい，と思うことになるであろうと想像する．一方で，今みている特定情報の根拠や精度が不明や不良であれば，自らが施す医療行為の判断根拠に利用できるものになるはずもない．

　緊急性の高い状態でみることになる情報と，比較的時間の余裕のある局面で目にする情報との間でも，要求する情報の精度は大きく異なるものであることは容易に想像できる．いずれにしても，情報はその根拠となる情報源とのセットで提供されていることが必要条件となる．

4-2　緊急搬送の立場から

　一方，突然の電話で現場に駆けつけることになる緊急搬送の立場から情報を考えてみる．

　緊急，緊張状態で現場に到着した場合，搬送担当者が入手できる対象の患者情報はどの程度のものであろうか．

　場数をこなし経験も豊富な救急隊員は別にして，そもそもこうした緊急搬送場面との遭遇は，よほどの大家族で対象者が多く居住しているケースでもないかぎり，それほど多いものではないかもしれない．また，介護施設等，比較的高齢者が多く居住，滞在している対象施設であったとしても日常的にかつ頻繁に遭遇するようなものでもないであろう．そうしたケースであったとしても，いざ，救急搬送隊が到着した際に，該当の対象者の医療的な情報をよどみなくその隊員に伝える，ということはあまり想像できるものでない．多くの場合，そのタイミングで一緒にいた家族や，施設であれば担当しているスタッフが慌てながらも情報をなんとか探して伝えることになる．

　更に，昨今の家庭事情の中で，その該当者が仮に独居であるとすれば，その情報の伝達は限りなく不可能に近くなっていると想像する．そこで実際の現場では，搬送担当者自らが，止むに止まれずどこかに何か情報がないかを探すこともあると聞く．但し運よく情報がみつかったとしても，その精度を確認する

術は，少なくとも独居の場合はない．

いずれのケースであったしても，緊急時に必要な情報の取得はそれほど容易ではない．

こうした多様な背景を踏まえて，以下に実際の連携について考察する．

5．連携を実践するにあたって

5-1　個人情報と地域医療連携

医療連携にかぎらず，複数組織が介在する場合の情報連携を考慮する際に対処すべき問題の1つは，プライバシーともいわれる「個人情報」をどのように扱うかという点にある．どのような情報であれ，個人に紐づいてしまっている以上，相応の管理対象となることに異論はないであろう．しかし技術的な暗号化や秘匿処理はデータを扱う処理上の問題としてクリアすべき問題であり，その技術処理の問題と個人情報の取り扱いの道義的，法律的問題とを同一視して捉えるべきではない，と考える．

考えるに，地域医療連携の目標とその果実の受け手，及びその目標達成にいたるまでの過程の中で当該個人情報がどのような役割を果たすのかを明確にすべきである．その場合，そもそも医療機関や施設に自らの意識の有無にかかわらずコンタクトをとった段階で己の個人情報がどのように扱われるのかを確認し，理解し，そして了承することが求められる．単に連携という観点からだけで対応すべき問題ではなく，既に触れてきた，組織の中での連携，組織間連携，場合によっては職種間連携でも本来であれば同様のルールの下で扱われるべき問題でもある．つまり，本来であれば，組織に身を預けた個人とその組織や施設にあって，当該情報を扱える立場にいる個人は，明文化されているか否かにかかわらず，一定のルールの下での責務と許容を果たすことが求められると考える．しかし，現在においては，「個人情報」という言葉のみが独り歩きをし，社会的背景においてこうした処理をどのようにするかの意識や認識の一般化はされておらず，当面の解決策として医療機関側で準備した許諾書等にサインをする，という形式をとっているところが大半ではないだろうか．

5-2　地域特性による連携の考え方の差異

　自らが居住する地域について，財政的，地勢的背景が他の地域と異なっていると感じることは多くの人にとって特異のことではないであろう．より都会に近い機能を有する地域と，限られた資源のみを有する地域とでは，連携機能に求められる機能もまた異なってくる．一般的には，より豊富な都市機能を有している地域であれば，仮に分化された機能を有する組織間であっても地理的には比較的近距離圏に分散され存在していることが想像される．あるいは，多少の選択肢をもって近距離圏内に存在する同様の機能を有する組織や施設を選択する可能性もある．これに反して，いわゆる地域，それも田舎といわれるような地方に所属する地域であればどうであろう．仮にわれわれの居住する北海道という地域で考えれば，札幌という一極集中の都市とその周辺地域，あるいは，函館，旭川，帯広，釧路，網走，稚内という地域の拠点都市，更にはその中間に位置する都市と更にその周辺に存在する地域等，多様な構成や構造を持つ地域が存在する．それらは，規模が小さくなればなるほど，連携する先の選択肢はより少なく，より遠くなる傾向にある．以前，とある会合で実務をされている医師の方から，「これからは医師の偏在を解消することはできない．各々の持つ情報力と搬送力でその偏在を解消するしかない」という言葉をお聞きした．

　一言で地域連携とはいっても，その各組織が地理的にどこに存在しているのか，そして，どのような連携スタイルを求め，求められているのかを地域ニーズや組織の力量とを見極めながら形作っていく必要がある．

5-3　システム特性による連携スタイルの差異

　次に異なるシステム群を運用している現実という立場から，どのような連携が可能かを考える．

　現在の主流としての地域連携を支えるシステムとしては，基幹となる医療機関に存在するメインのシステムに対して，周辺に存在する組織や連携組織が参照する（参照権を有する）ケースが多いのではないだろうか．このシステムへの

194 第2部 医療連携における実践

アクセス方法は，様々ではあるがパソコンベースでVPN（Virtual Private Network）等を前提に，アクセスする経路を暗号化処理等を実施したのち，最終的なアクセスをID／パスワードで制限をかけて，利用を開始する．アクセスした後に確認や利用できる範囲は，対象となるシステムのポリシーや仕組みにより左右される．

　この背景からも解るように，連携システムとはいっても，その中心に位置する基幹病院がどのようなシステムをどのような形で導入し，どのような連携を目指そうとしているかが，その連携スタイルを形作るといえる．これはどちらかといえば，基幹病院主導型の連携システムである．

　また他方，連携とはいってももっと穏やかな連携，つまり，各連携先で管理している情報を1つのIDで紐づけることによって，大きな情報の塊を作ろう，という形も存在する．各施設で利用しているシステム群は各々異なり，各施設で管理したい，すべき情報も異なるから，という観点からすれば，より現実的な回答の1つでもあると考える．どこに行っても個々人に1つのIDが付されていれば自ずと情報が紐づく，というSF映画に出てくるような環境が究極の形になるのかもしれない．

　最後が，われわれもシステム開発として関与している形のケースである．これは，次につながる医療機関に伝えたい情報を伝えるために，という観点から「医療連携」に必要な最低限の情報をコンパクトな形でまとめて伝える．この限定された情報以外のより広範囲，詳細な情報はそれぞれのコミュニケーション手段の先に適切なアクセス権設定の下で参照する，というものである．より多くの現場ニーズをシステム化するために，という点において，先述の2つのケースとは若干色合いが異なる連携スタイルといえる．このスタイルについては最終節で詳述する．

5-4　システムが貢献可能な連携の範囲

　これまでの内容は比較的現実をどのように処理すれば連携を実現できるか，という観点から考察した内容ではあったが，この項では若干立ち位置を変え，

そもそもシステムが影響を及ぼすことができる範囲について述べる．

　地域連携，医療連携という観点で仕組みの開発に携わった経験からいえるシステムの影響力は，現実的にはかなり限定的である，といわざるを得ないと感じている．既に，連携がどのような形であれ存在していた地域やコミュニティにおいては，こうしたIT/ICTを利用した連携は運用法によっては劇的な変化を遂げるケースがある．つまり，細く切れそうだったコミュニケーションや相互のやりとりをIT/ICTの力を借りることで，その細かった部分に補強が入り，より強固になって発達していく，というケースである．

　その一方で，そもそもそうしたコミュニケーション等が存在していなかった場合，システムを導入したからといって，そのようなやり取りが生まれ，かつ根づくか，という点に関していえば，かなりの確率で困難といわざるを得ない．システムとは，あくまで補助，補完，支援するためのものであり，無から有を生み出す魔法の杖ではないのである．特に医療連携や地域連携といった，人と人との関係性に多分に依存するような事象が対象となるような仕組みの場合は，その傾向はなおさら強いと考える．われわれが参画する連携研究会が，コミュニケーションベースの連携こそが成果を生む連携である，と考える由来はここにある．

5-5　情報通信への信頼

　さて，最終章へと進む前に今後の地域連携を発展させる1つのキーのテクノロジーについて考える．先述したように，医療連携は，扱う情報が限りなく個人情報と一体化しており，その取り扱いについては限りなくナーバスな問題として意識されている．取り扱いに注意することは当然のことではあるが，今後，ICTをめぐる機材の主流は施設に設置，配置されている数多くのパソコンから，多忙な医療従事者が持ち歩くことができるモバイル系の情報端末に移っていく（既に移っている）ことは明白である．医療情報が飛び交うことになる組織間，施設間同士の通信経路やモバイル情報端末間の情報経路が，利用者に意識させることなく確実に保護された経路を利用して相互通信が実現できるよう

196　第2部　医療連携における実践

な環境を提供できていることは，今後の連携基盤の前提となる仕様になる，と
考えている．

6．医療連携が必要な地理的特性（北海道のケースを考える）

最後にわれわれが積極的に参画している北海道地域医療連携研究会の活動を
振り返りながら，ここ北海道での連携のスタイルについて言及する．

6-1　北海道広域医療連携研究会の活動

ここ北海道は，周知のごとく国内の他地域と比較して，広大な地域と少ない
人口で構成されている．換言すれば，必然的に医療に関する住民1人あたりの
リソースも他地域と比較すると条件的に悪い傾向にあることは否めない．その
ような悪条件下の環境にあって，広域での医療連携について積極的に研修を実
施してきているのが，北海道広域医療連携研究会であり，その地域連携に関す
るコンセプト及びコンセプトを具現化したソフトウェアソリューションが
DASCH Pro（ダッシュプロ）である．医療や介護，医師や看護師，ソーシャル
ワーカー，行政等様々な職種の人たちが，北海道という地域間距離が長く日常
的な交流が難しいという地域性を，ITを使ってカバーする仕組みとして，過
去何年にもわたってバージョンアップを重ね，より現実的なツールとして育て
てきているソリューションでもある．

6-2　DASCHの誕生背景とDASCH Proへの移行

DASCHの起源は，2009年頃「北海道広域医療連携研究会（http://www.dasch.
jp)」（以下，「研究会」）において，発案・検討・構築されていた　FileMaker
Pro® ver. 9ベースの患者情報共有ツール"DASCH ver. 1"にある．「DASCH」
はその語意を"DAtabank as Solution for your Care and Health"と定義し，「疾
病だけでなく健康関連の情報もより広い地域での利用を保証しながら医療・介
護をつなぐ関連組織相互のコミュニケーションツールとして位置づけ，伝えた
い情報を連携する相手にタイムリーに伝えること，共有可能なデータとして蓄

積することを目的」とした医療連携のためのソリューションとしている.

　一方,FileMaker Pro とは,米国 Apple® 社の 100% 子会社でありソフトウェアと同名の社名を持つ FileMaker 社により現在も開発販売され続けているデータベースソフトウェアである.約 20 年の歴史を持つ FileMaker Pro というソフトウェアは,今でこそ Windows® や Mac®,iOS® と多彩な動作環境を有するが,誕生当時は画像が扱えるパソコン,Macintosh® の上で動作するデータベースソフトウェアとして存在しており,医療関係者と Macintosh の関係を考えると現職の医療従事者が FileMaker Pro に馴染んでいること,医療機関に FileMaker 関連製品が浸透していることにそれほど違和感はない.

　DASCH に話を戻す.この初期ソリューション開発の開始当時,われわれのような専業のシステム開発会社はまだ開発作業には介在しておらず,いわば完全に医療機関の従事者自身によるユーザーメイド(自家製)で始まった.そうした背景事情にあって,当該ソリューションの誕生当時,主たる開発担当者が FileMaker Pro を採用すること,または「研究会」として FileMaker Pro を連携の中心を担う IT ツールとして捉えることは,アプリケーションとしての FileMaker Pro と医療機関関係者との関係を考えれば,自然な流れであった.また,当時の運用形態としては,医療機関同士が VPN 接続を確立した上で FileMaker Pro そのものの機能により連携に必要であると思われる情報を個別に構築しながら共有を行うアプリケーション型の共有スタイルであった.

　その後,各連携機関にて FileMaker Pro 導入前提での DASCH 導入にはコスト負担が増加すること,また,新規導入アプリケーションとしての FileMaker Pro 導入も組織内関連部署との各種調整を余儀なくされることも多くあり,なんらかの解決策が求められた.そこで,FileMaker Pro 的なスキルのみで WEB 公開が可能なこのアプリケーションが有する特異な公開機能［インスタント Web(IWP)］を検討することとなる.こうした技術的な検証に加えて,利用現場での使用感の検証を経て特段のアプリケーションを導入せず,一般的な WEB ブラウザーを利用した情報共有への展開を研究会として決定した.連携を運用ベースでも確実に実現するには,コスト感をしっかりと認識すること

198　第2部　医療連携における実践

が必要であり，その点を踏まえて特定アプリケーションベースからWebブラウザーベースへのシステムの"利用"基盤変更決定は，その後の連携の展開に大きな影響を与えることとなる．

　この後，研究会はより高い安定性と発展性をこの基盤に加えるために，これまで育ててきたFileMaker関連製品をベースにした継続開発が可能なシステム開発会社の参画を決定する．結果，これまでの利用者主体の開発の成果であったDASCHを当該システム開発会社の製品品質を備えたWebアプリケーションDASCH Proへと発展，展開させることとなる．

6-3　DASCH Proの構成と医療機関

　DASCH Pro version1.0では，構造を含めて全ての機能を見直し，新たなWebアプリケーションとして多施設間での共用が可能になるように再構築を実現した．これにより連携に参加する機関の参画の敷居は一気に下がることとなる．一方でDASCH Proは，旧来のFileMaker Proとしての利用形態をユーザーである医療機関側に基本機能として提供し続け，ユーザー自らが独自に拡張できるユーザーメイドとしてのFileMaker利用体験を維持した．これはシステム開発会社が独善でシステムを開発することへの強烈なアンチテーゼとして，DASCH Proの性格を示す特徴となる．

　DASCH Proの開発担当，株式会社DBPowersとしては，DASCH再開発を「研究会」から実質的に引き継ぐ際に共有した目標である「より多くのユーザーとDASCHコミュニティを通じて，更に良いものを一緒に作り上げていくこと」，これを実現するための最も大きな要素の1つが，このユーザーメイド（ユーザーサイド）によるFileMaker拡張機能であることを強く認識している．この点を踏まえながら，このDASCH Proが，より手軽に多くの施設で利用可能となるべく，Webアプリケーション化，多様な権限設定や多言語対応，モバイル端末でのタッチ操作などを強化し，健康関連情報を含めた広域での対象患者の状態をみることができる，伝えることができる情報共有ツールとして発展させてきている．

構造的に DASCH Pro は，基幹データベースに FileMaker アーキテクチャーを採用し，入力・参照等大半の作業を主要な Web ブラウザー経由で行うシステムとなっている．機能としては，Web サーバ，データベースサーバ（DASCH Core Server），ユーザー拡張可能なデータベースサーバ（DASCH User Side Server）で構成されている．

実際の運用スタイルとしては基幹となる施設に FileMaker Server® を含む DASCH Servers が配置され，連携先の医療機関・組織からは，保護されたネットワーク接続を通じた最近の主要な WEB ブラウザーでのアクセスにより基本的な機能は全て利用可能になっている．加えて，仮に利用者側で FileMaker Pro の知識や技術を有していれば，自身で独自の機能拡張もできる環境，つまり，利用者視点でのシステム拡張が可能な DB 構成等を含めた情報を持つ DASCH User Side Server が提供されている．実際，こうした機能を利用したユーザー発の機能モジュールが正規機能として DASCH 本体の基本機能として実装もされつつある．自らも機能強化を実現できる，という視点は多くの点でインターネットを支えるオープンソースの思想に通じるものがあると考える．

6-4　DASCH コミュニティの存在と地域連携

DASCH Pro はコミュニケーションツールとして誕生し開発されてきた DASCH の思想的背景から，ログイン後のトップ画面に，対象患者との関係者間で伝えたいことを伝え合える機能が「掲示板」として提供されている．これは，同意が得られた対象者に対して特定 ID が付与され，その対象者を中心にどのようなやりとりが存在したかが時系列で確認できる仕掛けとなっている．

そもそもがコミュニケーションツールとして開発されてきた結果として，それぞれの対象に紐づいている情報については，対象へのアクセスが許可された関係者間では"デフォルト・オープン"が基本思想になっている．デフォルト（標準）でオープンをベースとするか，デフォルトをクローズとするかは，その連携思想の基盤をなすものと考える．一概に，いずれかに優劣を評するものではないが，連携が開始された後に出てくるであろう一部の情報については，

特別に限定されて「組織内でのみ利用」というフラグで区分はされる．しかし，それ以外の情報に関しては，原則「作成（修正）・追記・削除・閲覧のみ」の各権限が関連する組織及びその中に所属する利用者に個別に設定される．基本アクセス権設定でも，最低限，閲覧は可能にはなる．その一方で，表示画面上に常に，どの組織のどの利用者がどの対象者のどの情報にアクセスしたかが表示されるようになっており，不要な情報へのアクセスの注意喚起を施した上でアクセスログとしても記録されている．

　いずれにしても，DASCH 及びそのコミュニティに関しては，このツールそのものが利用者の目線からでき上がったものであり，そこに専門の開発会社が参画して仕組みの精度を上げてきた，という経緯から，これまでも，そしてこれからも，この仕組みを利用するユーザーの参画なしには存在し得ないものと考える．昨今様々な連携ツールが存在し，似たような機能を有するシステムが現存しているが，このような開発から運用にいたるまでの間の背景を持っているということが，この仕組みを特徴づけており，地域連携の本質を捉えている1つの形であると考える．

7．おわりに

　DASCH Pro の利用スタイルは，その開発経緯と実装されてきた機能から考えても多様なスタイルでの運用が可能となっている．「既に連携を実施している基幹病院での補完として」「今後連携を考えている基幹病院での主機能として」「自院でのセキュリティ管理の機能強化に」「地域全体での連携を考慮する協議会の採用機能として」「FileMaker 系プロダクトを利用して医療情報を再利用したいと考えている組織・地域での連携基盤として」等である．逆説的には，こうした1つ1つもそれぞれ地域連携を形作るスタイルといえる．ここまでみてきたように連携には，そこに携わる立場立場で様々な形式があり，全てを1つの規格でのみ実現することは，現実的な解答とはいえない．多様な形態のある連携を，可能なかぎりスタンダードな規格を取込みつつ，当事者自らが求める機能を如何に柔軟に組み込んでいくか，それが，北海道広域連携研究会

の考える地域連携とIT との関わり方であり，それを実現しようとする環境そのものがDASCH という考え方，そしてその実現を形にしているものがDASCH Pro である．

　今後とも DASCH コミュニティの活動に注目を抱きつつ，これに関わる多くの人びとが笑顔になる仕組みとしての DASCHPro の動向を支援していこうと考えている．

　Apple，Apple ロゴ，Mac，Mac OS，OS X，Safari，TimeMachine，Finder，iPhone，iPad，iPod，iPodtouch 及び Lightning は，AppleInc. の商標である．
　FileMaker，ファイルメーカーは，米国及びその他の国における FileMaker, Inc. の登録商標である．
　Microsoft，Windows，WindowsVista 及び Excel は，米国 MicrosoftCorporation の米国及びその他の国における登録商標である．

参 考 文 献
『医療情報システム』株式会社オーム社

第7章　医療介護のための地域包括ケアと ICT

1．はじめに

　本章では，医療分野における ICT (Information and Communication Technology) システムの有効活用の事例の内，特に東日本大震災という未曽有の災害後の医療システムの構築の事例や諸外国の知見を交えて，有効な介護システムを紹介しつつ，現在のわが国の地域包括ケアの現状と課題について取りまとめる．

2．地域包括ケアシステム導入の背景と現状

2-1　少子高齢化・少産多死社会時代の到来

　地域包括ケアとは 1945 年の第二次世界大戦終結後から数年にわたる第 1 次ベビーブーム世代 (1947-1949) が[1]75 歳を迎え，後期高齢者が 700 万人を超えるといわれる 2025 年を 1 つの目標年次として，高齢者の医療サービスを医療施設から地域での介護，療養サービスに転換することを目的とした保健医療サービスの総称である．換言すればこれはわが国の地域統合医療サービスの質の転換に他ならない．既に 2015 年には前述の第 1 次ベビーブーム世代が高齢者の定義である 65 歳を迎え，人口全体の中で爆発的に高齢者の占める人口比が増加し始めている．

　図表 7-1 の棒グラフは日本の全人口を示している．日本の人口は減少傾向にある．他方折れ線グラフで示された 75 歳以上，いわゆる後期高齢者の人口は急激に今度も増えていくことが示されている[2]．労働人口であり社会保障の原資の拠出層である 15 〜 64 歳までの人口は今後増える見込みはなく，徐々に減少傾向が続く．逆に点線の折れ線グラフで示されている 65 〜 74 歳の前期高齢

図表 7-1　75 歳以上の高齢者数の急速な増加

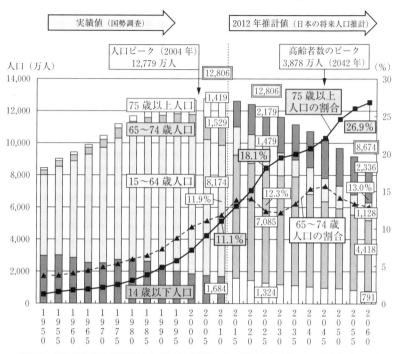

（出所）　総務省統計局「国勢調査」，国立社会保障・人口問題研究所「日本の将来推計人口（平成 24 年 1 月推計）出生中位（死亡中位）推計 2010 年の値は総務省統計局「平成 22 年国勢調査による基準人口」（国籍・年齢「不詳人口」を按分補正した人口）による

者も増加傾向にあるが，長期的にみれば 2015 水準を最高に後期高齢者の増加よりは緩やかな増加にとどまる予測であり，この年齢層で如何に医療支出を下げていくかの方途も重要な政策といわねばならない．日常生活に支障のないいわゆる「健康寿命の延伸」はこの層への介入も重要になる[3]．

さてこれら後期高齢者の増加，すなわちより多く「疾病を抱えながら生活する」可能性の高い人々が増え[4]，その医療費，年金を支える若年層は大きく減っていることから，わが国の高度成長期の 1960 年代から 1970 年代前半に構築された国民皆保険制度，また年金制度モデルの維持は極めて困難となる．

図表 7-2 「肩車型」社会へ

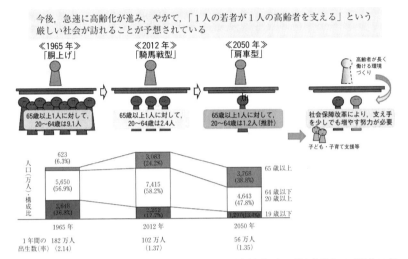

（出所）総務省「国勢調査」，社会保障・人口問題研究所「日本の将来推計人口（平成24年1月推計）」（出生中位・死亡中位），厚生労働省「人口動態統計」

　図表7-2は，これまでの多数の労働人口年齢層が納める年金で，少数の高齢者の生活が保障される「胴上げ型」から，少ない労働人口で多数の高齢者の医療費と生活費を負担する型，に移行していく図である．俗にいう「胴上げ型」から「騎馬戦型」へ更には「肩車型」へ，といわれる変容である．社会保障人口問題研究所の日本の将来推計人口によれば，2050年には65歳以上が人口の38.8％，年金納付層である20～64歳が47.8％とほぼ拮抗に近い率になることが予測されている（図表7-1）．これらから年金制度及び国民皆保険制度，介護保険等が大幅な修正を余儀なくされることは避けられない状況にあることがわかる．

2-2　医療資源の地域偏在

　疾病をより抱えやすくなる75歳以上の人口が急増する場合に，対象者が高齢者となれば移動手段の確保は若年層以上に必要となる．居住区にできるだけ

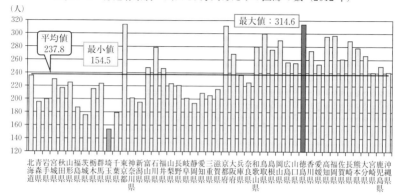

図表 7-3　都道府県別　人口 10 万人あたりの医師の数（2012 年）

（出所）厚生労働省（2012），平成 24 年（2012 年）医師，歯科医師，薬剤師調査の概況
（http://www.mhlw.go.jp/toukei/saikin/hw/ishi/12/）

徒歩あるいは車輌等で 30 分以内の範囲に介護，保健医療サービスがあることが望まれる．図表 7-3 は 2012 年の全国の都道府県別の国民 10 万人あたりの医師数の偏在を示したものであるが，医師数の地域格差は著しい．特に東日本では医療者が慢性的に不足していることがわかる．

図表 7-3 から今後特に医療サービスの提供が困難となると予測されているのが高齢者が急増すると予測されている埼玉県，千葉県，神奈川県である．これら 3 県では高齢者医療サービスは医療施設と医療従事者の少なさ，疾病を抱える率の高くなる後期高齢者の急増により対応がとりわけ困難となる．核家族の多い東京近郊でもあり従来のような大家族による高齢者の自宅介護の普及へのハードルは高い．

厚生労働省の試算によれば 2030 年には年間 160 万人の死亡数が予測されており病院施設での死亡可能上限数は約 89 万人，介護施設では 9 万人，在宅死亡（自宅で最期を迎える）が約 20 万人，と試算されている[5]．それらから導き出されるのは 47 万人が「死に場所がない」という予測である．

冗談半分に「多かれ少なかれ認知症があり死に場所のない高齢者が公園を徘徊し，公園で野垂れ死にする光景が現実になる」といわれるが，高齢者の人口

図表 7-4 死亡場所別，死亡者数の年次推移と将来推計

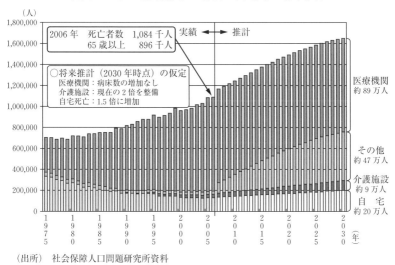

（出所）社会保障人口問題研究所資料

急増によって医療費全体が更に拡大することは免れない．それらからも医療費急増を抑える切り札となる政策が在宅介護，在宅医療の推進であり，「なるべく自宅で最期を迎えられる」人口を増やす施策である．

それが「地域包括ケア」の本質に他ならない．因みに図表 7-4 は人口の大量死時代といわれる 2025 年を見通した予想死に場所別比率を図示したものである．現在，在宅ケアを急ピッチで推進しているものの，わが国の核家族世帯の増加を考えると自宅での看取りの急増は期待できない．介護施設でもなく自宅でもない第 3 の選択肢が急増する，という予測にとどまっている．この第 3 の選択肢が公園等でなくなる取り組みが急務でもある．

2-3 地域包括ケアに必要なものとは──コスト減と家族看護の間で

医療，介護給付費が 2025 年にどの程度まで増えるかを試算したものが図表 7-5 である．厚生労働省の試算によれば前述した通り戦後のベビーブーム期に生まれた年齢層が大量に後期高齢者となる 2025 年には医療・介護給付費は

図表 7-5　日本の医療・介護給付費に関する将来推計

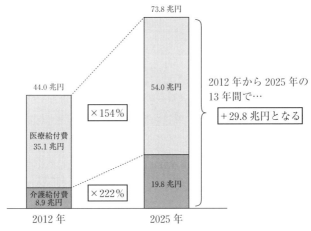

（出所）　厚生労働省「社会保障に係る費用の将来推計の改定について（平成 24 年 3 月）」を筆者改変

　2012 年の 44 兆円から約 2 倍の 73.8 兆円に膨らむ見通しとなっている．医療給付費と介護給付費をみると医療給付費が 154％増なのに対し介護給付費が 2012 年から 2025 年にかけて 222％増と 2 倍を超える試算である．13 年間で約 2 倍ということは年平均にすれば 15％を超える増加率となることが示唆されていることになる．

　現実には急速に進む超高齢化社会にわが国の医療システムは追いついておらず，医療側も急速な対応変換を迫られている．そこで居住する地域で高齢者の介護，ケアが可能となるように，医療施設ベースのサービスよりも廉価となる「地域医療サービス」の充実が模索された．

　図表 7-6 の通り，厚生労働省の試算では医療施設での看護，介護よりも在宅医療，在宅介護がはるかに廉価で，1 カ月間でみると，在宅医療は訪問医療の頻度や重篤度にもよるが，概ね入院よりも 3 分の 1 程度の費用で足りることが明らかになっている．具体的には 1 カ月の病院入院費は入院基本料である 1 日

第 7 章 医療介護のための地域包括ケアと ICT 209

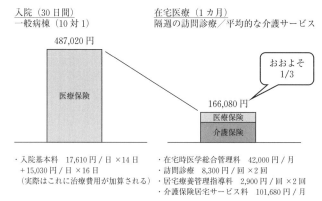

図表 7-6 高齢者の医療・介護にかかる入院と在宅医療の月額社会保障費比較（要介護度 2 の場合）

（出所） 2013.11 株式会社メディヴァ「在宅医療ノウハウセミナー」資料より

あたり約 17,610 円が 14 日間，残りの 16 日間を 1 日 15,030 円として算出すると合計額が 487,020 円となる．但し図表 7-6 では入院費に治療費用が積算されていないため，入院費合計は更に高価になる．在宅医療で 1 カ月過ごすとなると治療投薬量は含まれていないが，要介護 2 の場合，介護保険居宅サービス料の 101,680 円に訪問診療 1 回あたり 8,300 円の負担とそのほか居宅医療管理指導料等が加算され合計 166,080 円となる．

費用だけでいえば在宅医療は入院治療の 3 分の 1 となり，望ましい医療費節約政策の目玉商品になり得ると試算されている．

しかし医療サービスのコストを下げるためといはいえ，患者を医療施設から「地域へ，自宅へ戻すシステム」においては一体誰がどのように担うのかについては様々な障壁がある．

在宅医療では医療施設であるならば整っている医療器材もなく，患者を診る専門家である医師も看護師もいない．点滴や投薬といった管理の必要な治療を誰が責任を持つのか，軽度であるなら対応可能なものであったとしても患者が

210　第2部　医療連携における実践

重篤となり死期の近づいた場合はいったいどう対応するのか．

　重篤な患者は病院で，に慣れきっている普通の家族や親族にいったい何ができるのだろうか．死期の迫った人間を家族といういわば素人が介護する，看取る，というストレスは尋常なものではない．わが国の「地域包括ケアシステムの構築」とは壮大な人の死に対する死生観のパラダイムシフトプロジェクトでもあり，常人の想像をはるかに超える素人への負荷の増大であることは否めない．

　しかしながらそのような潮流の中で，当事者たちはどのように考えているか．そのデータが図表7-7と図表7-8である．図表7-7は厚生労働省が社会保障審議会医療部会が提示した2,577人の20歳以上の成人のアンケート調査の結果である．通常の療養と死期が近づいた時の意向は大きく異なる．通常の療養であれば圧倒的に安心感の強い自宅での療養が63％と半数を超える．しかし死期が近づいた時は家族への負担が大きな懸念事項となり，63％の自宅療養派でも「最期まで自宅で」はわずか11％となってしまう．

図表7-7　死期が近づいた時どこで療養したいか

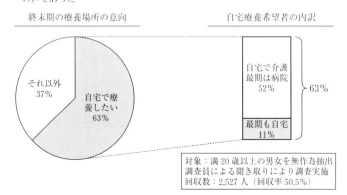

（出所）　厚生労働省「社会保障審議会医療部会（10/27）資料　第22回社会保障審議会医療部会」資料より

第 7 章　医療介護のための地域包括ケアと ICT　211

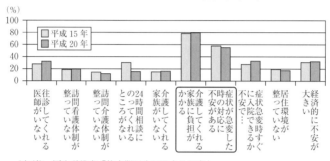

図表 7-8　自宅での終末期療養が困難な理由は
「病状の急変」「家族への負担」

高齢者の終末期に関する調査では，そのほとんどが「できるだけ長く在宅で療養したい」とのニーズがうかがえる．しかし家族の介護負担や急変時の対応への懸念等により，最期まで自宅での療養は困難と考えている

（出所）　厚生労働省「終末期医療に関する調査」

　図表 7-8 は，自宅で自分が重篤な病人となることを想像してもらって回答をお願いしたものであるが，「介護してくれる家族に負担がかかる」という回答が 80％ に上る．「自分の病状が急変した時の対応に不安がある」が 60％ と 2003（平成 15）年，2008（平成 20）年共に圧倒的に多い回答となっている[6]．2つの調査には 5 年間の差があるが，この回答傾向には全く変化がなかった．

　自宅で療養はしたいが死期が近づいてきた時でも居宅療養で，という意向は極めて少なかった．調査回答者が 2,000 人を超える大規模調査であるため，結果は日本全体の趨勢を類推可能な数値といえる．大量の高齢者を抱える社会であっても 2016 年時点では重篤な患者は病院で，という社会の強い要望がある，と結論づけざるを得ない．

　それでも国は，病院増設ではなく，ソーシャル・ホスピタル（Social Hospital）という耳障りのよい言葉を生み出し，地域社会に保健医療サービスをゆだねる方向へと舵を切った．莫大な建設費と維持費，そして大量の医療人材確保が不可欠となる病院ではなく，1992 年の第 2 次医療法改正時に明文化された「在宅医療」に期待を向けたのである．在宅医療はそれまでの「外来・通院医療」「入院医療」に加え第 3 の医療サービスとして既に医療法に明記された．

212　第 2 部　医療連携における実践

　在宅医療は 1 人の医師が自分が行える範囲内で，発熱等の例外的救急措置と
しての「往診」とは異なり，患者の自宅をベースに，患者の毎日を包括的に支
える医療制度である．しかしながらその運用は医師のみで到底全部を管理でき
るものではなく，1997 年の介護保険制度導入前はほとんど普及していなかっ
た．

3．地域包括ケアと ICT

3-1　地域包括ケアとソーシャルホスピタル（Social Hospital）

　団塊の世代 700 万人が後期高齢者となる 2025 年に向けて国は「社会保障制
度国改革国民会議」を発足させ，「地域における医療および介護の総合的な確
保を推進するための関係法律の整備等に関する法律」（いわゆる医療介護一括法）
を 2014 年 6 月に国会で成立させた．これによって本格的に高齢者介護は「病
院完結型介護」から「地域完結型介護」へ移行することとなった．

　地域包括ケアは言葉のごとく，患者が居住する地域が療養（介護）サービス
を提供し，病院や医療専門職，介護専門職，そして自宅を取り巻く住民等が協
力，連携し合って患者の疾病を完治あるいは自立した日常生活ができるように
するための仕組みである．

　現在広く使われている概念図が図表 7-9 である．回復期にある患者あるいは
高齢者を中心に，疾病を持ちつつも日常生活が自立して送れるようにするため
の仕組みとそれを支援する機関や専門サービスを描いたものである．病気にな
った時，介護が必要になった時，また介護予防も視野に入れ，それを居住地域
の中で完結できるような連携図である．地域の高齢者，あるいは要介護の人た
ち 1 人 1 人について介護計画を立案するための担当ケアマネージャーが委嘱さ
れ，自立支援のために地域の自治会や NPO 等も地域介護予防，支援に重要な
役割を果たすことが期待されている．

　図表 7-9 に描かれた地域包括ケアサービスを実現するためには幾つかの必須
アイテムともいうべきものがある．まずは地域中核病院と診療所を連携するイ
ンフラとして在宅診療の中心となる総合力の高い医師とその診療所．そしてそ

第 7 章　医療介護のための地域包括ケアと ICT　213

図表7-9　地域包括ケアシステム

（出所）　厚生労働省．http://www.mhlw.go.jp/stf/seisakunitsuite/bunya/hukushi_kaigo/kaigo_koureisha/chiiki-houkatsu/

れだけでは不十分で，診療所と介護施設，介護サービスを連結する機能も必要になる．これらの施設を核として，在宅の患者を支えるツール，方途（システム）の構築も不可欠である．

　具体的方途としてまず第1には患者，家族が医師あるいは医療者との連絡，連携が可能になる「遠隔診療システム」の構築が必要になる．またそのための情報交換や連絡手段としての「IT (Information Technology：情報技術) の促進」が不可欠となる．電話のみならず電子データ，また画像等最新技術を駆使した情報共有のための技術が整備される必要がある．第2は1人の患者に対して，医師だけでなく看護，理学療法士をはじめ地域ケアマネージャー，ソーシャルワーカー，介護ヘルパー等介護全般を多角的に支援する「多職種協働」が地域包括ケアでの必須アイテムである．多職種間の連絡，調整，情報共有が患者の迅速な回復，社会復帰にプラスとなることが多数の先行事例から明らかになっている．これらの多職種連携が一堂に会すると患者1人に通常約10人ほどの専門職が関わることになる．人口が多く複数の企業が地域包括ケアに関わる際は情報技術 (Information Technology=IT) による情報共有が不可欠となる．ただ複数のサービス供与組織が競合しない地方部，農村部では成功しても，同業種

214 第2部 医療連携における実践

複数の業者や組織が入り組んでいる大都市では適用できない点も指摘されている．同じ職種，同じ業種が同一地域で複数すみわけして競合し，それら全部を調整しながらのサービス向上は易しいものではない．

多職種連携には訓練も不可欠である．こうした職種連携の向上のために別の章で詳述されている「地域連携クリティカルパス（疾病別診療計画表）」の作成実習も行われる．例えば，「Aさんの家でお父さんが脳梗塞で倒れた」を想定事例に，急性期治療を担当する専門病院の医師，看護師による治療計画，回復期リハビリテーションを担当する看護師，介護福祉士，理学療法士，地域ケアマネージャー，ソーシャルワーカーによる治療計画表，更には退院して自宅での慢性期のリハビリテーションを支える介護福祉士や訪問看護師，地域ケアマネジャー，介護ヘルパー等によるリハビリ・治療計画表を全員が共有してのシミュレーション等は不可欠である．

地域包括ケアでは，各専門職の担当者がパソコン等からウェブ，ネットワーク等を通じてどう対処しているかを入力し，電子データを全員が共有し，適宜状況の変化に応じて介護プランが修正できるシステムの構築も重要である．このため，後述する事例のように医療用のクラウド型情報共有ツールが活用されるようになってきている．

ここまでをまとめると今後高齢者が急増するわが国において地域医療サービスは大きな変革を迫られているのであり，それは図表 7-10 に示されるようにこれまでの巨大施設である病院中心主義の医療サービスから居住地域を基盤とした比較的小規模な医療・介護福祉サービスへと転換することが示されている．そのためにはこれまでは禁止されていた遠隔診療を検討すること，あるいはその範囲を大幅に拡大し，ウェブを活用したクラウドのシステムやスマートフォン等を使って情報共有ができるようにすること，人工知能等を導入すること，等が提案されている．

それは同時にこれまでの治療重視の医療から予防と，具体的には疾病を抱えていたとしても日常生活を送ることができ，重症化予防のための医療・介護サービスの提供をする，という取り組みの転換に他ならない．高齢者は病気を複

図表 7-10　地域医療サービスのこれまでとこれからの方向

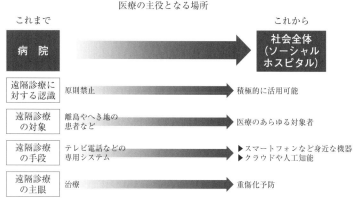

（出所）　2015 年 3 月，宮城県祐ホームクリニック説明資料より

数抱えながらも自宅を基盤として生きていく時代，にすることである．それは病院，という決められた場所での治療から社会全体を病院の代わりにする，との意識変革でもある．これをソーシャルホスピタル（social hospital）という概念で整理するようになった．

　ソーシャル・ホスピタル（social hospital）という概念はまるで地域コミュニティに温かな受け入れ先である新しい病院ができるかのような妄想を抱かせる．しかし social hospital は前述したような「遠隔医療サービス」の解禁に支えられた地域医療サービスの総称でしかない．テレビ電話等を用いてできるだけ遠隔診療を対面式診療に近づける工夫は考えられるが，わが国では現在それらを効率よく運用する段階にはない．遠隔診療や地域ケアサービスの充実によって生活習慣病改善や服薬忘れ指導，重症化予防については大きな力を発揮することが期待されているが，ソーシャル・ホスピタル実現の条件は十分ではない．

3-2　年間 40 万人自宅看取りの時代へ──多死社会への助走

　さて再度 2025 年問題への対応について詳しく検討してみたい．2025 年はい

216 第2部 医療連携における実践

わばマクロレベルでの「虚弱集団」の出現の年，といわれているが国立社会保障・人口問題研究所の試算によれば2040年には年間167万人の多死社会となって，病院での看取り数は病院数から推定して8割，130万人が限界と推定される．残り約40万人は自宅，介護老人保健施設，老人ホーム，その他での看取りが余儀なくされる[7]．

在宅療養を加速しようとしても在宅療養支援診療所は2016年現在で約14,000軒で，国全体の診療所の14%程度である．今後は外来診療をやりつつ，その間に訪問診療を行っている開業医ではとうていカバーできない数の多死社会となるために，在宅医療に特化した診療所を増やすことが求められる時代になってきている．

在宅医療に特化した診療所は，年間100人程度の看取りを期待されているが，現時点（2015年）では全国で56しかない．これら在宅医療に特化した診療所を2040年までに2,000に増やすことで，約20万人の看取りに対応できることとなる．しかし残りの半分の約20万人の看取り場所については明確な計画さえ策定されていないのが現状である．

わが国の医療サービスを象徴する「死に場所」の変遷は1950年代には80%以上が自宅であり，1970年代後半に「病院死」が「自宅死」を逆転してからは一貫して病院死が増え，2016年現在では病院死が81.0%，介護施設2.4%，自宅死が13.9%となっている[8]．先進国であるフランスでは病院死が58.1%，介護施設が10.8%，自宅が24.2%である．またオランダでは病院死35.3%，介護施設32.5%，自宅31.0%と3つにバランスよく分散している．他国に学ぶことも必要であるが，わが国が「足りない40万人分の死に場所」を解決するための多死社会へ直面するにあたり，幾つかの障壁を指摘する．

前項で指摘したように多死時代を迎えるのに対し，医療費削減の有効策として病院数の削減が進められている．病院死は病院の増加に歯止めをかけられることによって必然的に減ずることが予想されるが，厚生労働省の数値目標は2038年に介護施設を含む「在宅死」を現在の介護施設死10.8%と在宅死13.9%（2015）の合計の24.7%から実に40%にまで引き上げる目標を掲げている[9]．

この40％の数値目標が現在の地域包括ケアの達成目標値でもある．

　在宅死率の増加には家族の看取りや看護，介護がある程度不可欠であるが，一方で老老世帯，独居世帯が急増している事情もある．現在8割を超える病院死の浸透によって，大多数の核家族暮らしでは人を看取る感覚や習慣はすっかり消滅している．死期の近づいた家族に対し延命治療をするのか，自然に任せるのか等重要な決断を人の看取りに不慣れで素人である家族，親族が決定しなければならない．医療費削減のための在宅ケアへのシフトのために整っている条件はいまだ非常にかぎられるのが現状である．

　専門医療職としての地域包括ケア導入後も活躍が期待される看護師を例にとるなら，長時間労働や夜勤で疲れ切った看護師は退職しても同じような厳しい条件の病院勤務には戻らない場合が多い．女性の医師等も同じような途中退職者は多数にのぼる．地域包括ケアを軸とした「地域社会での看護，介護へ」の政策では2025年以降の多死時代は病院外でも24時間体制を構築するように求めるものでもある．しかし24時間体制で働ける医療人材は実は多くはない．病院を退院させられて地域に放り出された高齢の患者の「地域包括ケア」の面でそれを受け入れる医療専門人材の確保は2016年時点では極めて未整備と言える．

3-3　東日本大震災と宮城県石巻市の地域包括ケア——祐ホームクリニックの事例

　2025年の大量の後期高齢者の出現を前に介護計画の変更を余儀なくされていた日本を突然襲ったのが2011年3月11日の東日本大震災であった．東日本大震災はおよそ18,000人（2016年6月時点，行方不明者約2,500人を含む）の死者，行方不明者を出し，日本列島の東北から関東南北500km以上にわたる広大な地域が被災地となった．被災人口は避難者だけでも47万人を超え，2011年夏から建設の進んだ応急仮設住宅には30万人を超える被災者が入居した．

　東日本大震災の特徴は被災地が東北の農漁村で高齢者が多く，寒冷地で発災したことであり，当初から高齢被災者の健康悪化に対しては強い懸念があっ

図表7-11　要介護認定率の地域比較

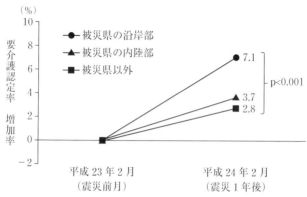

（出所）　東日本大震災発生前後における要介護認定率の推移に関する研究．東北大学大学院医学系研究科論文（http://www.pbhealth.med.tohoku.ac.jp/node/896（2016.6.20最終閲覧日））

た．実際，東日本大震災では介護の必要な高齢者が多数津波で亡くなられたが，無事生き延びた高齢者も長期にわたる避難所と仮設住宅での窮屈な生活によって介護が必要になる高齢者が急増していた．震災後1年間の要介護認定率は，「被災県の沿岸部」が7.1％増加（震災前月の1.071倍に増加）と，「被災県の内陸部」3.7％，「被災県以外」2.8％に比べて高くなっていた．これは震災による人口の流出及び津波による高い介護認定の患者が多数亡くなったことを考慮しても有意に高い数字となっている[10]．

　これらは避難所での生活及び仮設住宅への入居によって，日常生活が震災以前と比べ座ったり横になる時間が各段に長くなり，交通路の遮断，自家用車等の交通手段の喪失により住民の活動，行動範囲が著しく狭まったり，変化した結果とみられている．とりわけ被害が甚大だった市町村の1つが宮城県石巻市であった．宮城県石巻市は特に津波の被害が大きく，道路，橋，鉄道等の交通インフラ，また漁場，工場等の経済インフラも大多数が破壊された．被災者数も宮城県での死者8,842人の内2,479人を占め，宮城県の死者の実に約3割（28％）となる最大の被災地となった．

第 7 章　医療介護のための地域包括ケアと ICT　219

図表 7-12　東日本大震災の市町村別死者数・死亡率

青森県

		市町村	死者数	死亡率
死者	3	三沢市	2	0.00%
		八戸市	1	0.00%
行方不明者			1	—

岩手県

		市町村	死者数	死亡率
死者	4,302	陸前高田市	898	3.85%
		釜石市	596	1.51%
		下閉伊郡山田町	454	2.44%
		上閉伊郡大槌町	432	2.83%
		宮古市	375	0.63%
		大船渡市	273	0.67%
		九戸郡野田村	26	0.56%
		下閉伊郡田野畑村	17	0.44%
		気仙郡住田町	12	0.19%
		その他(盛岡市等)	40	
行方不明者			3,401	

宮城県

		市町村	死者数	死亡率
死者	8,842	石巻市	2,479	1.54%
		東松島市	831	1.94%
		名取市	725	0.99%
		気仙沼市	644	0.88%
		仙台市	610	0.06%
		本吉郡南三陸町	374	2.15%
		牡鹿郡女川町	360	3.58%
		亘理郡山本町	343	2.05%
		亘理郡亘理町	190	0.55%
		岩沼市	137	0.31%
		多賀城市	102	0.16%
		宮城郡七ヶ浜町	78	0.38%
		塩竈市	43	0.08%
		大崎市	13	0.01%
		登米市	12	0.01%
		その他(涌谷町等)	70	
行方不明者			6,515	

福島県

		市町村	死者数	死亡率
死者	1,496	相馬市	304	0.80%
		南相馬市	270	0.38%
		いわき市	187	0.05%
		相馬郡新地町	52	0.63%
		双葉郡浪江町	23	0.11%
		白河市	10	0.02%
		双葉郡富岡町	10	0.06%
		その他(須賀川市等)	35	—
行方不明者			1,049	

死者数の年齢別・性別割合

※都道府県別死者・行方不明者数は警察庁発表(H23.5.1)
※市町村別死者数は各県警察発表
※死亡率は平成22年国税調査を用いて算出

（出所）　国土交通省発表資料「東日本大震災の東北地方市町村別被災者数」(http://www.
mlit.go.jp/common/000145490.pdf)（2016.06.20 最終閲覧日）

　このような状況下で，東京で既に ICT 技術を駆使した在宅医療を開始して
いた祐ホームクリニック[11]が石巻で開業した．祐ホームクリニックは医師で，
経営コンサルタント企業であるマッキンゼー・アンド・カンパニー社にも勤務
経験がある武藤真祐医師が，少ない医療人材，医療クラウド機能，SNS（ソー
シャルネットワークサービス）の機能等を有効活用し，在宅医療を地域包括ケア
の中で効率的に運用した在宅医療の成功例となった．震災前よりも優れた地域
医療サービスを甚大な被害を受けた被災地で提供し，被災地での稀有な成功例
とされている．

　震災により石巻市では，災害医療が優先され，稼働可能な医療者の急激な減
少・交通インフラの喪失，介護を行っていた家族の死亡等により高齢者の医療
はほぼ停止状態に陥っていた．そのような中で祐ホームクリニックはモバイル
端末，ウェブデータ等とクライド機能を用いて関係医療者の同時情報共有及び

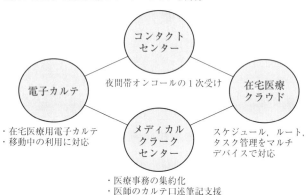

図表7-13　祐ホームクリニックの在宅医療体制を支えるシステム

診療現場と事務スタッフの業務連携を促進し,「医療の質向上」「オペレーションの最適化」「リスクマネジメント」を目的とした, ICTシステムを積極的に活用して在宅医療のオペレーションを実現

（出所）　祐ホームクリニック説明資料（2015年3月）

遠隔診療ともいうべき遠隔からの医師のアドバイス伝達を行い,移動中の車輛からの投薬指示,薬剤調達指示等,訪問診療を効率的に行うことによって急増した被災地の要介護者に細やかに対応した.図表7-13は祐ホームクリニックの実施体制を図示したものである.24時間365日の患者対応を掲げており,夜間の電話連絡にはコンタクトセンターがまず対応し,患者の疾病状況,現況,治療状況等が全て在宅医療クラウド及び電子カルテ等で即時参照できることから関係者に連絡を取り,短時間での医療専門者による対応を可能にした.図表7-13に示されているメディカルクラークセンターは全ての情報を電子データ化する作業も含んでおり,医療事務等も統括する部門である.カルテは全て電子化され,モバイル端末で確認することができるため,患者宅への移動中にも確認でき,また診療終了後すぐに情報更新が行われる.また医師の口述によるデータの電子化（打ち込み等）もメディカルクラークセンターが行う.これらのシステムの構築は震災後,現場をみながら富士通との協働で短時間で構築された.発足当初は医師1人,看護師2人,事務職3人,アシスタント1人

の少人数で開始し，メディカルクラークセンターも6人での体制であった[12]．

祐ホームクリニックの在宅医療サービスの特徴の1つは多職種協働と謳われているが，医師，看護師のみならずケアマネージャー，ヘルパー，理学療法士，訪問歯科医，入浴補助ボランティアなど病院よりはるかに多い職種が協働するものである．それぞれ個々のプレイヤーも始終移動しているため多忙であり，わが国の在宅医療サービスで現在でもよく使われている患者宅に置く「連絡ノート」も活用されているが，その情報だけで関係者全員が情報を即時に共有することは不可能である．

複数の同一職種が1人の患者を担当する方法では，患者は自分の主治医が誰であるかがわからなくなり不安になる．そのため祐ホームクリニックでは発足当初こそ専門医制度をとり，専門分野ごとの医師を想定したが，次第に担当医制に移行し患者の安心感を優先するようにした．在宅医療では病院での治療より，より多くその人の個性，これまでの人生，そして看護，介護にあたる家族関係等も含めた治療環境を知り，総合的にみて長期間にわたり良い関係を築くことが大事になってくる．重要なのは医療技術として，また迅速な情報共有手段としてICTを活用するが，患者とのコミュニケーションは顔を合わせて話を聞くことを重視する濃密なアナログな治療，介護を重視した点である．祐ホームクリニックは新しい形の医療サービスの提供ではあるが被災地でのbuild back better（ビルド・バックベター），すなわち，災害以前よりも更によい社会形態を目指しての復興を目指したといえる．換言すれば，ICTを駆使した新技術在宅医療にとどまらず社会システムを変えるようなソーシャル・ビジネスを目指したものであった．

祐ホームクリニックの具体的な在宅医療の実際をみてみよう．図表7-14は具体的にどのようにICTが在宅診療に活用されているかを示したものである．

最もICTが活用されている部分は訪問診療に関する部分である．医師の訪問日程，時間を調整したのち，1日に訪問する患者数から効率的ルートを割り出し，カーナビにセットする．またGPSによって訪問車輌の現在位置がどこからでも確認できるようになっている．更に診療時の情報，調剤薬の指示等も

図表7-14　高齢者を支える在宅医療クラウドの機能

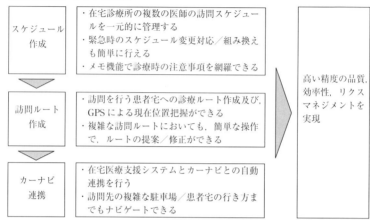

　車輌移動中に処理され，次の訪問先到着までに全てが処理されることになっている．医師からの口頭指示もメディカルクラークセンターで電子データへの打ち込みが行われる．経費的な処理も迅速に行われる．患者のID番号はカーナビと接続しており，番号を入力することで最短ルートが車輌のカーナビに図示される．

　祐ホームクリニックのクラウドを活用した情報システム活用型地域在宅医療サービスをまとめると図表7-15のようになる．これらとは別に，祐ホームクリニックは複数の地元の医師との協力関係も重視しており，医療者同士が一堂に会しての勉強会の開催，終末期医療を終えた遺族同士のグリーフワーク（深い悲しみを癒すための分かち合い）の会等も立ち上げ，顔を合わせた関係者のコミュニケーション，情報交換も行っている．ICTという情報共有が全てを解決するわけではない．図表7-15はこれら祐ホームクリニックの情報共有を中核システムとした在宅医療の構図である．わが国の医療分野では長らく診療とは医師が直接患者と顔を合わせながら行うもの，という考え方から遠隔診療が発展しなかったことで医療におけるICTの活用では実際に他の先進国からは大

図表7-15　医療・介護事業者・家族とのチームケアシステムを構築した
■高齢者を支えるために必要な在宅医療・介護情報ネットワーク

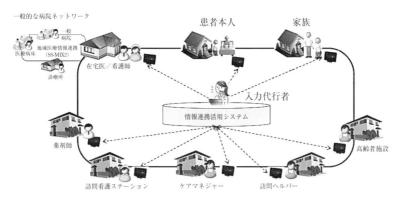

（出所）　祐ホームクリニック説明資料より（2015年3月）

きく遅れている状況にある．

　図表7-15に図示されている関係機関の他にも歯科医や入浴ボランティア，あるいは医療器材の提供者等在宅の患者を支援する職や人的資源は数多い．こうした情報が医療関係者のみで共有されるだけではなく，ある程度家族，本人等にも開示され，治療・介護サービスが真に地域で完結し，social hospitalがより多くの人びとに認識され，患者の選択肢が増えることが近い将来の理想像であろう．

4．諸外国における介護・地域包括ケアとICTの活用

4-1　米国における地域包括ケアとICTの活用

　前項では東日本大震災被災地でICTを活用し，破壊された医療インフラの中で，地域包括ケアを回復させた祐ホームクリニックの事例を取り上げたが，本項では医療分野で早くからICTを利用し，わが国よりもはるかに地域包括ケアにおいて実績がある米国の事例を取り上げる．

　米国は，医療保険が各自の選択にゆだねられているために，多数の民間保険

224　第2部　医療連携における実践

会社が医療サービス提供者として競争している現状がある．結果として米国では国家の総 GDP（国内総生産）に占める医療費は実に 18％に上る（2014 年）．米国では総医療費の縮小も目標に，2004 年に「医療 IT イニシアティブ」を発表し，2014 年までに異なる医療機関での相互運用可能な電子カルテの共有を導入し，国民が自身の医療サービス記録にアクセスすることができるようになることを目指した[13]．この目標達成のために 2009 年には医療 ICT 改善のための予算を日本円で約 2 兆円計上し，その結果，「相互に運用可能な電子カルテ」が 2011 年には診療所全体の 34％で導入された[14]．総医療費の削減のために 2012 年，ACO（Accountable Care Organization）の仕組みが開始され，遠隔医療を積極的に取り入れる方策が打ち出されている．

　米国では IHN（Integrated Healthcare Network）[15]という非営利の医療サービス提供運営事業体があり，米国内で一定以上の診療レベルであると審査に合格した医師はこの IHN のネットワークの情報を共有することができる[16]．この IHN の医療ネットワーク情報は登録した患者もモバイル端末，携帯電話を介して自分の診療記録にアクセスができる．実際に診療所に足を運ばなくても遠隔医療が認められている米国では，こうしたネットワークにアクセスして「仮想病院（Vertual Hospital：バーチャル・ホスピタル）」で診察を受け，診療記録を得ることができる．この事業ネットワークでは，24 時間 365 日，自宅を含め，どこからでも診療を受けることができる．これは仮想医療：Vertual Medicine システムと呼ばれ既に 2012 年から発足している．

　Virtual Medicine システムは医師と電話やオンラインビデオを通じて診療を受けるため，診察料も対面診療より廉価である．またこれを発展させ 2013 年からはこの診療所と病院をネットワークでつないだ Virtual Care Collaboration（VCC）も開始している（図表 7-16）．2013 年なかばからは遠隔地に住む患者管理システムとして，これらを発展させた Virtual Care Center（仮想診療センター）もミズーリ州に誕生している[17]．そこには数百人規模の医師，看護師が配置され，病院としての機能はあるが実際に患者が受診にくるわけではない．遠隔医療の提供場所，である．これらを可能にした条件は，① 患者自身が自分の

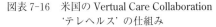

図表 7-16　米国の Vertual Care Collaboration
　　　　　 'テレヘルス' の仕組み

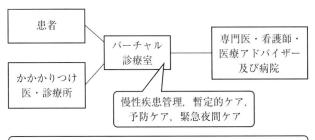

診療記録にアクセスできる，② 遠隔医療の体制が確立している，であり，当然カルテも電子化されていることが前提である．

　米国のこの先進的遠隔医療サービスは，24 時間 365 日対応であるが，緊急性のない診察の場合，1 回につき 45 ＄ の患者負担と決められており，メンバー登録をしていると年間 6 回は診察無料となるサービスがある．また追加については 1 回につき 35 ＄ と廉価になる[18]．

　自分の健康に関する記録に関しては患者本人がオンラインで確認可能なほか，専用電話でも問い合わせが可能である．ただ本人の希望によって閲覧不可，とできるロック機能も有しており，患者主体の情報管理が主流となっている．情報共有の範囲は，① 本人が選択した医師，及び薬局，② 本人が許可する医療機関，③ 家族，とされている．

　米国の例を参考にすると，米国の遠隔医療は目覚ましい発展途上にあるが，今後起こり得る以下のような変化や予想も指摘されている[19]．

①　遠隔医療の導入が進み，支払い方法や価格において，患者に更に有利な変化が起こり得る．

②　遠隔医療が標準医療になる．画像診断（CT や X 線検査）がデジタル化され，遠隔医療での検査結果が共有されることにより，遠隔医療サービス利

226　第 2 部　医療連携における実践

用が標準的な初期検査や初期診療になっていくであろうと思われる．

③　脳卒中，メンタルヘルス，皮膚科であっても遠隔診療が普及するにつれて更に多数の民間企業が医療サービスに参入することが予想される．

④　仮想病院の台頭．図表 7-16 のように，遠隔治療を提供するバーチャル診察室が普及するにつれ，同様にバーチャルホスピタルも増加すると予想される．

⑤　政府の補助によって遠隔医療プログラムは 200 以上誕生したが，病院から一方的につながるネットワークが主流である．今後は患者も自らネットワークを広げられる可能性もある．また遠隔医療ネットワークは国際的に拡大していく可能性がある．

⑥　遠隔医療の国際基準の構築．米国で拡大，発達しつつある遠隔医療であるが国際的基準，例えば医師免許，支払い方法，多言語対応等も議論し，米国だけではなく多様な言語と医療技術にアクセスできる制度に進化する可能性がある．

　以上のように，米国の遠隔医療と ICT 化促進の動きは加速している．米国の医療における ICT 化は，医療サービスも個人が選択する体制を基盤にしているが患者尊重の立場が強く，医療者のいうことには極力素直に黙って従う傾向のある日本とは異なる傾向があるとはいえ日本も米国の ICT を利用した医療サービス改革は大いに参考にすべきである．

　以下に ICT の活用に焦点をあてた日米の地域包括ケアの対比表を掲げる（図表 7-17）．

　図表 7-17 では日米の医療サービス分野の ICT 活用の現況を比較したものである．日本の医療情報の患者や他機関との共有化への整備は大きく遅れており，国民皆保険制度があるものの，医療機関同士の協力，連携は進んでいない．レファラルシステムは機能しているものの，限られた医療機関でのみの情報共有にとどまっている．個人の医療情報も，前述のような地域包括ケアの中の関係者間では共有化が進んでいるが，日本全体となると極めて脆弱である．同じ疾病でも異なる診療所に出かけた患者は自分のカルテを所持していないこ

第7章　医療介護のための地域包括ケアとICT　227

図表7-17　日米地域包括ケアの対比表

	日　　　本	米国（アメリカ合衆国）
1	電子カルテの標準化が進んでいない	政府が電子カルテ標準化を進めた
2	診療所等相互に共有可能な電子カルテシステムの導入が遅れている（カルテが電子化されていない）	医療ICT予算で電子カルテシステム導入を支援及び補助した
3	ネットワークを構築する動機づけがない（投資をしても大きな見返りがない）	IHN等が投資を負担していた
4	IT化促進に必要投資を負担してくれる機関がない	診療報酬で電子カルテシステムの導入へのインセンティブを付与した
5	医療機関の間に利害関係があると情報共有が困難	IHNの枠組みでインセンティブを与え関係者の利害を一致させる努力をした

（出所）　日本政策投資銀行産業調査部　植村佳代「米国IHNから見る地域包括ケアの取り組み：医療ICT活用による遠隔医療・在宅サービスの可能性」（https://www.f-ric.co.jp/fs/201307/28-31.pdf.）31頁を著者改変

とから，一から説明し検査を受け，医師側もまたその情報で診察を行うことが日常的に続いている．

4-2　諸外国における地域包括ケアと医療分野のICTの活用

　本項では，諸外国での医療分野でICT（情報技術）を活用している事例を取り上げ，必ずしも先進国ではないが，医療分野でのIT活用に大きな実績を上げている国の事例も紹介する．図表7-18は医療サービスが充実している上位国比較表に日本を追加したものであるが，イギリス，スウェーデン，米国，日本の中で，わが国は最も高齢者人口の比率が高い国であるにもかかわらず，医療情報について電子化が大きく遅れていることがわかる．また国民皆保険制度の長所でもあるが，患者側が廉価で良質な医療サービスを自由に選択できることからイギリスや欧米の多くの国で導入されている「かかりつけ医」（General Practitioner：家庭医療専門医）が実質存在しないことから医者を転々とする

228　第2部　医療連携における実践

図表7-18　諸外国のITを利用した地域医療サービスの比較（2012）

国　名	イギリス	スウェーデン	米　国	日　本
65歳以上の総人口に対する割合	16.5%	18.3%	13.1%	23.0%
かかりつけ医制度	あり	あり	なし	なし
電子カルテ＊普及率	97%	88%	69%	20%

（注）　＊ Electric Health Record.
（出所）　International Profiles of Health Care Systems 2012.（http://www.commonwealthfund.
　　　　org/~/media/Files/Publications/Fund　%20Report/2012/Nov/1645_Squires_intl_
　　　　profiles_hlt_care_systems_2012.pdf）

doctor shopping も多いとされている．

　これらのほかに特筆すべき医療分野のIT先進国としてエストニアがある．エストニアは人口130万人ほどの小さなバルト3国の1つであるが，e-Health（電子カルテ，遠隔診療等の総称）サービスを含む全ての公共サービスのデジタル化に取り組んでいる．既に2000年に e-Tax（納税の電子処理化），2002年には国民電子IDカード，2005年に電子投票，2008年に e-Health の導入，2010年には電子処方箋といった施策を実施してきている．e-Tax 導入後は税金の還付申告後，1週間後には還付金が振り込まれる，という迅速な処理がなされている[20]．

　特に e-Health サービスは全国レベルで展開しており，アレルギーや慢性疾患等の医療情報，一般開業医及び病院での診察履歴，診察時に行われるレントゲン等の画像情報，救急車利用履歴，処方箋情報，開業医及び他病院からの紹介情報といった情報が参照可能となっている[21]．エストニアでは電子データでの処方箋処理が94%にのぼる[22]．エストニアは異なるデータベースやシステム上に保存されたデータを安全に，かつ統合できる技術を既に医療分野で導入している．国家主導であらゆる分野での電子化が急速に進んでおり，医療分野におけるIT化のみならず，行政上の効率的手続きの改革においては世界をリードしているモデル国といえる．

5．おわりに——地域包括ケアの推進と新たな社会問題

本章では爆発的な後期高齢者の増加予測を前に，総医療費削減を第1目標に，政府が施設中心の高齢者介護から地域における介護及び療養への変更を打ち出したこと，またそれを受け，如何に地域における介護や療養を効率的に運用するかという観点から情報技術（ICT）の運用促進を視野に現況の事例を含めて検討した．

検討を通じ明らかになったことは，わが国は医療分野における情報技術の活用が先進国中では大きく遅れていることが明らかになった．大量の後期高齢者の出現が見込まれる2025年まで残された時間は極めて少ない．米国はじめイギリス，スウェーデン，オーストラリアといった先進諸国では効率的な医療及び介護サービスのための電子カルテでの情報共有・遠隔診療等の医療システムが確立されており，患者自身も結果をみて医療サービスの選択に役立てている．わが国の地域包括ケアの仕組みでは，大量の要介護者にはサービスが行き届かない可能性がある．特に近郊大都市と交通が不便で限界集落等の農村部では医療・介護サービスが手遅れになる可能性がある．

最後に憂慮すべきデータを提示する．図表7-19は厚生労働省が毎年発表し

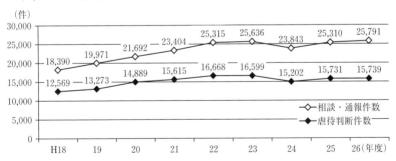

図表7-19　介護者による高齢者虐待の相談・通報件数と虐待判断件数の推移

（出所）厚生労働省「平成26年度高齢者虐待調査」（http://www.mhlw.go.jp/file/04-Houdou happyou-12304500-Roukenkyoku-Ninchishougyakutaiboushitaisakusuishinshitsu/0000111665.pdf）（最終閲覧日：2016年6月26日）

230　第 2 部　医療連携における実践

図表 7-20　高齢者虐待の年度別虐待による死亡数の推移

年　　度		H18	H19	H20	H21	H22	H23	H24	H25	H26
虐待等による死亡例	件数	31	27	24	31	21	21	26	21	25
	人数	32	27	24	32	21	21	27	21	25

（出所）　厚生労働省「平成 26 年度高齢者虐待調査」(http://www.mhlw.go.jp/file/04-Houdou happyou-12304500-Roukenkyoku-Ninchishougyakutaiboushitaisakusuishinshitsu/ 0000111665.pdf)（最終閲覧日：2016 年 6 月 26 日）

ている介護者・擁護者による要介護高齢者への虐待件数の推移である．要相談数は徐々に増加傾向にある．

　厚生労働省からは毎年高齢者虐待と親族による殺人及び心中のデータが公表されている．地域包括ケアが導入されても減少傾向はみられない（図表 7-20）．介護殺人に関する研究[23]では親族殺人の高齢事犯者の多くは，前科・前歴のない者が「介護疲れ」から，あるいは「将来を悲観」して，配偶者や子ども等を殺害していることが示されている．警察庁は，介護に疲れ殺人にいたる事例については「福祉の領域において，社会福祉制度の充実を中心とした多様な高齢者対策が必要」と主張している[24]．当事者からの聞き取り調査からは，「介護では相談する相手がいなかった」，「自分以外に介護を負担してくれる人がいなかった」，「あまりに苦しそうで，その苦しみから解放してあげるべきだと思った」，という苦しい状況が述べられている[25]．

　実際，家族の介護においては妻，母親等，主として女性が介護を担うことが多いが，介護殺人の件数では加害者が男性 7 割，被害者が女性，が多い[26]．だからといって介護を女性任せにしないような社会システムが求められるが，昨今では在宅介護が増え，核家族化の進展と共に若い世代や青少年が介護を担わなければいけない傾向も現れている．介護は彼らの就学や就職の選択肢を大きく狭めている．

　これが「ヤングケアラー問題」という要介護者増加と共に増加しつつあるわが国のもう 1 つの新たな社会問題である[27]．両親あるいは祖父母の介護を 18 歳未満の青少年が主介護者となる「ヤングケアラー」，家族の介護により自ら

の就職の選択を変更あるいはあきらめざるを得なくなってしまう概ね 30 歳く
らいまでの「若者ケアラー」がここ数年増加している[28]．イギリス等での社
会問題化を受け，わが国でも 2015 年頃から注目を浴びるようになった．彼ら
もまた家族の介護で，社会から隔絶され，進学先や就職を選ぶにあたって，自
らの希望する学校や職種を選ぶことができなくなっている．わが国では自宅に
他人という介護サービス者が入ることを良しとしない習慣も根強く，家族だけ
で，また家族の内でも女性や子どもだけで介護を引き受ける，というケースが
多い．

　介護を地域で，という政府の新戦略である地域包括ケアには解決しなければ
ならない課題がかくも多岐にわたり，そして多様に山積している．ICT の技術
は大いに有効であるが地域包括ケアの導入は日本人の基本的価値観の変化も要
求される大きな試練に他ならない．

1)　第 1 次ベビーブームは 1947（昭和 22）年から 1949（昭和 24）年，第 2 次ベビー
　　ブームが 1971（昭和 46）から 1974（昭和 49）年である．第 1 次ベビーブーム世代
　　は「団塊の世代」，第 2 次ベビーブーム世代は「団塊ジュニア」と呼ばれる．（出
　　所）内閣府，出生数の変化：http://www8.cao.go.jp/shoushi/shoushika/data/shu
　　sshou.html（最終閲覧日：2016 年 6 月 23 日）．
2)　総人口に対して 65 歳以上の高齢者人口が占める割合を高齢化率という．世界保
　　健機構（WHO）及国連の定義によると，高齢化率が 7 ％を超えた社会を「高齢
　　化社会」，14％を超えた社会を「高齢社会」，21％を超えた社会を「超高齢社会」と
　　いう．わが国は既に 2007 年に超高齢化社会に突入している国である．わが国は
　　1970 年に初めて高齢化社会となり，1997 年に高齢社会，また 2007 年に超高齢社会
　　となった．「高齢化社会」から「高齢社会」に 24 年で達したため，世界最速で高齢
　　化が進んだ国となった．ドイツが 42 年，フランスは 114 年かかった．
3)　公益財団法人，生命保険文化センター（http://www.jili.or.jp/lifeplan/lifesecurity/
　　nursing/2.html）（最終閲覧日：2016 年 6 月 26 日）の 2015 年度調査結果によれば
　　要介護要支援が必要な人の年齢層別の比率は 85 歳以上が 60.3％，80 ～ 84 歳で
　　29.9％，75 ～ 79 歳で 14.0％，70 ～ 74 歳では 6.4％にとどまっている．後期高齢者
　　といわれる 75 歳未満ではわずかに 0.5 割程度で非常に少ないのが現状である．
4)　同上サイトより，80 歳を超えると要支援・要介護の人の比率が約 3 割に急増す

232 第2部 医療連携における実践

る.

5) 武藤正樹（2015）「2025年へのカウントダウン」医学通信社.

6) 厚生労働省（2014）「人生の最期についての調査結果」終末期医療研究会（http://www.mhlw.go.jp/bunya/iryou/zaitaku/dl/h260425-02.pdf）.

7) 日経デジタルヘルス（2015）.「自宅看取り40万人時代へ」（http://techon.nikkeibp.co.jp/article/EVENT/20150810/431485/?ST=health）（最終閲覧日：2016年6月26日）.

8) ビジネスジャーナル「死に場所がない」問題が深刻化？看取り難民大量発生の恐れ. 破綻した在宅推進政策（http://biz-journal.jp/2015/06/post_10523.html）（最終閲覧日：2016年6月26日）.

9) 同上サイト（http://biz-journal.jp/2015/06/post_10523.html）.

10) 東北大学大学院医学系研究科社会医学講座（http://www.pbhealth.med.tohoku.ac.jp/node/896）（最終閲覧日：2016年6月20日）.

11) 祐ホームクリニック（http://www.you-homeclinic.or.jp/）, 祐ホームクリニック石巻（http://www.you-homeclinic.or.jp/clinic/ishinomaki/）（最終閲覧日：2016年6月21日）.

12) 武藤真祐（2012）「医の力」, PHP出版.

13) 日本政策投資銀行産業調査部　植村佳代「米国IHN（Integrated Healthcare Network）から見る地域包括ケアの取り組み：医療ICT活用による遠隔医療・在宅サービス拡充の可能性」（https://www.f-ric.co.jp/fs/201307/28-31.pdf）（最終閲覧日：2016年6月21日）.

14) 同上. 29頁.

15) 急性期, 亜急性期, 外来, リハビリ, 在楽医療や福祉介護機能を一体的に運営する事業体である. 非営利のIHNが全米全土で570ほどある.

16) 日本政策投資銀行「米国IHNからみる地域包括ケア（医療, 介護連携）の取り組み」（http://www.dbj.jp/pdf/investigate/mo_report/00000/2544_file2.pdf.）（最終閲覧日：2016年10月8日）.

17) 同上. 30頁.

18) 同上. 詳細版（2013年3月21日）（http://www.dbj.jp/pdf/investigate/mo_report/0000012544_file2.pdf）（最終閲覧日：2016年6月21日）.

19) 同上.

20) 日経デジタルヘルス（2013）「"eHealth先端国"と称される, エストニアの電子行政システム・医療データ管理システムとは」（http://techon.nikkeibp.co.jp/article/COLUMN/20140116/327683/?ST=health）（最終閲覧日：2016年6月23日）.

21) 同上.

22) 同上.

23) 湯原悦子（2011）「介護殺人の現状から見出せる介護者支援の課題」『日本福祉大学社会福祉論集』第 125 号.

24) 同上.

25) 同上.

26) 同上.

27) 日本経済新聞（2016 年 3 月 15 日）「介護に追われる若者たち：ヤングケアラーの孤独」(http://www.nikkei.com/article/DGXMZO98436160V10C16A3CZ8000/)（最終閲覧日：2016 年 6 月 26 日）.

28) イギリスで注目を浴びているヤングケアラー問題を参考に，わが国でも 2015 年頃から「ヤングケアラー支援」の動きが出てきている（http://youngcarer.sakura.ne.jp/）（最終閲覧日：2016 年 6 月 26 日）.

参 考 文 献

厚生労働省（2009）「地域包括ケア研究会報告書—今後の検討のための論点整理—」(http://www.mhlw.go.jp/houdou/2009/05/dl/h0522-l.pdf)

厚生労働省（2012）「平成 24 年（2012 年）医師，歯科医師，薬剤師調査の概況」(http://www.mhlw.go.jp/toukei/saikin/hw/ishi/12/)（最終閲覧日：2016 年 6 月 23 日）

厚生労働省「社会保障にかかる将来経費の改訂について」(http://www.mhlw.go.jp/seisakunitsuite/bunya/hokabunya/shakaihoshou/dl/shouraisuikei.pdf)（最終閲覧日：2016 年 6 月 26 日）

社会保障人口問題研究所「日本の将来推計人口（平成 18 年 12 月推計）中位推計」(http://www.mhlw.go.jp/topics/2007/bukyoku/seisaku/04.html)（最終閲覧日：2016 年 6 月 26 日）

ディベロップメントシニア PC コミュニティ「2025 年問題」(http://dspc2007.com/2025.html)（最終閲覧日：2016 年 6 月 26 日）

内閣府「出生数の変化」(http://www8.cao.go.jp/shoushi/shoushika/data/shusshou.html)（最終閲覧日：2016 年 6 月 23 日）

武藤真祐（2012）「医の力」PHP 出版

武藤正樹（2014）「2025 年へのロードマップ」医学通信社

武藤正樹（2015）「2025 年へのカウントダウン」医学通信社

第8章　次世代を守るための災害時地域連携と PHR システム構築

1．はじめに——東日本大震災からの教訓

　妊娠，分娩，産後の母子の愛着形成をサポートする公共サービスは，人間の一生／生活にとって根源的であり，地域で大いに必要とされているにもかかわらず，産婦人科医，助産師，母子保健担当保健師等，担い手の減少という矛盾をはらんでいる．これは，日本というお産に対する危機管理が進んだ国という背景に加え，「無事で当たり前」となってしまった分娩のサポートが，医療過疎地では過労と自己犠牲を伴うものであるという理由による．

　東日本大震災では，医療へのアクセスの悪さにより平時の 300 倍もの乳児死亡が確認され，被災地において乳児が特にリスク下におかれること，災害時には妊産婦，乳児が必要とする食糧と飲料水，緊張を緩和できる場所の優先的な確保や授乳支援を適切に行える場所と人員の確保のために地域連携をはかる必要性が認識された．保健医療サービスへたどり着くことができなかった妊産婦・乳幼児への対応や，避難所での産科医療ニーズ対応，医療救護チームと産科・小児科医師，助産師等との連携，妊産婦に診療可能な医療機関，分娩受け入れ可能な医療機関等の産科診療情報提供，診療所の巡回訪問や地域での妊産婦健診を行う必要があることが提唱されている．

　これまで周産期分野における災害対応は医療・保健どちらの分野からも手をつけられずにきたが，次の災害で有効に機能するツールとして，① 妊産婦・乳幼児向け避難所，② 災害時救護マニュアル，チェックリスト，③ 平時の連携（教育，地域，医療，行政等）と研修，④ 妊産婦向け啓発パンフレットや教材，

⑤ 妊産婦の携帯メールアドレス宛てに自治体から情報を発信するメールシステムの導入が有効である．2013 年度より運用に入っている A 自治体のきずなメールは，平時の子育て支援，孤独な子育て予防，母子の愛着形成や地域との密接な関係をはぐくむものであるが，災害時は一転して非常情報発信ツールや母子の情報把握ツールとなる可能性も秘めている．現状の登録者数や母子の把握状況など現状を洗い出し，今後の活用方法につき考察を行った．また，産婦人科医，助産師，災害医療専門家によって構成されるワーキング・グループで母子救護マニュアル，チェックリスト，アクション・カード，避難所母子入所者名簿，母子避難所ゲーム等災害時に必要となる様々なツールを開発し，幾つかの自治体における災害時母子救護研修で使用し，改善を加えた．

　現在は妊産婦や胎児・乳幼児・小中学生の医療・健診データ，歯科・眼科等の検診結果等や予防接種記録は地方公共団体や医療機関が持ち，医療機関を利用した時に処方された薬剤情報は 2 次元バーコード等を本人が持っている．災害から得た教訓を次世代へ活かす公共事業として，これらの情報を本人同意の下に有効に利活用するための仕組みを構築し，これを利用した妊娠・出産・子育て支援や救急時の医療のための PHR（Personal Health Record）アプリを提供するシステムを開発予定である．これは，事業者が持つデータや妊産婦本人が計測したデータを本人が管理し自らの意志で事業者に提供することで，母子の健康支援や救急医療の質を高め，データの 2 次利用を可能にすることを目的としている．これまで，災害時の妊娠・出産・子育て支援は人道支援団体等によりほぼボランティアベースの支援で行われてきたが，今回，東日本大震災時には経済循環性のある民間ベースの支援で自立／自律した形でなし得た支援事業となった．地域や医局，組織の枠を越えて，震災を機に被災地の産婦人科医師の人柄に触れ，慕い，尊敬し，「支援する側・される側」ではない人間関係ができた．被災し全てを失ってもなお地域のお産環境を再興しようとする奮闘や信念，気力と復興への志に励まされると共に，仲間として被災地の母子を守った産婦人科医が全国から 15 人も集まり，後継者が育つまで，応援していきたいというネットワークとして，今でも続いている．

第 8 章 次世代を守るための災害時地域連携と PHR システム構築 237

2011 年 3 月 11 日，東日本大震災が発生した．震災当日，日本プライマリ・ケア連合学会員の医師の間でメールが飛び交い，理事長指揮の下，どのような形の救援・支援ができるかということを模索していたが，学会として災害援助活動の経験がない立場としては，被災後約 3 日目以降の亜急性期から中長期を目標として，地元の開業医，診療所レベルの医師等，基本的には個人ベースで開業しているプライマリ・ケア医師，家庭医，総合診療医のサポートをするという方向性が固まった．他団体との協力が不可欠と考え，自治医大の同窓会グループ，地域医療振興会等，地域医療やプライマリ・ケアを担う組織と連携していくこととなった．情報・人材・ロジスティック・物のシェアという形で，大きな支援の枠組みができ，3 月 17 日には PCAT（Primary Care for All Team：日本プライマリケア連合会東日本大震災プロジェクトチーム）を発足させ，被災した診療所，避難所での医療保健活動や避難所での生活を公衆衛生面等からサポートすること，仮設住宅や自宅を建設する人びとの健康を支えることをミッションに掲げて支援活動を開始した．被災した人びとがコミュニティーに戻る，またはコミュニティーを再形成する，そして自分たちの生活を己の力でもう一度始める，というところまで支援することを目標とした．日本プライマリ・ケア連合学会の方向性は地元サポートタイプの支援であり，被災地の医療機関の自立を助けることを旨としているという意味でも津波被害で重要とされる中長期の支援に適していた．このような支援には多職種が必要とされたため，多職種を集める目的で各職能団体に協働を呼びかけ，医師以外にも歯科医師，栄養士，保健師，理学療法士や作業療法士，鍼灸師，学生等，生活を支える多くのマンパワーが集まった．そのため，筆者のような災害医療とは無縁の産婦人科医や日本助産師会とも連携する素地があった．3 月 17 日から内科の派遣医師第 1 陣が現地（気仙沼，石巻）視察，ニーズアセスメントを開始し，地元医師のサポートに回った．

3 月 28 日には，元々産科診療能力を持つ 2 人の家庭医，藤岡洋介医師と綱分信二医師が現地視察を行い，母子保健分野のフォローの必要性を実感し，本部に伝えていた．南三陸や女川町等沿岸地域では，インフラが断絶しスタッフ

は被災し，アクセス不能で，膨大な作業をかかえ，母子保健事業が麻痺しているため，妊産婦・新生児の安否・所在位置情報を誰も把握できていない状態だった．2人の医師は石巻地区の避難所で8人の妊産婦を確認し，妊婦検診に準じた診察を行ったが，患者さんたちはガソリンもなく，次はどこで診察を受けられるかもわからない状態だった．

最初に入った南三陸町避難所の救護所では，大けがした重症患者を診るつもりで来た災害医療支援チームの医療従事者から，妊産婦さんの情報が全く集められなかった．

災害医療専門家は「えーっと，○○で先日臨月の人がヘリで運ばれたのは聞きましたけど……．うーん，確かに余り気にしてなかったなあ．保健師さん達が，知ってるかも」とのことであった．

次に入った地域最大の避難所の班長さんたちから聞き取り調査をしたところ，「妊婦さんも数日前には何人かいたけど，もう皆どこか別のところへ避難したみたい」．保健師さんによると，「町内の他の避難所には何人かいるらしい」という．

そこで2人の医師が集会所や小さな避難所に行ってみると，そこには妊産婦さんがいた．自宅が流されて親戚宅に身を寄せている27週の初産婦さん．避難所にいる32週の妊婦さん．

その後も女川や石巻で避難先や自宅にいる妊産婦さんを発見し，診察をした2人は驚いた．妊娠高血圧，妊娠糖尿病，甲状腺機能亢進症，帝王切開の既往等リスクのある人が多数見つかり，早めの受診を勧めても，アクセス方法がないという．中でも妊娠38週の方は臨月にもかかわらず，震災後2週以上妊婦健診を受診できず，かかりつけの産科も被災し，お産場所も決まっていなかったため，自衛隊に産科受診のための輸送を要請することとなった．

かかりつけの産科が被災して受診できない妊産婦さんがいるかと思えば，かかりつけの産科は診療再開していても妊婦検診に行く足がなく困っている妊婦さんも多かった．なにより，この震災の中，妊婦でいることに不安を感じていた．避難所では自分だけ食料を多くもらうわけにはいかないと，他の避難者と

同じく1日1個のおにぎりで過ごしている妊婦さんもいた．妊産婦は，普段の生活よりも多いカロリー（200～500kcal前後）が必要，というのが鉄則で，エコノミー症候群予防のために通常の倍以上の水分摂取を推奨されるところだが，そのようなことを提案できる状況ではなかった．

2人の医師は4日間で南三陸町・石巻市の遠隔地域である雄勝地域・女川町といった交通アクセスが大変悪い地域で，広範囲の捜索を行い，9人の妊婦を確認した．その中にはリスクの高い妊婦，日本語のコミュニケーションが難しい外国人の妊婦もいた（図表8-1）．

このような中，リプロダクティブ・ヘルス・ケアがおざなりになっていることに心を痛めたPCATコーディネーターの林健太郎医師から，公衆衛生学的視点を持った産婦人科医である筆者に現地派遣を打診されたのが3月20日のことである．林医師は3月19日に現地入りした際，志津川病院の医師と交わした会話から，東日本大震災の現場におけるリプロダクティブ・ヘルス・ケアの欠如に気づいた．

図表8-1

地域	年齢	産科歴	週数	リスク
南三陸町	21	G1P0	27w1d	なし
南三陸町	32	G3P2	34w5d	なし
南三陸町	29	G1P1	産後1ヶ月	なし
女川町	28	G1P1	38w2d	なし
	26	G2P1	32w2d	帝王切開既往，妊娠高血圧症，
	25	G3P1	20w4d	甲状腺機能合併（PTU内服），尿糖4＋
	18	G1P0	24w5d	若年
	34	G3P2	34w	帝王切開既往，産後大出血の既往
針岡	38	G1P1	31w4d	帝王切開既往，ATLA（成人T細胞白血病ウイルス抗体）陽性，高齢，タイ人（日本語難）

（出所）藤岡医師の避難所巡回記録より

被災医師「まあご覧の通り様々な医療チームでごった返している．それにしても昨日はお産取らなければならなくて大変だった.」

派遣医師「こんなに医療チームがいるのに産婦人科の先生はいないんですか？」

被災医師「それもそうだな……そういや災害医療団の中では，一度もみたことないな……」

　林医師はそれまで国際的な人道支援に携わっており，「災害時でも平時でも出産は止められない」．しかし，お産は自然で日常的な営みで，災害時に救うのは非日常に苦しむ人々であるとの認識から，国際的な緊急人道援助の世界，災害医療・紛争医療の中でも Reproductive Health はつい最近までおざなりになってきた分野であることをよく知っていた．林医師はまた災害急性期・亜急性期には，自然行為ではあるものの死亡の危険性がある出産を条件の悪い所で迎えなければいけない妊婦のリスク，災害亜急性期・慢性期において多発するレイプ・中絶を含む性的な問題，そして，慢性期・超慢性期の難民キャンプ・仮設住宅等にて顕れる人口問題等についての知識を持っていた．UNFDP（国連人口基金）がリーダーとなり，2〜3年前から災害・紛争時の母子保健対策の重要性を世界に発信してきたが，それは，発展途上国向けの情報であり，先進国といわれる日本でこの事実を認識していた専門家はごく少数であったようである．それほど，災害や紛争と母子保健というカテゴリーは日本社会の中では未開拓の分野であった．そのような理由から，筆者のような母子保健専門家を被災地に送り込んだ災害支援チームはこの PCAT とイスラエルから来た医療チームだけであった．今回の震災で唯一海外からの医療支援を受け入れた南三陸町に，彼らは内科，外科，小児科，産婦人科，耳鼻科等で構成される自前の"移動診療所"を持参してやってきた．ハイチ等の国外の災害に派遣された経験を持つこのチームは，豊富な機材を有し，特に産科では，ポータブル超音波や内診台のみならず分娩台，新生児蘇生設備まで携えてきた．「彼らは被災地でもお産があることを当然としている」そのことに感銘を受けた藤岡，綱分両医師は女川の妊婦を共に診療し，災害時の妊産婦ケアが抜け落ちていること

写真 8-1

を痛感した．

　2人の医師は，当初，地域に残されていた中核病院の産婦人科を訪ね，手伝えることはないかと申し出た．しかし，「大学病院からの人が十分いて，病院内の業務は十分まわせています」との答え．

　「でも地域に取り残された妊婦さんは？」と聞くと，「それは，病院に来ていただかないとこちらでは何ともできません」．

　多くの産科医は病院勤務医の視点であり，移動手段を持たない被災妊婦さんたちのために自分たちの産科診療を出前して運ぶというアウトリーチの概念がなかったのである．

　ある避難所で，1歳の子供を診に小児科チームが来ていたが，妊娠している母親は診てもらえなかった．ある産後1カ月の褥婦さんのところにも子どもを診察するために小児科チームが来ていたが，お母さんはノーケアだった．

　これらの光景を目にするにつけ，2人の医師は，「被災地では忘れられてい

る妊婦さんがいる」——妊婦は病気ではないから？　診ることができる医者がいないから？　と疑問を感じ，災害時の妊産婦対応への問題意識を持った．

　筆者は4月1日に現地入りしたその日より，藤岡医師から引き継いだ情報をもとに避難所を回って妊婦健診を開始した．妊婦さんの情報が書かれた紙カルテを1枚ずつ大事に保管し，避難所を3カ所回ると，もう日が暮れてしまう．避難所間は車で2～3時間走らなければ辿りつかないほど離れており，途中のガソリンスタンドは，5軒に1軒が開いているかどうかで，開いていても長蛇の列であり，ガソリンが持つかどうか冷や冷やしながら避難所を訪ねて回った．

　筆者が託されたカルテをみて，妊産婦さん専用の災害時カルテがないことに気づいたのもこの時である．日赤，DMAT，自衛隊，どの災害援助チームのカルテにも妊娠に関するチェック項目がなく，これでは妊産婦さんに特有の問診事項，注意事項が抜け落ちてしまうことが懸念された．母子健康手帳も失った方が多い中，時系列で妊娠経過の変化に注意していないと，急変に対応できないと感じた．また，コピー機もないので同じ患者さんの紙を束ねるか，書き写すか，持ち歩くしかなく，訪問者によって問診項目が違うという状況を避けるため，何回かの現地派遣後，筆者らは妊産婦専用のアセスメント・シートを作り，使い始めた．これは日本で唯一の災害時妊産婦リスクアセスメント・シートとして，自治体等で活用されている（資料1～12）．

　妊婦は被災地にて，最も気をかけなければならない弱者であり，出産という，自然行為ではあるが大変リスクの高い事象を迎えることが予測されるということ．居場所と安否，状態を誰も把握できない集団であること．筆者はこれらのことを行政に伝え，即座に対応してもらおうと，県庁の医療整備課，子育て支援課を訪ねた．担当官と現地の妊婦さんの情報を共有し，妊産婦把握の重要性と自分たちが妊婦健診，新生児訪問を代わりに行えることを伝えた．同時に石巻圏の医療機関（産婦人科）を調査し，石巻日本赤十字病院を拠点に，保健師と連携して被災した妊婦を医療機関へつなぐ作業（居住場所・リスク等の情報提供，紹介状作成）も並行して行うことにした．

第 8 章　次世代を守るための災害時地域連携と PHR システム構築　243

当時，公共政策について，何も知らなかった筆者は，臨床医として自分ができることは何もなく，現場で母子保健（特に妊婦さん）のニーズ開拓をし，妊婦健診・産後訪問等産科分野の地域医療・家庭医療について現状把握をし，お産難民を生じさせないための体制作りについて行政にアラートを出すことしかないと考えた．行政は行政で疲弊し，母子保健に回せるマンパワーもエネルギーもない．高齢者，障碍者，精神疾患，慢性期疾患，難病等様々な人びとのケアをしなければいけない保健行政は，日常での業務に加え，災害時対応という不慣れで負荷が大きい感情労働にパンクしてしまい，母子のことまで手が回らないのも当然であった．

県庁では，実際の妊婦さんがどうされているか，情報を吸い上げるための市町村役場や保健師さんからの情報ルートが壊滅状態と聞いた．医療整備課では藤岡，綱分医師が作成した妊婦さん情報及び診療記録を直接届けたことで大変感謝をされ，末端の母子保健情報を共有するシステムの必要性を感じた．県庁でもこれらの妊婦さんが今後の仮設住宅移転や産後ケアについてどうして欲しいのかわからない，優先的に仮設住宅に入ってもらうことは可能だけれど，仮設住宅に入りたいのかどうかもわからない，とのことで，非常時に現場のニーズを掘り起こして直接届けることの重要性を痛感すると共に，行政と連携し，必要なものを必要な人に届ける民間の力が必要だと感じた．

家庭医の先生方とディスカッションを重ね，県庁では医療人材支援が飽和状態というようなことを聞いたが，これはあくまで救急医療としての話で，慢性期医療，在宅ケア，高齢者の循環器疾患予防，母子ケアというようなきめ細かな医療に関してはまだまだ状況把握ができておらず人手不足であるということを確認した．戸別訪問や在宅支援に関する実働部隊としてのマンパワーが必要であると判断し，PCAT 本部に連絡した．

その後，4 月 10 日には交替の池田裕美枝医師（産婦人科，総合内科）が現地入りをした．この池田医師は通算 3 回（4 月 6 日〜18 日，4 月 28 日〜5 月 6 日，5 月 18 日〜22 日）も現地に赴き，精力的に石巻地域の母子のケアに従事したほか，ユニセフから請われ，より広域の支援活動を行った．前述の 8 人の妊産婦

は実家や親せき宅に移っていたため電話でフォローアップしたが，震災発生から1カ月の間のお産は地域で唯一残った中核病院の産婦人科で取り上げられていた．ほとんどが飛び込み出産となり，連日の分娩が1日数件に上ったため，産婦は産後3日目に退院させざるを得なかったそうで，産後フォローや新生児のフォローはできない状態であり，この病院から筆者らのチームへ，産婦新生児のフォローを委託された．市の保健福祉課とやり取りをしながら東松島市，石巻市での妊産婦及び新生児のフォローを開始したが，散り散りになっている妊産婦を訪問して回るのは産婦人科医の有志だけではできなかった．この病院は，被災地を14にエリア分けし，集まった医療団体を振り分けていたため，PCATはこの14のエリアの避難所を実際に回ることで詳細な情報を入手し，前述した市と共有するアセスメントシートを用いて調査を行い，避難所の妊産婦や新生児の有無，診察内容を，毎日石巻市に提出するようにしていた．隣の東松島市からも母子保健専門家の応援を要請され，筆者ら地域産科支援チームが支援をした．

　地域の基幹病院の産婦人科医にも現時点で把握している避難所在住妊婦さんの情報提供をし，分娩受け入れの余裕がないこと，産後の入院が2～3日間であるという現状を確認した．あまりの過重労働に，産婦人科医が憔悴しており，倒れてしまわれないか心配になったほどであった．

　元々石巻地区にあった分娩施設は石巻日赤病院と開業産科医院4つで，それらの病院で石巻周辺の150件／月の分娩を診ていた．A産婦人科が開業医では多くの分娩を扱っており，月間40～50分娩であった．震災直後は分娩が可能な施設は中核病院だけであったため，入院病床が不足し，正常分娩は産後3日で，帝王切開分娩は産後4日（当時の半分の入院期間）で退院していた．この間，退院する母に対して産後の授乳指導，育児指導等のケアは行えず，後から石巻市の保健師さんに訪問してもらう目的で，退院時に携帯電話番号を聞いてあったが，震災後1カ月の間に退院した褥婦，また震災後1カ月の間に1カ月健診を予約していた妊婦の約150人程度（推測値）のフォローが行われていない状況が続いた．産後のケアが十分に受けられず，誰もサポートできない状態だっ

たが，4月12日より東京助産師会の「東京里帰りプロジェクト」と日本助産師会が助産師の人材派遣を決定してくれ，訪問診療に長けた助産師が週に2人，総計50人以上もの助産師を半年間派遣してもらえたため，筆者ら地域産科支援チームとの合同で現地の妊産婦支援が本格的にスタートした．

　この時，周産期の復興に伴い，家庭医や助産師による妊婦健診及びセミオープンシステムの構築を目的に妊婦健診までカバーする家庭医を派遣する企画や地域の産婦人科における電子カルテデータ共有システム作り，遠隔地でもデータがみられる母子手帳のIT化等現場の実情に即した様々な計画が立てられ，後述するPHRシステムの原点となった．

　産婦人科医として被災地支援をする中，

① 　妊産婦さんは，本当は「赤ちゃんが無事かどうか確認したい」「自分の妊娠経過が順調かどうか診察を受けたい」と思っているが，災害医療支援者が診察するのは，より重症な人であるという遠慮から，医療受診をためらいがち

② 　自分だけが手厚い待遇を受けることを躊躇し，また，家族と離れたくないために妊娠を隠しがちであるため，救護所の中で待っているのではなく，こちらから避難者の中に入って行って話す姿勢が必要

③ 　災害医療援助隊には妊産婦や新生児の栄養に関する留意点，マイナートラブル，対処法，使用できる薬に対する知識を持たない人員もいるため，積極的に情報提供すべき

④ 　訪問診療に最低限携帯するべき備品（本文中リスト参照）を用意することも大切だが，一番大切なのは声掛けや傾聴，支持，承認の態度．遠慮しがちな妊産婦には，「大丈夫ですか」ではなく，マイナートラブルを丁寧に聞いてあげるような質問の仕方の方が症状を表出しやすい

⑤ 　可能であれば妊産婦を一カ所の避難所に集めると，食事や待遇，休息等を遠慮することがなく，支援も集まってくるため効率的

という点が大きな気づきとなった．

　避難所，被災地でのリプロダクティブ・ヘルスに関しては，望まない妊娠の増加の可能性，妊娠に気づかず必要なケアを受けられなかったり子宮外妊娠を

見逃したりする可能性等を考えて，コンドームと妊娠反応検査薬，低用量ピルを持参して回った．筆者ら地域産科支援チームの担当している避難所，及び訪問診療では妊娠可能年齢の女性がいなかったため，他の避難所で医療班と話した時に提案した．妊娠反応検査薬は，志津川小学校の避難所の医療班にお話ししたところ，その重要性を認識していただいた．一方で，複数の場所で「避難所では性交渉する場所や時間がない」といわれ，コンドームと低用量ピルは受け取られなかった．リプロダクティブ・ヘルスに関しては，日本ではタブー視されている現状が認識されていないと感じた．

2．PHR システム構築への序章

ライフラインが復旧してきているとはいえ，市の広報やお知らせは届きにくく，また，状況が刻々と変化するために，避難している妊産婦は産婦人科の状況を把握するのが困難であった．被災前の住居からは遠隔地に避難している状況も考えられ，その場合は更に情報が少なくなる．そのため，石巻地区の妊婦に状況を伝えるために携帯電話のメーリングマガジンを提供することにし，NPO 法人の力を借り，地域の基幹病院の産婦人科医の許可を得て発信を開始した．内容は主に産科外来の診療時間，地域の開業医の状況と診察時間，その他にも分娩予定の妊婦に伝えたいことを配信しつつ，万一，再度の震災が起きた時の伝達手段としても機能するよう作られた．

元々，日本特有の里帰り分娩の風習や，妊娠期が医療の所管となることから，期間限定の妊産婦及び乳幼児は地方自治体の安否確認システムを確立しにくく，大規模災害が起こった際は自ら妊娠していることを表明する必要があるということが明らかになっている．ほとんどの地方自治体では母子手帳配布により妊産婦の情報を把握しているが，個人情報保護の観点から，災害時でも行政が個人情報を出せない場合もあり，本人の医療情報を開示するためには平時からの取り決めが必要となる．近年では PHR システム構築により，電子カルテと連動させて全ての健康情報を一元管理し，個人の携帯電話やスマートフォンの位置情報を得ることが可能となった．東日本大震災の際，行政と支援団体

の優先順位では，自宅が流された人が優先となり，集団生活を営むことが難しい母子は劣悪な環境下でも車中や自宅にとどまっていたことがわかった．支援の弱者が引け目を感じないように将来の大規模災害に備え，人口の1％を下回るマイノリティとなった妊産婦・新生児を発見し救出するためにはこれまで以上に緻密な医療・地方自治体・官民連携のも危機管理体制が必要となる．

　2012年にA自治体で災害時母子救護所事業が立ち上がった時も，妊産婦さんに届く形で情報を伝える携帯メールマガジンシステムがセットで加わった．これは，妊産婦さんとそのパートナーに毎日短いメッセージが送られるメーリングマガジンで，毎日，赤ちゃんの様子，お母さんが気をつけなければいけないことが優しい文章で届くため，いつでもどこでも誰かとつながっている，いつでも時間のある時に読める，という特長がある．妊産婦さんがパソコンを開かなくても必要な情報が届く仕組みを，平時の地域のコミュニケーションや災害対策にも活用する目的で作られたこの携帯メールサービスが持つ妊産婦・乳幼児向けの災害対応型情報システムとしての可能性について述べる．

　この「きずなメール」というシステムは，震災後の石巻でも被災母子のために役立っていた．

　A自治体では，筆者が中心となって区民と共に災害時妊産婦・乳幼児救護所プロジェクトを立ち上げ，2013年度より区の事業として予算化されたが（2013年度），同時に「きずなメール」もA自治体子育て支援課の事業として導入され，産前・産後のメッセージが無料でA自治体在住・在勤の妊産婦に届けられることになった．地方自治体としては，妊娠中や産後の健康情報，胎児や乳幼児の医学的知識，地域の情報を妊産婦及び乳幼児を持つ家庭に伝えられるというメリットもあり，また，このように相手の懐に入っていく情報の伝え方は，孤独な子育てになりがちな都会の家族にはとても効果的である．個人の負担とならないため，経済的格差が障害にならないところも，地方自治体が主体となって「きずなメール」を導入する意義がある．

　A自治体では年間1,800件の分娩があり，区内の分娩取扱い施設は4つの大学病院と2つの都立病院，そして1つの助産院で，開業医院で分娩を扱ってい

るところはない．大学病院で出産する妊婦にはハイリスク妊娠の症例が多いことから，災害が起こった際の大学病院への負担を減らすためにも，ローリスク妊婦や産後症例はできるだけ地域の妊産婦・乳幼児救護所で引き受けること，大学病院へ殺到しないよう，妊産婦・乳幼児救護所の情報を流してそちらに誘導することが望まれる．そのため，妊産婦・乳幼児と双方向性でつながることのできる「きずなメール」は，平時ばかりでなく災害時に役立つ可能性もあると考えられている（図表8-2）．

妊産婦向け携帯メール情報発信ツールとしての「きずなメール」の登録者状況についてA自治体の協力で情報を得たので報告する．A自治体では，災害時に妊産婦や乳幼児が避難しなければいけない時に備え，地域の避難所が母子の安全をサポートするために必要なツールを東京都助産師会の協力を得て開発し，どの地域でも同じ質の高さで研修を実施できるようにした．それらのツールは，今後も実際に妊産婦救護所シミュレーション・ゲームの中で使用し，改

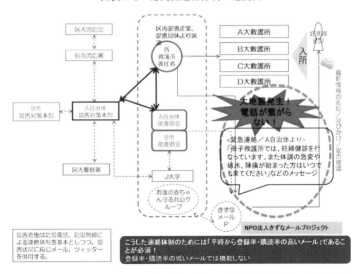

図表8-2　発災後連絡体制　連携図

（出所）　吉田穂波（2015）「大規模災害時に向けた公衆衛生情報基盤の構築に関する研究」平成26年度研究報告書，24-29頁

善を加え，有効に機能するものを作り上げていく必要があると同時に，研修を行うことで「顔のみえる関係を作る」ことをねらいとしている．

われわれの研究班（厚生労働科学研究費「妊産婦・乳幼児を中心とした災害時要援護者の福祉避難所運営を含めた地域連携防災システム開発に関する研究」（研究代表者：吉田穂波））での研究の一環として，2013 年度に，A 自治体子育て支援課に情報開示を依頼し，2013 年度（2013 年 4 月から 2014 年 2 月まで）のきずなメール登録者数，無効者数（停止，解除等）を調査した．2014 年度には母子が避難する際に必要となるアセスメント項目に関し，ワーキング・グループで項目を抽出し，チェックリストやアセスメント・シートを作成した．

研究結果であるが，「きずなメール」登録の告知方法としては，子育て支援課の窓口で母子健康手帳を手渡す際にきずなメールのチラシを一緒に渡す，区のホームページできずなメールの存在を知らせる，等がある．登録につながった周知方法の中で最も多かったのはチラシであり（44%），妊婦の中でも最も多かった（47%）．A 自治体で 2013 年 4 月より「きずなメール」を導入して以降，「産前版きずなメール」の配信者数は 2013 年 4 月の 141 人から 2014 年 1 月の 227 人まで 1.6 倍に上昇し，通算 584 人が「きずなメール」を使用した．出産すると産前版を解除し，産後版に移行するが，登録者数は A 自治体における妊婦全体の 13% に達している（図表 8-3, 8-4）．

「産後版きずなメール」の配信者数は 2013 年 4 月の 391 人から 2014 年 1 月の 1,098 人まで 1.6 倍に上昇し，通算 1,291 人がきずなメールを使用した．こ

図表 8-3　きずなメール産前版　配信数の推移

産前メール	4月	5月	6月	7月	8月	9月	10月	11月	12月	1月
登録アドレス数（通算）	158	217	272	303	350	380	430	475	501	584
配信中	141	181	210	196	203	221	213	226	209	227
無効（停止，完了，解除）	17	36	62	107	147	169	227	250	289	357
スタート時の 4 月 = 1 とする	1.0	1.3	1.5	1.4	1.4	1.6	1.5	1.6	1.5	1.6

（出所）　図表 8-2 に同じ

250　第2部　医療連携における実践

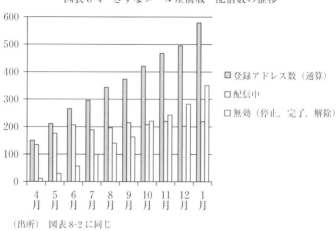

図表8-4　きずなメール産前版　配信数の推移

（出所）図表8-2に同じ

の産後版は生後3歳まで継続してメッセージを受信できるため，停止，解除者数は2014年1月の時点で193人であり，配信者数の17.5％に満たない．8割以上の産後女性が満足して受信しているということがわかった（図表8-5, 8-6）．

　われわれのワーキング・グループによる検討では，実際に一般避難所，または急性期救護所に常備しておくためのツールが開発された（資料1～12）．一般避難所内では特に，妊産婦は認知されにくく，そのニーズが把握されにくい存在である．これらのツールは，災害時母子救護所研修において実際に利用され，フィードバックを経て改善され，地域の実情に合わせて改変が可能である．また，研修を通じて妊産婦と乳幼児を把握することの困難さと意義を感じ，行政，消防，医療，教育分野の中で地域連携が進んだことも副産物の1つである．

　例えばある地方自治体の年間分娩数が1,800であれば，1日5件の分娩があり，ひと月に150件前後の妊娠判明があるということである．妊娠初期の妊婦は，特に初産であればなおさら，妊娠の経過に不安を抱きがちであり，妊娠中の母体や胎児の知識を得ようとするものである．また，産後，分娩取扱い病院

図表 8-5　きずなメール産後版　配信数の推移

産後メール	4月	5月	6月	7月	8月	9月	10月	11月	12月	1月
登録アドレス数（通算）	422	528	628	711	829	889	989	1,101	1,150	1,291
配信中	391	485	574	639	732	789	863	954	981	1,098
無効（停止，完了，解除）	31	53	54	72	97	104	126	147	169	193
4月＝1とする	1.0	1.2	1.5	1.6	1.9	2.0	2.2	2.4	2.5	2.8

（出所）　図表 8-2 に同じ

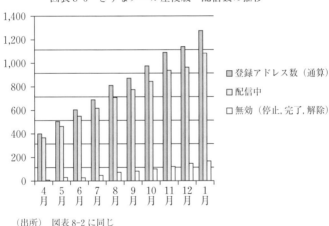

図表 8-6　きずなメール産後版　配信数の推移

（出所）　図表 8-2 に同じ

から退院後は，産後1カ月後健診まで自宅で過ごすことが多く，この時期にも，不安や孤独を感じやすいことがわかっている．このような妊産婦に対し，プル型（妊産婦自らが出向いて情報を探しに行くタイプ）の啓発・周知方法ではなく，「きずなメール」のようなプッシュ型（行政や地域の方から妊産婦に向けて情報を届けるタイプ）の情報ツールは効果的である．また，災害時の連絡体制のためには「平時から登録率・購読率の高いメール」であることが必須であり，登録率・購読率の低いメールでは機能しないが，平時から毎日メッセージを送る「きずなメール」のようなシステムであれば，継続率が高く，脱落者も把握し

252　第2部　医療連携における実践

やすい．このような中，妊婦の6人に1人はきずなメールを受信しているということは，発災直後のインフラが麻痺している時期は別にしても，災害時の情報発信ツールとして活用できる可能性があり，今後とも，災害時の妊産婦・乳幼児に向けた双方向性のコミュニケーション手段として検討される余地があると考えられる．受信継続率を上げるための工夫を図表8-7に示した．現在は，母子健康手帳を取りに来る際のチラシ配布やHP等で周知をはかっているが，マンパワーと，非常時のリスクマネジメントという意義が付加されれば，もっと積極的な方法も検討することができる．

　避難所，あるいは被災地で妊産婦や乳幼児を把握するために有効なツールとして，筆者の研究班による検討において開発された災害時母子救護チェックリスト等は自治体等の母子救護所研修で使用され，静岡県が開発したHUG（避難所運営ゲーム）におけるシミュレーショントレーニングの中で利用し，実際の発災時にどのように活用できるのか検討されている．研修におけるフィードバックを活かして改善し，より有用性の高いものに改変したことで，地域の実情に合わせたマニュアルや連携体制を作るための実践的な基盤を開発することができた．

　このようにして，A自治体で行われている妊産婦・乳幼児向けのコミュニケーションツールであるきずなメールの現状を把握・整理し，災害時の妊産婦，

図表8-7　登録者率向上のための要因

登録の段階	方　法　例
1. リクルート	面接，チラシ，両親学級等
2. 参加者との連絡方法	郵送，電話，FAX，メール等
3. 出産後の連絡方法	郵送，電話，FAX，メール等
4. 登録継続の工夫	ニューズレター等
5. 事務局の体制で必要なこと	母親のトレンドや情報源に詳しい人材，役割分担，人材育成の機会，広報担当者
6. 連携組織	医療機関，行政，教育機関，町会，児童委員等

乳幼児対策に関する情報の発信及び収集に関する検討を行ったことで，今後，地域差を踏まえた登録のための要因抽出，及び電子母子手帳や病診連携ツール，スマートフォン等と組み合わせ，実践可能な情報の発信及び収集が可能な制度設計につき，より良い方法を展開するための示唆が得られた．

　今後は，妊産婦・乳幼児の所在把握と共に，妊娠中の教育・啓発活動等で自助を強め，在宅避難している母子が孤立しないよう，避難所ではなく自宅にいられるように，自宅避難者へも支援ができるような情報拠点の場所，及び支援物資を受け取れるような援護所の必要性が注目されている．母子や家族は地域の紐帯形成のカギになる存在であり，より効果的な母子支援が可能となれば，被災地域の家庭やコミュニティーのスムーズな復興，再生につながる．今回は災害時母子救護のための情報共有方法やアセスメントツールの検討の機会を通じ，災害時の母子救護所，母子避難所における解決策が明らかになり，今後の日本の災害時母子保健対応を成功させるために重要な知見が得られたと思われる．また，研修を通じて，母子を取り巻く関係者同士が接点を持ったことが有益な情報交換の場となり，既存の母子保健体制にとって相乗効果が得られたことも特筆すべきことである．わが国において，今後地域の実情に合わせた災害時周産期医療・母子保健対応連携を設計する際には今回の分析からみえてきた知見を活かし，更に良い研究成果を生むために複数の研究を統合させていく等，新たなアプローチが必要となるであろう．

3．PHR システム構築黎明期

　筆者は，東日本大震災の支援経験から，母子健康手帳の大切さに気づいたと同時に，災害時に胎児や妊産婦さんの命を守る機能を母子健康手帳に持たせられないかと考えた．

　災害時の備えについて考えることで，周囲の人との関わりや，助け合える環境作りを促すことも，平時からできる効果的な母子支援だ．東日本大震災では，多くの子育て世代が，子育て仲間と助け合い，支え合える関係の重要性を再認識した．筆者が地方自治体と共に取り組む妊産婦向けの防災啓発活動で

254　第2部　医療連携における実践

も，災害時を考えることで人間関係資本を見直すことにつながっている．例え
ば，子育て世代が平時から備えるべき非常時用備品以外にも，頼ることができ
る相手をリストアップし，連絡先と連絡手段を複数持っておくこと，母子手帳
の情報を携帯電話やスマホの写真，クラウド等あちこちに保存しておくこと，
災害時の受診先を確認しておくことを勧めることで，平時から，人と頼り合う
関係作りを促進することにつながる．

　また，医療関係者の側からは，事前に自治体と相談して災害時の母子支援方
法を確認し，妊婦健診や予防接種等の母子保健制度を災害時にどう復旧させる
かという制度設計が必要だ．妊娠・出産・子育てに関わる組織横断的な取り組
みにより学童期，成人期の健康との関連要因や予防方法を分析し母子コホート
研究の手法を用いて解明することができるし，医療・保健・自治体等のデータ
が統合され，本人が継続して管理できるシステムができることで，子育て中の
母親や子どもたちの背景や成育環境まで含めたトータルヘルスケアを提供でき
る．筆者らの研究班では，平時は妊娠後母子手帳の内容を妊婦各自のスマート
フォンにアプリをダウンロードしておき，平時から母子手帳をスマートフォン
のカメラ機能にて撮影記録しておくと医師からの注意点，経過，連絡先，かか
りつけ医等特有の妊婦情報を記録できるというアプリを開発し，実証段階に入
っている（図表8-8）．このアプリは母子健康手帳の構成を見本にして，ア）問
診票，イ）災害時の豆知識の提供，ウ）母子手帳記録，エ）災害時の位置情報
提示機能，カ）データ管理（集計），から構成されており，平時は母子健康手
帳データのバックアップ機能として，災害時は妊産婦や乳幼児の所在把握と安
否確認のツールとして活用できるようにした．問診票画面は，災害時現在の妊
婦の身体状況を救護所等で，妊婦数，1歳以下の乳児数，妊婦の傷病有無，妊
娠状況等を入力する．送信されれば，自動的に集計される．マメ知識画面で
は，平時から災害時の心構えや準備品，災害遭遇時の対応について知ることが
できる．普段からの関心を高めることによって減災に結びつけるねらいがあ
る．母子手帳記録画面では，妊娠後母子手帳の交付を受けた後に災害時の位置
情報提示機能では，各スマートフォンの位置情報をON にしておけばGPS に

図表 8-8 災害時に妊産婦の安否確認を行うアプリ
「妊婦災害支援ネット」

平時／災害時
両用アプリ
○平時は母子健康手帳記録をバックアップ
○有事の際は空メールを送るだけで位置情報を伝達し安否確認に利用

より妊婦の位置がわかるため，集計時に救護所等に滞在している妊婦数が把握できる．データ管理（集計）では上記のデータを自動的に集計し，CSV 形式にて書き出しができるため，個人が自分の情報を保管できる．このまま無料クラウドに上げておけば，母子健康手帳を紛失した際でも記録が残るため緊急時の対応や災害時の分娩に有利である．

現在，筆者を中心とした研究チームが開発したマニュアル・研修内容等（図表 8-9）を全国の各地方自治体で普及に努めており，多くの自治体で災害時母子避難所が事業化されようとしている．また，2015 年 4 月より施行された内閣府少子化対策大綱には災害時の乳幼児等の支援について「地方自治体において，乳幼児，妊産婦等の要配慮者に十分配慮した防災知識の普及，訓練の実施，物資の備蓄等を行うと共に，指定避難所における施設・設備の整備に努め，災害から子どもを守るための関係機関の連携の強化をはかることを促進する．」と書かれており，母子保健の方向性を決める厚生労働省の第 2 次「健やか親子 21」（2015 年 4 月より施行）という施策の中には，切れ目ない妊産婦・乳幼児への保健対策として「災害などの突発事象が発生したときに，妊産婦の受入体制について検討している都道府県の割合」を指標の 1 つに掲げており，今

図表 8-9　妊娠・出産・子育てにかけて切れ目ない母子保健システム

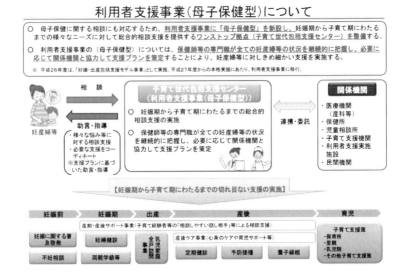

後，少子高齢化の中で見落とされがちな乳幼児と妊産婦を災害時に守る取り組みが，ますます求められる．

　今後は，資料 1 〜 12 の調査票の項目をそのまま母子向けオントロジーとしてシステムを構築した上で，この妊産婦情報を集約するシステムを実際に用いて災害訓練等で模擬使用を行い，災害時に妊婦の場所，妊婦情報（妊娠週数，合併症の有無，妊娠経緯等）の集計を自動的に得ることが可能となるであろう．産科・婦人科という特殊領域での医療ニーズの可視化と集約が可能となれば，災害の被害を受けた時でも医療支援の効率化が進むものと思われる．このシステムは妊婦に特化したものであるが，いずれは現在の広域医療情報システム（EMIS）と合わせて使用することも可能かもしれない．現場の救護所内に Wi-Fi 環境があれば戸外の通信状況が悪くとも，救護所ごとに設置されたコンピューター上で，妊産婦の状況，人数，位置に関する集計を行うことが可能となり，被災地における妊婦の把握ができるようになる．この方式は妊婦にかぎらず一般避難所内での被災者管理にも応用できる可能性を秘めている．

4．PHR システム構築の今後

自治体の母子保健サービスが構築された戦後とは異なり，高齢妊娠，不妊治療，合併症妊娠，低出生体重児，障害児等の増加により，現在の妊娠・出産・子育ての背景は多様であり，地域からのアプローチも一枚岩ではいかない状況にある．人口比でいえば0.8％の妊婦，15.2％と少数派になった母子のニーズは表に出にくいため，個人の実情に合わせた妊娠・出産・子育ての具体的な支援サービスを設計し，当事者からのフィードバックを得ながらきめ細やかに対応していくことで，育てにくさを感じる親子を減少させることにつながるのではと期待されている．

現在，母子保健に関わる事業や関係者が複雑に絡まり合い，事業や制度，業務が乱立してうまく統合されていない現状があり（図表8-10），利用者自身がデータを持っていることのメリットや各ステークホルダー間でのデータ共有，コミュニケーションツールを開発することが喫緊の課題となっている．

図表 8-10 「母子保健」事業と関連する事業のイメージ図

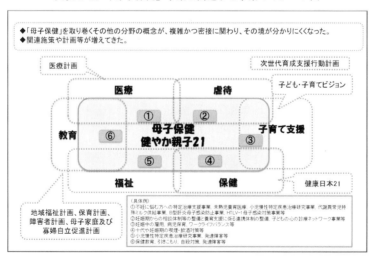

（出所）厚生労働省（2014）「健やか親子 21（第 2 次）」報告書より

258　第2部　医療連携における実践

利用者側のメリットとしては,

・健診データを可視化し,成長曲線や発育グラフ等を簡易に作成できるよう
　にする(現在は利用者や自治体が表にプロット)

・データとしては不完全な部分もあるかもしれないが,利用者の視点を顕在
　化させることができる

・利用者の受け止め方,不安感など利用者本位のデータを入力させることで
　ソフト面の発展性,拡張性が期待でき,施策に反映できる

・ステークホルダー間の共通言語を作ることで支援が必要な項目とタイミン
　グを把握でき,母子支援における連携体制,母子保健の推進体制をスムー
　ズにすることができるというものがある

　母子や家族は地域の紐帯形成のカギになる存在であり,より効果的な母子支
援が可能となれば,地域の家庭やコミュニティーの連帯や再生につながる.1
人でも多くの女性が,安心した環境の中で,その人にあった適切な「産前産後
のセルフケアと子育て支援」が享受できる社会の実現にむけ,社会全体で女性
の妊娠時期から子どもの成長と自立を支えるため,母子保健施策の中では地域
における妊娠・出産から子育て期にわたる包括支援の強化が進められようとし
ている.市町村(自治体)や産婦人科や小児科等の医療機関や保健所等から取
得する妊産婦や胎児・乳幼児等の医療・健診データを,個人健康記録(PHR:
Personal Health Record)として残すアプリの開発もあちこちで進められている.

　今まで支援の谷間となってきた妊産婦・乳幼児だが,地方公共団体(市町村
等)や産婦人科または小児科等の医療機関から取得する妊産婦や胎児・乳幼児
等の医療・健診データや予防接種記録等(例えば,母子健康手帳等に記載されてい
るもの)を,PHRアプリを介して妊産婦・保護者が管理し,地方公共団体や医
療機関,その他各種事業者が,本人同意の下にこれらのデータを利用して各種
妊娠・出産・子育て支援サービス等を提供するモデルを確立することができる
のではないかと期待されている(図表8-11).このPHRアプリを活用し,妊産
婦・保護者が管理,本人同意の下,地域連携と享受の仕組みや環境整備,技術
的課題の検証を行ったり,このPHR情報(ビックデータ)を活用し,妊産婦,

図表 8-11　電子母子手帳におけるデータポータビリティ

（出所）　PHR 利活用研究事業，発表資料より

乳幼児，小児向け医療に資する臨床及び臨床研究の推進をはかったりすることも可能になるかもしれない．また，子育て世代への情報提供だけでなく，親が子育ての悩みや心情を表出し，相談できる個別相談の入り口として，メンタルヘルスや体調のチェックシートを使ったヘルスケアのアセスメントを行い，必要に応じ専門職と対面式の対話の場を設けることで，必要な人を支援につなげることができる．また，このチェックシートからそれぞれの個人に合ったコミュニケーション方法を選択してもらうことで，対面式，ニューズレター，メールや SNS，集合型カフェ方式等，個人が最も意見を表出しやすい方法でサービスを提供することができ，必要な支援につなぐことがもっと容易になる可能性もある．子ども自身が，そして子どもを育てる人たちが周囲に気兼ねなく過ごすことができ，心から笑える社会を作るためには，母子健康手帳も，健康記録だけでなく，母子と地域の交流のツールであってほしいと思う．例えば，医療機関や保健所で一方的に数字や正常・異常の評価を書かれるだけでなく，交換日記のような存在になる可能性を秘めている．母親が「最近疲れたと思うこ

260　第2部　医療連携における実践

と」「最近困っていること」を書くと，健診等で医療従事者や保健師がそれを読み，応え，ねぎらい，「頑張っていますね，周りの皆が味方していますよ．今のままで大丈夫です」というシールやハンコをつけるということもできる．使い方によっては，親が「SOSを出しやすい」と感じるような対話のきっかけ作りになるのではないかと思う．

5．おわりに

　医療機関や自治体や母親本人がばらばらに管理しているデータを集約して共有し，活用するPHRの仕組みがあれば，妊娠・出産・子育て支援の質が大幅に向上すると期待される．これまでの研究開発や人材育成の取り組みの中で，目にみえない地域とのつながりや周囲の人との支え合いを可視化し，災害対応という観点から母子の受援力（援助希求力）を高めておくことが，平時における子育て世代の安心感と児童の健やかな成育とに寄与するのではないかと感じてきた．このPHRがその一端を担うことができれば幸いである．

参 考 文 献

吉田穂波・林健太郎・太田寛・池田裕美枝・大塚恵子・原田菜穂子・新井隆成・藤岡洋介・春名めぐみ・中尾博之（2015）「東日本大震災急性期の周産期アウトカムと母子支援プロジェクト（Primary Care for Obstetrics Team：PCOT）」『日本プライマリ・ケア連合学会誌』38，136-142頁

吉田穂波（2014）「低出生体重児の増加の原因と効果的な保健指導方法を探る」『茨城県母性衛生学雑誌』32，39-42頁

吉田穂波（2015）「小さな命を救え！　災害時の母子支援」『診療研究』505，33-38頁

吉田穂波（2015）平成26年度厚生労働科学研究費「妊産婦・乳幼児を中心とした災害時要援護者の福祉避難所運営を含めた地域連携防災システム開発に関する研究」（研究代表者：吉田穂波）平成26年度総括研究報告書（https://cloud.niph.go.jp/fileshare/download?file=XhpKkHX6vS3sniwm1TNM）

吉田穂波（2015）要援護者のうち，妊婦，乳幼児対策に関する情報の収集に関する研究．平成26年度厚生労働科学研究費「大規模災害時に向けた公衆衛生情報基盤の構築に関する研究」（主任研究者：金谷泰宏）平成26年度研究報告書，24-29頁

付 録

第8章　次世代を守るための災害時地域連携とPHRシステム構築　261

資料1　妊産婦初期対応問診票（妊婦）

初期対応問診票

管理ID:

_____妊産婦救護所　　日時：　月　日　時　分

フリガナ 氏名	様		生年月日 年齢	年　月　日 歳
妊娠中の方				
妊娠週数	妊娠　　週　　　日		分娩予定日	年　月　日
産後の方				
分娩日	年　月　日		今回の分娩	自然・帝王切開
産後日数	産後　　カ月　　日		既往妊娠・出産	回
緊急連絡先				

＊ 受付で渡したチェックリストと照合しながら記入

※当てはまるものがあれば、○で囲んでください。

主訴	腹部痛み　（部位：　　　　　, いつから：　　　　　, 性状：　　　　　）
※妊婦で	腹緊・陣痛　（いつから：　　　　　, 間歇：　　　　　, 発作：　　　　　）
1つでも	破水　　　（量：少・中・多, いつから：　　　　　, 性状：　　　　　）
あれば	性器出血　（量：少・中・多, いつから：　　　　　, 性状：　　　　　）
→ 赤	胎動消失・減少　（いつから：　　　　　, 10回カウント：　　　　分）

＊ 分娩開始兆候があれば、助産録への記述開始。搬送・緊急分娩介助に備える

呼吸	10〜29 回/分	回/分	→ 赤
脈拍	50〜119回/分	回/分・ 脈拍不触	→ 赤
血圧	90〜199 mmHg	／　　　mmHg	→ 赤
意識	従命反応あり	意識障害あり（JCS 2点以上）	→ 赤
その他の ショックの徴候	なし	顔面蒼白 ・ 冷汗 ・ 皮膚冷感 チアノーゼ ・ 震え ・ 乏尿	
発熱(37℃以上) 低体温(35℃以下)	36〜37 ℃	℃	
歩行	可能	不可能	

感染徴候	発熱（　　　℃）・ 咳 ・ 鼻水 ・ 吐き気 ・ 嘔吐 ・ 下痢 発熱と同時期に出た湿疹	→ 隔離

その他の 自覚症状	

262　第2部　医療連携における実践

現病歴	薬（　　　　　　　　　　　）持参あり・なし
既往歴	前回帝王切開　あり・なし

外傷	部位	状態	対応
頭部			
胸部・背部			
腹部・腰部			
上肢			
下肢			
その他			

アレルギー	食物　（　　　　　　　　　　　） 薬　　（　　　　　　　　　　　） その他（　　　　　　　　　　　）

対応 サマリー	経過観察 救急処置をした：（　　　　　　　　　　　　　　　　　） 搬送を依頼した：　　　時　　　分，搬送先：（　　　）病院 依頼したい内容：

記入者	氏名：　　　　　　　　　　　職種： 連絡先：

資料2　リスク票（妊婦）

リスク表（妊婦）

＊　妊婦さんの安全と万一の緊急対応に必要な質問です。　　**受付No.**

該当する欄に○をつけてください。

妊婦氏名

A. 妊娠中の検査結果についてお答えください

（検査項目）	（正常）	（不明）	（経過観察中）	（治療中）	備考
B型肝炎	なし	不明	あり・治療無	治療中	
C型肝炎	なし	不明	あり・治療無	治療中	
HIV	なし	不明	あり・治療無	治療中	
梅毒	なし	不明	あり・治療無	治療中	
淋病	なし	不明	あり・治療無	治療中	
クラミジア	なし	不明	あり・治療無	治療中	
ヘルペス	なし	不明	あり・治療無	治療中	
B群溶血連鎖球菌	なし	不明	あり・治療無	服薬中	
HTLV	なし	不明	あり・治療無		
風疹抗体	32倍以上	不明	16倍以下		
貧血	なし	不明	あり・服薬無	服薬中	
甲状腺機能異常	なし	不明	あり・服薬無	服薬中	亢進症 ・ 低下症
糖尿病	なし	不明	あり・服薬無	インスリン治療中	
気管支喘息	なし	不明	あり・服薬無	服薬中	
てんかん	なし	不明	あり・服薬無	服薬中	
慢性腎臓病	なし	不明	あり・服薬無	服薬中	病名
精神疾患	なし	不明	あり・服薬無	服薬中	病名
心臓病	なし	不明	あり・服薬無	服薬中	病名
血液疾患	なし	不明	あり・服薬無	服薬中	病名
子宮筋腫	なし	不明	様子観察中	帝王切開予定	
高血圧	なし	不明	時々高めになる	服薬中	
むくみ	なし	不明	時々ある	いつもある	
尿蛋白	なし	不明	時々陽性になる	いつも陽性	
胎盤位置異常	なし	不明	低置胎盤	前置胎盤	
羊水異常	なし	不明	様子観察中	精密検査予定	
血液型不適合	なし	不明	あり・経過観察中	処置・手術予定	
胎児の位置異常	なし	不明	不明	帝王切開予定	骨盤位 ・ 横位 ・ 他

＊　記憶がはっきりしない項目は「不明」の欄に○をつけておいてください。

B. 出産経験のある方で、下記に当てはまることがありましたか？

妊娠高血圧症候群	出産時・産後の出血多量（500ml以上）	
早産（　　　　週　）	死産	新生児死亡
鉗子 ・ 吸引分娩	妊娠中 ・ 産後のうつ症状	

264　第2部　医療連携における実践

資料3　避難所入所者名札（当事者に記入してもらう）

妊　① 　② 　③ 　待機所　　部屋　A B C D

氏名	出産予定日	年令	住所		連絡先

同伴乳幼児　無・有	名前　　　　才	名前　　　　才	備考

安否情報確認のための**情報開示**（住所・氏名・転出先等）	同意する・同意しない

＊　避難所記入欄

受付No.	入所月日	入所場所	移動	転出月日	転出先	備考

母子　① 　② 　③ 　待機所　　部屋　A 　　D

母親氏名	子供の名前・年令		備考
	（　　才）	（　　才）	

住所 連絡先	

安否情報確認のための**情報開示**（住所・氏名・転出先等）	同意する・同意しない

＊　避難所記入欄

受付No.	入所月日	入所場所	移動	転出月日	転出先	備考

妊　㊹予 　月 　日　室

妊　㊹予 　月 　日　室

母　乳 　　カ月　室

妊　㊹予 　月 　日　幼　　才　室

母　乳 　　カ月　室

母　乳　　カ月　幼　　才　室

資料 4　母子避難所入所者名簿（資料 3 を集計）

入所者名簿（　妊婦　）

（シートNo.　　）

受付No.	入所月日	情報開示	氏名	出産予定日	年令	住所	入所場所	移動	退所月日	緊急連絡先（氏名）
		可・不可				東池　西浦　南田　その他（　　）				
		可・不可				東池　西浦　南田　その他（　　）				
		可・不可				東池　西浦　南田　その他（　　）				
		可・不可				東池　西浦　南田　その他（　　）				
		可・不可				東池　西浦　南田　その他（　　）				
		可・不可				東池　西浦　南田　その他（　　）				
		可・不可				東池　西浦　南田　その他（　　）				
		可・不可				東池　西浦　南田　その他（　　）				
		可・不可				東池　西浦　南田　その他（　　）				
		可・不可				東池　西浦　南田　その他（　　）				
		可・不可				東池　西浦　南田　その他（　　）				
		可・不可				東池　西浦　南田　その他（　　）				
		可・不可				東池　西浦　南田　その他（　　）				
		可・不可				東池　西浦　南田　その他（　　）				
		可・不可				東池　西浦　南田　その他（　　）				
		可・不可				東池　西浦　南田　その他（　　）				
		可・不可				東池　西浦　南田　その他（　　）				
		可・不可				東池　西浦　南田　その他（　　）				

※ 平成26年　厚生労働科学研究費補助金 健康安全・危機管理対策総合研究事業「妊産婦・乳幼児を中心とした災害時要援護者の福祉避難所運営を含めた地域連携防災システム開発に関する研究（研究代表者：国立保健医療科学院　吉田穂波）」の調査研究をもとに作成

入所者名簿（　母子　）

（シートNo.　　）

受付No	入所月日	情報開示	母氏名	年令	乳児名	月令	住　所	入室場所	移動	退所月日	備　考
		可・不可					東池　西浦　南田　その他（　　）				
		可・不可					東池　西浦　南田　その他（　　）				
		可・不可					東池　西浦　南田　その他（　　）				
		可・不可					東池　西浦　南田　その他（　　）				
		可・不可					東池　西浦　南田　その他（　　）				
		可・不可					東池　西浦　南田　その他（　　）				
		可・不可					東池　西浦　南田　その他（　　）				
		可・不可					東池　西浦　南田　その他（　　）				
		可・不可					東池　西浦　南田　その他（　　）				
		可・不可					東池　西浦　南田　その他（　　）				
		可・不可					東池　西浦　南田　その他（　　）				
		可・不可					東池　西浦　南田　その他（　　）				
		可・不可					東池　西浦　南田　その他（　　）				
		可・不可					東池　西浦　南田　その他（　　）				
		可・不可					東池　西浦　南田　その他（　　）				
		可・不可					東池　西浦　南田　その他（　　）				
		可・不可					東池　西浦　南田　その他（　　）				
		可・不可					東池　西浦　南田　その他（　　）				

入所場所：受付後最初に入室した部屋の分類（A・B・C・D）　　移動：部屋の移動・病院搬送・退所　　情報開示：来所者への滞在有無等の情報開示許可の是非

266　第2部　医療連携における実践

資料5　避難所等母子保健アセスメント表

避難所等母子保健　標準アセスメント票

No.

<table>
<tr><td rowspan="4">※事前把握項目</td><td>避難所名
（施設名）</td><td colspan="2"></td><td>市町村名</td><td colspan="3"></td></tr>
<tr><td>避難者数</td><td colspan="2">人（　　月　　　日現在）</td><td>避難所
責任者氏名</td><td colspan="3"></td></tr>
<tr><td>評価年月日</td><td colspan="2">西暦 20　　年　　月　　日</td><td>連絡先
（電話等）</td><td colspan="3"></td></tr>
<tr><td>評価時在所
避難者数</td><td colspan="2">人（AM/PM　　時現在）</td><td rowspan="2">情報収集法</td><td colspan="3">※ 実施した方法をすべてチェック ☑ する
□ 責任者等からの聞き取り
　（役職・氏名：　　　　　　　　　　　）
□ 避難者からの聞き取り（　　　　　人程度）
□ 現場の観察
□ 支援活動等を通じて把握
□ その他（　　　　　　　　　　　　　）</td></tr>
<tr><td>評価者氏名
職種</td><td colspan="2">氏名：
所属：
職種：1 保健師　2 助産師
　　　3 自治体職員　4 医師
　　　5 その他（　　　）</td></tr>
<tr><td rowspan="7">※事前把握項目</td><td>項目</td><td>簡易評価</td><td colspan="3">確認項目（※確認できれば数値や具体的内容を記載）</td><td>特記事項</td></tr>
<tr><td>(1)
特に
配慮が必要
な対象者</td><td></td><td colspan="3">a 乳幼児（就学前）　　　（約　　　人or%），不明
b 妊婦　　　　　　　　　（約　　　人or%），不明
c 高齢者（75歳以上）　　（約　　　人or%），不明
d 障がい児者・要介護者　（約　　　人or%），不明
e 有病者　　　　　　　　（約　　　人or%），不明
f 外国人　　　　　　　　（約　　　人or%），不明</td><td></td></tr>
<tr><td>(2)
産科ニーズ</td><td>（◎・○・△・×・ー）</td><td colspan="3">a 37週以降の満期妊婦　　（　　　人），不明
　　　　　　　　　（具体的に：　　　　　　　）
b ハイリスク妊婦　　　　（　　　人），不明
　　　　　　　　　（具体的に：　　　　　　　）</td><td></td></tr>
<tr><td>(3)
母子必要品
等の確保</td><td>（◎・○・△・×・ー）</td><td colspan="3">a-1 オムツ（新生児用）　1 充足, 2 不足（約　　人分），3 不明
a-2 オムツ（乳幼児用）　1 充足, 2 不足（約　　人分），3 不明
b　おしりふき　　　　　1 充足, 2 不足（約　　人分），3 不明
c　湯沸し　　　　　　　1 充足, 2 不足（約　　人分），3 不明
d　洗浄・滅菌器具　　　1 充足, 2 不足（約　　人分），3 不明
e　ミルク　　　　　　　1 充足, 2 不足（約　　人分），3 不明
f　その他（　　　　）　1 充足, 2 不足（約　　人分），</td><td></td></tr>
<tr><td>(4)
環境整備</td><td>（◎・○・△・×・ー）</td><td colspan="3">a 授乳室　　　　　　　　1 ある, 2 ない, 3 不明
b 保温、保湿　　　　　　1 している, 2 ほとんどしていない, 3 不明
c 乳幼児の介助サポート　1 している, 2 ほとんどしていない, 3 不明
d 安静・休養取れる部屋　1 ある, 2 ない, 3 不明</td><td></td></tr>
<tr><td>(5)
体調の
訴え・異常</td><td>（◎・○・△・×・ー）</td><td colspan="3">a 疾患がある者　　　　　1 いない様子, 2 いる（約　　　人）
b 健康障害がある者　　　1 いない様子, 2 いる（約　　　人）
（つわり、腰痛等による）
c 他の問題*がある者　　1 いない様子, 2 いる（約　　　人）
　*（具体的に：　　　　　　　　　　　　　）</td><td></td></tr>
<tr><td>(6)
母子保健医療
の確保</td><td>（◎・○・△・×・ー）</td><td colspan="3">a 近隣の受診可能な産科診　1 あり, 2 ない, 3 不明
　療所・仮設診療所
b 巡回産科チームの訪問　　1 あり（定期的）, 2 あり（不定期）, 3 ない,
　　　　　　　　　　　　　4 不明</td><td></td></tr>
<tr><td colspan="2">その他の問題</td><td colspan="5">具体的に：</td></tr>
</table>

※ 書ききれない情報や関連情報は、特記事項欄に記入してください。
※ 簡易評価の定義：◎良好・問題なし、○まほぼ良好・ほぼ問題なし、△やや問題あり、×大いに問題あり、ー：不明

第8章　次世代を守るための災害時地域連携とPHRシステム構築　267

資料6　部屋割り表（妊婦）

部 屋 割 り 表 （妊 婦）　　受付No.＿＿＿＿

入所された方の治療処置や応対を効率的に行うための質問です

入所者票と名札にも記入し、受付にお持ちください

乳幼児同伴の場合は部屋割り表1と1ー②、母子用名札2枚に記入してください

（　　　月　　　日　　　時　　　分）　　　妊婦氏名

① どこかに ケガ をしていますか？

いいえ　　　はい　　それはどこですか？

② 発熱、咳、鼻水、吐き気や嘔吐（つわりを除く）、下痢などの症状がありますか？

いいえ　　　はい

〇をつけてください

発熱　　　咳　　　鼻水

吐き気　　嘔吐　　下痢

発熱と同時期に出た湿疹

③ 陣痛様、生理痛様のお腹の痛みや破水、出血などがありますか？

〇をつけてください

いいえ　　　はい

痛み　破水　出血　胎動消失

その他気になること

①②③ が全て　いいえ　➡　**B** 室

①②③ が全て　いいえ　で乳幼児同伴の方　➡　**A** 室

①、③ に　はい　② は　いいえ　➡　待機所 又は **C** 室

② に　はい　➡　**D** 室

＊入所後に体調が変わった場合はナースステーションにおいでください

268　第2部　医療連携における実践

資料7　部屋割り表（母子）

部 屋 割 り 表（母親と乳児）

受付No.＿＿＿＿＿

入所された方の治療処置や応対を効率的に行うための質問です
入所者票と名札（母子同じ物2枚）にも記入し、受付にお持ちください
上の兄姉同伴ならその子の分を それぞれ用紙 1-②と名札 にも記入してください

（　　月　　日　　時　　分）　　母親氏名

① どこかに ケガ をしていますか？　　　　　乳児氏名

母親
いいえ　　　　は い

それはどこですか？

乳児
いいえ　　　　は い

② 発熱、咳、嘔吐、下痢などの症状がありますか？

〇をつけてください

母親
いいえ　　　　は い

発熱　　　　咳　　　　鼻水
吐き気　　　嘔吐　　　下痢
発熱と同時期に出た湿疹
その他の気になる症状

乳児
いいえ　　　　は い

発熱　　　　咳　　　　鼻水
吐き気　　　嘔吐　　　下痢
発熱と同時期に出た湿疹
その他の気になる症状

③ 発熱・乳房痛・しこり などの乳腺炎様の症状ありますか？

いいえ　　　　は い

- -

②に　　は い　　がついている方　　⟹　　D 室

それ以外の方　　　　　　　　　　　⟹　　A 室

けがの治療は医師が到着次第順次お呼びしますので部屋でお待ちください

第8章　次世代を守るための災害時地域連携とPHRシステム構築　269

資料8　部屋割り表（きょうだい）

部 屋 割 り 表（きょうだい）

受付No._____

入所されたお子さんの治療処置や応対を効率的に行うための質問です
記入したら、親子の用紙を一緒にして受付にお持ちください。
お母さんと同じ名札でお子さんの分を記入してください。

（　　月　　日　　時　　分）

母親氏名

児の氏名

① どこかに ケガ をしていますか？

いいえ　　　は い

それはどこですか？

② 発熱、咳、嘔吐、下痢などの症状がありますか？

いいえ　　　は い

○をつけてください

発熱　　　咳　　　鼻水
吐き気　　嘔吐　　下痢
発熱と同時期に出た湿疹
その他の気になる症状

- -

母子のどちらかでも

は い　がついている　　　⟹　　　D 室

それ以外のお子様はお母さんと共に　　A 室　でお待ちください

けがの治療は、医師が到着次第順次お呼びしますので部屋でお待ちください

270 第2部 医療連携における実践

資料9 情報書（妊婦）

情 報 書（妊婦）

受付No. ＿＿＿＿＿＿ 室

妊婦氏名		ふりがな	今回の出産　初めて　2回目　（　　）回目
生年月日		年　　月　　日　　才	血液型　　　型 RH（　）
出産予定日		年　　月　　日	現在の妊娠週数　　週　　日
おなかの赤ちゃんの数		ひとり　双子　他（　　　）	母子手帳　（持参・紛失・自宅）
通院中の医療機関			保険証　　（持参・紛失・自宅）
出産予定の医療機関			帝王切開予定　　無　・　有
最後の妊婦健診日		年　　月　　日　　異常　無・有（　　　　　　）
特に注意するように　言われていること			
現在の身長・体重		身長　　　　cm 体重　　　　g　妊娠前の体重　　　g
今までにかかった病気		無・有（	
アレルギー		無・有（	
服用中の薬		無・有（　　　　　　　　　　　　　）持参　無・有

家族の所在　連絡先　（　　　　　　　）　*家族全員を記入　*一緒に入所する　お子さんに丸印	夫	自宅　勤務場所　親戚・知人宅（　　　　　）避難所 他（　　）不明
	子供　男女　才	自宅　親戚・知人宅　（　　　）避難所　他（　　　）不明
	子供　男女　才	自宅　親戚・知人宅　（　　　）避難所　他（　　　）不明
	子供　男女　才	自宅　親戚・知人宅　（　　　）避難所　他（　　　）不明
	（　　）　男女　才	自宅　勤務場所　親戚・知人宅　（　　　）避難所 他（　　）不明
	（　　）　男女　才	自宅　勤務場所　親戚・知人宅　（　　　）避難所 他（　　）不明
	（　　）　男女　才	自宅　勤務場所　親戚・知人宅　（　　　）避難所 他（　　）不明

*　今困っていること

（備　考）

第 8 章　次世代を守るための災害時地域連携と PHR システム構築　271

資料10　情報書（母親）

情 報 書（母親）　　受付No.＿＿＿＿　＿＿＿＿室

母親氏名		ふりがな	今回の出産 初めて　2回目　（　　）回目
生年月日		年　　月　　日　　才	血液型　　　　型 RH（　　）
今回の出産年月日		年　　月　　日	出産週数　　　　週　　日
今回の赤ちゃんの数		ひとり　双子　他（　　　）	（普通・鉗子・吸引）分娩・帝王切開
かかりつけの医療機関			保険証　（持参・紛失・自宅）
アレルギー		無・有（	
今までにかかった病気		無・有	
治療中の病気		無・有（　　　　　　　　　　　　　　　　　）	
服用中の薬		無・有（　　　　　　　　　　　　　） 持参　無・有	
家族の所在 連絡先 （　　　　　　） ＊家族全員を記入 ＊一緒に入所する お子さんに丸印	夫	自宅　勤務場所　親戚・知人宅（　　　　　）避難所 他（　　　）不明	
	子供 男女　　才	自宅　親戚・知人宅（　　　）避難所　他（　　　）不明	
	子供 男女　　才	自宅　親戚・知人宅（　　　）避難所　他（　　　）不明	
	（　　　　） 男女　　才	自宅　親戚・知人宅（　　　）避難所　他（　　　）不明	
	（　　　　） 男女　　才	自宅　勤務場所　親戚・知人宅（　　　）避難所 他（　　　）不明	
	（　　　　） 男女　　才	自宅　勤務場所　親戚・知人宅（　　　）避難所 他（　　　）不明	
	（　　　　） 男女　　才	自宅　勤務場所　親戚・知人宅（　　　）避難所 他（　　　）不明	

＊　今困っていること

（備　考）

272　第2部　医療連携における実践

資料11　リスク表（母親）

リ ス ク 表（母親）

受付No._____　_____室

＊　万一の緊急対応に必要な質問です。該当する欄に〇をつけてください。

母親の氏名

今回の妊娠中の検査結果と産後のことについてについてお答えください

（検査項目）	（正常）	（不明）	（経過観察中）	（治療中）	備考
B型肝炎	なし	不明	あり・治療無	治療中	
C型肝炎	なし	不明	あり・治療無	治療中	
HIV	なし	不明	あり・治療無	治療中	
梅毒	なし	不明	あり・治療無	治療中	
淋病	なし	不明	あり・治療無	治療中	
ヘルペス	なし	不明	あり・治療無	治療中	
HTLV	なし	不明	あり	母乳哺育予定　無・（　　）か月まで	
風疹抗体	32倍以上	不明	16倍以下	ワクチン接種　　未・済	
貧血	なし	不明	あり・治療無	服薬中	服薬終了
甲状腺機能異常	なし	不明	あり・治療無	服薬中	亢進症・低下症
糖尿病	なし	不明	あり・服薬無	インスリン治療中	
気管支喘息	なし	不明	あり・服薬無	服薬中	
てんかん	なし	不明	あり・服薬無	服薬中	
慢性腎臓病	なし	不明	あり・服薬無	服薬中　病名	
精神疾患	なし	不明	あり・服薬無	服薬中　病名	
心臓病	なし	不明	あり・服薬無	服薬中　病名	
血液疾患	なし	不明	あり・服薬無	服薬中　病名	
妊娠高血圧症候群	なし	不明	あり・治療無	服薬中	
むくみ	なし	不明	時々ある	いつもある	
尿蛋白	なし	不明	時々陽性	いつも陽性	
妊娠中産後のうつ症状	なし	不明	あり・治療無	通院・服薬中	

＊　記憶がはっきりしないものは「不明」の欄に〇をつけておいてください。

第 8 章　次世代を守るための災害時地域連携と PHR システム構築　273

資料12　情報書（乳児）

情 報 書（乳幼児）　　受付No.＿＿＿＿　＿＿＿＿＿室

母親氏名			第（　　　）子	
子供の氏名	ふりがな		血液型　　　　型 RH（　）	
出生年月日	年　　月　　日		出生体重　　　　　　g	
最近の計測	身長　　　cm 体重　　　g		母子手帳　（持参・紛失・自宅）	
子のかかりつけの医療機関			保険証　　（持参・紛失・自宅）	
妊娠中から出生後のお子さんの異常	無・有			
アレルギー	無・有（　　　　　　　　　　）除去食（している・していない）			
今までにかかった病気	突発性発疹　　はしか　　風疹　　　水ぼうそう　　　おたふくかぜ 感染性胃腸炎　　　　手足口病　　　伝染性赤斑（リンゴ病） その他			
治療中の病気	無・有（　　　　　　　　　　　　　　　　　　　　　　　）			
服用中の薬	無・有（　　　　　　　　　　　　　　　　）持参　無・有			
医師から注意されていること	無・有			
予防接種歴	□　インフルエンザ b型（ヒブ）　　回		□　肺炎球菌　　　　　回	
	□　BCG　　　　□　ポリオ（生）　　回　　（不活化）　　回			
	□　3種混合（DPT）　　回		□　4種混合（DPT+ポリオ）　回	
	□　ロタウィルス　　　　回		□　はしか風疹混合　　　回	
	□　みずぼうそう　　　　回		□　おたふくかぜ　　　　回	
	□　日本脳炎　　　　　　回		□　B型肝炎　　　　　　回	
	□　その他			
主な栄養法	母乳　　人工乳　　離乳食　　幼児食　　その他（　　　　）			

今、お子さんのことで困っていること
無 ・ 有

備　考

第9章　地域・医療機関での多職種連携

1．はじめに

　厚生労働省の高齢社会白書によると，国民の医療・介護費の伸びが著しく，終末期に高額が投じられる現在の医療体制の継続は困難であるとされている．また，高齢者単独や老老世帯の割合が増加することは確実で，通院困難な高齢者が急増すると予測されている．財政的にも医療費支出が日本全体で30兆円を超える等，超高齢化社会に対応した医療システムの見直しが迫られている．そのような中，医療機関内外や地域でのチーム医療，地域包括ケアが叫ばれており，医療従事者の所属する機関やそれぞれの職種を超えた多職種連携が必須となっている．また，診療報酬改定によって，病院完結型医療から地域完結型医療へのパラダイムシフトが起きて，地域医療連携システムの発展が望まれている．本章では，多職種連携でのICTの活用例，特に，在宅医療，医療機関内外での活用例を示しながら，多職種連携の考察を行うこととする．

2．多職種連携の必要性

2-1　多職種連携とICT利用

　超高齢化社会到来によって経済（消費，金融），企業（雇用），社会保障（年金，医療）への影響が大きいが，特に医療先進国で国民皆保険を導入している日本において，医療への影響は避けて通れない．将来推計人口の推移をみても，2015年生産年齢人口である15歳〜64歳の人口比率が60％で，65歳以上が27％であるのに対して，2060年15歳〜64歳の人口比率が51％で，65歳以上が40％になり，第2次ベビーブームの世代の山が高齢にシフトしていくことがわ

276　第2部　医療連携における実践

かる．また，死亡者も2040年には年間160万人を超えてくる．そうなると，要介護の人口が増えると共に，医療機関での看取りにも限界が出てくることになり，自宅で看取りや療養する仕組みが必要になってくる．医療従事者が限られる中で，医療の効率化をしないことには，現在の医療の質は確保できない．

　このような危機感は，医療界において共有されており，地域連携や地域包括ケアの必要性が叫ばれ，各地域において，医師会や行政や中核病院等が主導になって進められている．しかし，患者を取り巻く関係者は，医師，看護師，薬剤師，歯科医師，ヘルパー，理学療法士，作業療法士，ケアマネージャー等多職種で多くの関係者がいるため，どのように情報を共有するか，連携するかを検討する必要がある．疾患によって，急性期―回復期―維持期へと流れていく一方向型連携パスでよいのか，急性期と慢性期で共有し定期的に行き来するパスである循環型地域連携パスでよいのかというクリティカルパスをどうするかといった問題も存在する．医療の分業が進みホームドクター制の導入や，カルテやクリティカルパスの共有が進む過程においても，医療の効率化を目的としたICTシステムや，多職種連携のためのICT情報共有プラットフォームが必要になってくる．

2-2　ICTが全てを解決しない

　前項で，医療連携におけるICTの利活用の必要性は述べたが，ICTが万能というわけではない．レセプトのオンライン請求の義務化を決めていた厚労省が，2009年常勤保険医が65歳以上であれば除外することを決め，レセプトの全面的な電子化が実現できなかった（詳しくは5章参照）．また，内閣府IT戦略本部下に作られた医療評価委員会によると，全国各地で150以上ものICTを活用した地域連携プロジェクトが実施され，それらプロジェクトに対する助成金（地域医療再生基金）が国家予算として配布されたが，全てうまくいっているとはかぎらない．図表9-1は地域連携プロジェクトの一部を示したものである．

　2003年東京医師会によって行われた医療情報連携プロジェクト「東京HOT

第9章　地域・医療機関での多職種連携　277

図表9-1　各地域で行われている医療連携

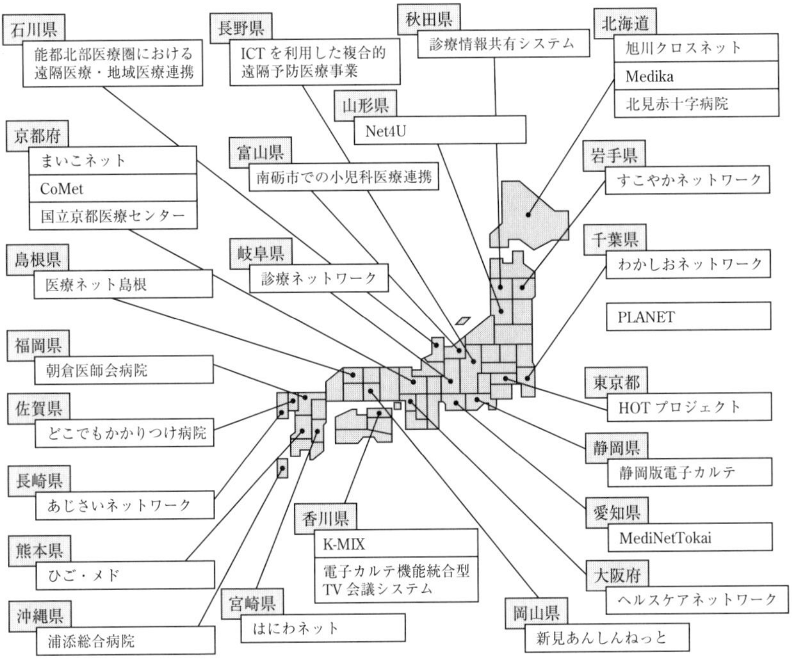

石川県
能都北部医療圏における
遠隔医療・地域医療連携

長野県
ICTを利用した複合的
遠隔予防医療事業

秋田県
診療情報共有システム

北海道
旭川クロスネット
Medika
北見赤十字病院

山形県
Net4U

京都府
まいこネット
CoMet
国立京都医療センター

富山県
南砺市での小児科医療連携

岩手県
すこやかネットワーク

島根県
医療ネット島根

岐阜県
診療ネットワーク

千葉県
わかしおネットワーク

PLANET

福岡県
朝倉医師会病院

東京都
HOTプロジェクト

佐賀県
どこでもかかりつけ病院

静岡県
静岡版電子カルテ

長崎県
あじさいネットワーク

香川県
K-MIX
電子カルテ機能統合型
TV会議システム

愛知県
MediNetTokai

熊本県
ひご・メド

大阪府
ヘルスケアネットワーク

沖縄県
浦添総合病院

宮崎県
はにわネット

岡山県
新見あんしんねっと

（出所）　医療評価委員会「地域医療における情報連携のモデル的プランについて」

プロジェクト」は，受診者が自分の医療内容をよく理解し，効率的な治療や健康の維持増進をはかることを目的に，東京都が実施する情報開示・地域医療連携推進モデル事業と連動する形で開始し，この理念を実現するネットワークとして「ほっとライン」を構築した．ICカード等に医療情報を書き込んで患者が持ち歩くという考え方が多い中で，特定の読み取り機器がなくても，患者側は手ぶらでも情報にアクセスできることを利点として考えられていた．100以上もの医療機関が参加したが，サービス開始から7年以上経ち，システムの旧式化や機器の老朽化等が懸念されるようになり，ユーザー数もあまりのびなかったために2011年末にサービスは一時凍結されることとなった．

　東京医師会は東京HOTプロジェクトの失敗について，啓発活動の不足やカ

ルテの閲覧権の問題を指摘した．稼働しているシステムの教育やシステム機能の不備は勿論失敗の原因となるが，それよりも，利用している医師ら同士が"顔のみえる"関係になっていなかったことが原因ではないかと指摘されている．良いシステムを作れば，利用するユーザーが増加するというシステム開発サイドの一方的な妄想は止めるべきであろう．医師等の利用するユーザーの隙間を埋めるシステムでなくてはならないと同時に，どのようなユーザーが利用するかということをユーザーが認識しながら利用することが必要である．特に，医療連携等の多職種間に跨るICTシステムとなるとなおさらで，システムを利用しているユーザー同士が集う場を設定しないと，連携のためのシステムは利活用されない．

3．地域・医療機関で拡がる多職種連携

3-1　在宅医療の必要性──在宅医療システムの利用

　超高齢化社会を迎え，医療機関である病院が飽和状態になっている中で，在宅医療を進めることが1つの解になるといわれている．様々な地域で医師会等を中心に在宅医療のための地域連携が行われている．この節では，東日本大震災で甚大な被害を受けた石巻で，被災後の地域医療に対して取り組んでいる2つの医療施設について取り上げる．1つ目の石巻市立病院開成仮診療所は，在宅医療を含むプライマリヘルスケアから地域包括ケアへのモデルとして，2つ目の祐ホームクリニックは，在宅医療にICTを組み合わせたモデルとして取り上げることとする．

3-1-1　石巻市立病院開成仮診療所

　震災後の約2,000戸5,000人の巨大仮設住宅群（石巻市開成地区）の中に，石巻市立病院の診療所として2012年開所した．開成仮診療所開設の目的として，① 当該地区におけるプライマリ・ケア（外来）と在宅医療，② プライマリヘルスケア活動（保健活動の支援・地域活動の支援），③ 仮設住宅組織（自治会）の支援・相談役，④ 地域の各種資源の連携強化，⑤ 仮設内では介護予防活動（メンタルケア）を支援，⑥ 仮設住宅以外の市内全域の在宅ケア活動が掲げられて

いる. 被災後という状況もあり, うつ, PTSD, アルコール依存等の心の病（県の健康調査では8％がうつと判断されているが, 実際には20％弱いるといわれている）が大変多く, 社会へ戻っていく人と格差が拡大し, 周囲とのトラブルや孤立・孤独死のリスクが高くなっている. そのようなことから, 要介護4〜5の重度介護者が減少しているが, 要介護1〜2, 要支援1〜2が急増しており, 全体としては介護認定率が上昇している. 診療所として, メンタルケアと保健活動が重要であると位置づけ活動を行っている. 震災から5年以上経過し, 今後, 被災者の自立支援, 復興住宅への移行時期の支援, 住民の自治会的なものの支援・育成, 総合政策を考えられる人材が必要等, 支援者の意識改革も必要であろう. とにかく, 現状においては, 開成仮診療所の存在が, 市役所内で地域包括ケア整備の体制づくりや, コミュニティ形成支援に貢献しているのは事実である.

3-1-2　祐ホームクリニック石巻

　祐ホームクリニックは, 患者さんとご家族が安心して過ごす環境づくりを通じて, 希望ある社会を創造することを使命として, 在宅医療を専門に行う東京都文京区にあるクリニックであった. 院長である武藤真祐医師が, 被災地石巻を訪問し, 急性期医療の撤退や避難所閉鎖に伴う状況から,「待ち」ではなくアウトリーチ型医療が必要と考え, 在宅医療の診療所開設に踏み切った. そして, 診療現場と事務スタッフの業務連携を促進し,「医療の質向上」「オペレーションの最適化」「リスクマネジメント」を目的とした, ICTシステムを積極的に活用した在宅医療のオペレーションを実現した. 機能的には, ① コンタクトセンター, ② 電子カルテ, ③ メディカルクラークセンター, ④ 在宅医療クラウドという4つである. コンタクトセンターは, 夜間帯オンコールの1次受けを行う. 電子カルテは, 在宅医療用電子カルで移動中の利用に対応したものになっている. メディカルクラークセンターは, 医療事務業務の集約をする機能で, 医師のカルテ口述筆記サポートを行う. 在宅医療クラウドは, 複数の医師の在宅医療訪問スケジュールを一元的に管理し, 訪問を行う患者宅への診療ルート作成及びカーナビでのナビゲーションを行う.

図表9-2 高齢者を支えるために必要な在宅医療・介護情報ネットワーク

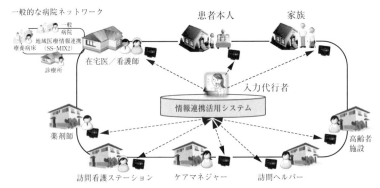

(出所) 総務省 平成24年度補正予算「ICT超高齢社会づくり推進事業」

　また，祐クリニックの在宅医療支援システムは，医療・介護事業者・家族とのチームケアを重視し，図表9-2のような患者家族，医療職，介護職の顔のみえる関係づくりに取り組んでいる．

　図表9-2に示すように，患者，家族，在宅医，訪問ヘルパー，ケアマネージャー，訪問看護師，薬剤師等の多職種連携に必要とされるICTシステム基盤として，①在宅医療・介護に関わる共通項目の入力／閲覧である訪問記録の共有，②事業者間でのメッセージ機能であるメッセージ共有，③訪問スケジュールを一元化のためのスケジュール共有が備わっている．なお，祐ホームクリニックの取り組みは，先進地域での取り組みとして，小泉進次郎衆議院議員も来訪している．

3-2　医療機関間における連携——秋田地域でのAkita-ReNICSの活用

　次に，地域の中での医療機関間における連携についてみていくことにする．通常，感染対策は，一医療機関で取り組むことが多いが，地域にある複数の医療機関の医師や検査技師等で共有し，予防しようとする動きがある．本事例は，秋田大学医学部附属病院を中心にして秋田市で行われているAkita-ReNICS（The Regional Network for Infection Monitoring Control System：秋田レニック

第9章　地域・医療機関での多職種連携　281

ス）という感染症予防のための地域ネットワークシステムについてである．

3-2-1　感染情報の情報共有

2010年からサービスが始まったAkita-ReNICSは，秋田県下の中核病院である秋田大学医学部付属病院の呼びかけの下，稼働を始めた．元来，感染症情報は地域性の高い情報なので地域で活用する意義は高いが，反面外部に知られたくない感染症に関わる情報，例えば，多剤耐性菌MRSAが大量に出ている等の情報も含まれるために，センシティブな情報も含まれる．システムの情報が一般にさらされ来院する患者が減る等，医療経営に直接関わってくる深刻な問題にもなり兼ねない．同じ地域の場所的に近い病院でも，患者の情報を常に共有することは少ない中で，地域性が高い病気といわれる感染症を対象として，情報共有をすることは必要不可欠であったといえよう．

さて，ここで問題になっている感染症について理解を深めておくと，感染症とは世の中に存在する病原性の微生物が体内に入り引き起こされる疾患のことで，接触感染以外にも飛沫感染，空気感染等が考えられ，HIV，インフルエンザ，ノロウイルス等社会的な話題になることが多い．2009年8月から2010年9月に帝京大学医学部付属病院で多剤耐性アシネトバクター菌の院内感染が発生し，患者59人が感染して27人が死亡したというニュースは記憶に新しい．感染症対策の中で一番やっかいなことが，この帝京大学の例でもあった医療現場で使われる複数の抗生物質（多剤）が効かない（耐性を持つ）細菌である多剤耐性菌の存在である．

3-2-2　Akita-ReNICSの概要

秋田県では，従来，県内での感染制御に関する情報とノウハウの共有には，研究会や講習会といった，集会形式の「ネットワーク」が寄与してきたが，人の移動を伴うネットワークは，交通の面や開催準備，開催費用において非効率な側面を有する．このような背景を踏まえ，秋田大学医学部付属病院では，検査部を中心とした共通の細菌検査データベースを構築し，サーベイランスの共有と受動化を行うオンデマンドなネットワークを構築にするにいたった．また，接続にかかる設備投資を抑え，幅広い医療機関が参加できるように，通信

回線にはインターネットを利用した．加えて，地域で検出される株菌の長期保管のために，ネットワークを介して他施設からの検体を受け入れることとした．2014年時点で，県下13の医療機関が参加表明をし，各病院での感染症に関わる細菌検査情報が共有されている（図表9-3参照）．

Akita-ReNICSの機能は，検索と7つのデータ解析項目に分かれる．① 分離菌頻度：条件で指定された菌の分離状況を円グラフと一覧表に表示，② 検体頻度：条件で指定された検体を材料または採取部位ごとに比率を円グラフと一覧表に表示，③ 薬剤感受性率：条件で指定された菌の抗菌薬ごとの感受性（S,I,Rの比率）を集計し棒グラフと一覧表に表示，④ 菌検出数の推移（施設別）：指定された菌の検出数を施設ごとに月単位の折れ線グラフと一覧表に表示，⑤ 菌検出数の推移：複数の菌（5種まで）の検出数の推移を折れ線グラフと一覧表に表示，⑥ 耐性化動向（菌別）：指定された菌の耐性・非耐性を月単位で集計し，検出数を積み上げ棒グラフと一覧表に表示，⑦ 耐性化動向（薬剤別）：特定の菌（黄色ブドウ球菌，肺炎球菌等21種）について，各抗菌薬に対する感受

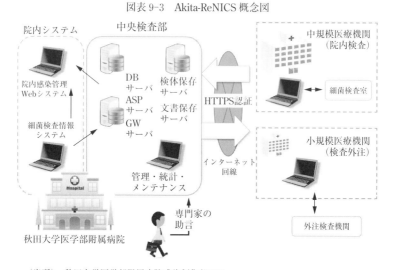

図表9-3 Akita-ReNICS 概念図

（出所）　秋田大学医学部附属病院感染制御部HP

性を月別に集計し，感受性ありの比率を色分けした一覧表に表示，の7つである．図表9-4はシステムのホーム画面，図表9-5は分離菌頻度の検索における検索画面例，図表9-6は検体頻度の検索結果の画面例である．

図表9-4　システムのホーム画面

図表9-5　検索画面の一例（分離菌頻度の検索）

図表9-6　検索結果の一例（検体頻度の検索結果）

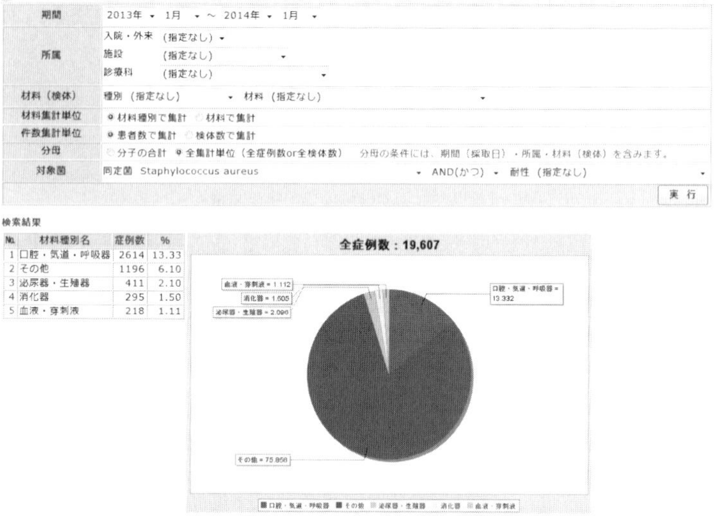

No.	材料種別名	症例数	%
1	口腔・気道・呼吸器	2614	13.33
2	その他	1196	6.10
3	泌尿器・生殖器	411	2.10
4	消化器	295	1.50
5	血液・穿刺液	218	1.11

3-2-3　利用医療機関へのヒアリング

Akita-ReNICSを利用する3医療機関にヒアリングを行った結果，以下の考察ができた．3医療機関とは，秋田市内にある中通総合病院，五十嵐記念病院，市立秋田総合病院の3つである．それぞれの病院の担当者からは，Akita ReNICSの評価について，「感染症対策として有効なツールである」「他の施設の感染症検出状況を調査できる」「データの共有が効率的になる」「施設の薬剤耐性菌の状況を客観的に調査できる」と肯定的な意見が出た反面，「定期的（年1回でも）に，ユーザー会を開き，情報交換の場がほしい」「マニュアルがないため，どのように利用すればよいか，正しい利用法，利用例等を作成してほしい」等の意見が寄せられた．担当者がいっていたように，オンライン上で自施設の薬剤耐性菌の検出頻度等を投稿することは，いくら匿名とはいえ抵抗感がある．定期的なユーザー会の開催は，感染症情報の共有やシステムの活用方法の交換だけでなく，他の医療機関との信頼関係を構築する場として欠かせないものである．お互いが顔を合わせ，身元を明かし，信頼関係を構築することに

より，よりシステムに参加しやすい環境を作り上げることがオンラインシステムを有効に活用させるための前提条件であるといえる．また，Akita-ReNICSのホーム画面をみてもわかるように，掲示板の投稿欄には運営側である，秋田大学医学部付属病院からの投稿しかなく，利用施設からの投稿は確認できなかった．利用施設，運営施設問わず，情報共有に対して積極的な姿勢を持つことが必要であるが，そのためには，医療機関同士が良好な信頼関係を築き，安心してシステムを利用できる環境が不可欠であるといえる．その環境を作る上でも，ユーザー会（オフライン）が必要不可欠なのである．

　またもう1点，地域医療システムの運営維持の難しさがあげられる．システムを導入した際にかかった費用は厚生労働省から助成金が下りたのだが，その補助金にはシステムを導入した後にかかる運営費やメンテナンス費，人件費等は含まれておらず，全て運営施設側の自己負担という形がとられている．そのため，運営施設にはシステムを維持するために経済的負担が強いられる．このことは，Akita-ReNICSにはかぎらず，全国で行われている地域医療連携システムにもいえる問題点であるのではないか．Akita-ReNICSでは，秋田大学病院が補助金から5年は運営ができるようやりくりをしながら運営をしているが，その後の運営に関しては不透明であり，最悪の場合，システムの存続も危ぶまれている状態である．Akita-ReNICSは利用施設から会費を徴収することも検討はしているが，Akita-ReNICSの強みとして，インターネット環境があれば，どの施設でも無料で参加できることがあるので，簡単には有料化にはできないというジレンマが存在する．

4．多職種連携のためのシステム開発

4-1　病院内における連携——感染制御センターでの情報共有ツールの開発事例

　多職種連携は，病院内においても盛んに行われている．本事例は，独協医科大学病院感染制御センター吉田敦准教授（現東京女子医科大学感染症科）に協力を得て，病院内で連携を行った事例を取り上げる．医療機関内で診療科間での

286 第2部 医療連携における実践

連携が進む中，どの医療機関にでもあてはまる象徴的な多職種間連携の例とい
える．具体的には，筆者らが独自開発した感染制御センター用の多職種連携の
ための情報共有システム（IS-ICT：Information Sharing System for Infection Control
Team）についてである．

4-1-1　獨協医科大学病院の概要

栃木県壬生町に位置する獨協医科大学の附属病院で，病床数約 1,200 の大規
模病院である．内科系 12 の診療部門（心臓・血管内科，消化器内科，血液・腫瘍
内科，循環器内科，神経内科，内分泌代謝内科，呼吸器・アレルギー内科，精神神経科，
皮膚科，小児科，放射線科，健康管理科），外科系 13 の診療部門（第一外科，第二外
科，脳神経外科，呼吸器外科，心臓・血管外科，整形外科，泌尿器科，眼科，耳鼻咽
喉・頭頸部外科，産科婦人科，口腔外科，リハビリテーション科，形成外科・美容外
科），そして 6 つの中央部門（救命救急センター，PET センター，臨床検査センター，
病理部，手術部，放射線部），計 31 の部署から構成されている．その他に，薬剤
部，看護部，事務部，医療安全推進センター，感染制御センター，治験管理
室，臨床研修センター，医療情報センター，女性医師支援システムの管理部門
が設置されている．現在，医師 406 人，看護師 1,058 人，臨床検査技師 83 人，
薬剤師 64 人，事務職員 225 人が従事している（2012 年 4 月 1 日）．

4-1-2　感染制御センターの概要

2006 年に医療法が改正されたことに伴い，獨協医科大学病院においても感
染制御センター（ICT）を組織し，感染防止対策に係る業務を掌理している．
ICT の主な業務は，院内感染を防止するために，感染症サーベイランス（調
査・監視），アウトブレイク・異常発生対応であるが，その業務の対応をするた
めにも，院内の感染症情報共有は欠かせない．現在，医師（ICD）・看護師
（ICN）・臨床検査技師（ICMT）・薬剤師・職員で構成されているが，専任兼任
が混在しているため，常時顔を合わせているわけではなく，その中で毎日業務
を遂行しなければならない．

　ICT における毎日の業務は，ICD または疾患担当医の依頼によって微生物検
査室での検体からの感染症検査結果と薬剤部からのデータを組み合わせて，特

に危険性のある患者をリストアップすることと，それら患者に対する処置について指示を行うことである．ICD は，ICN，ICMT，薬剤師，疾患の担当医と相談しながら処置方法を決定し，処置について明記されたコンサルテーションシートを毎日作成することになる．その業務分析を行った結果，① 情報管理の仕方，② 情報の可視化，③ 多職種間との意見交換の 3 つについて改善できることが明らかになった．

具体的には，①について，情報共有が紙ベースであるため毎日 ICD によって更新される感染情報及び患者情報は，紙で印刷されファイリングされており，ICN，ICMT 等が確認する際も印刷した紙で共有されている点，②について，現場で患者情報について情報検索ができずに，PHS 等の通信端末で電話し情報を得ている点，③について，情報が一元化されていないので検索に時間を要し，情報を残すには，あらためて ICT センターの PC で編集しなければならない点である．つまり，システムを手軽に利用できて，モバイル端末で閲覧でき，履歴（文書）が残せ，一元的に情報を扱うことが必要ということになった．

図表 9-7 及び 9-8 は，システム導入前後での業務分析の違いを表している．

図表 9-7　システム導入前の感染制御業務の業務分析（DFD で表現）

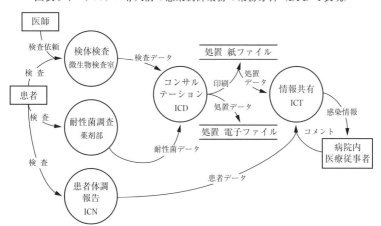

図表 9-8　システム導入後の感染制御業務の業務分析（DFD で表現）

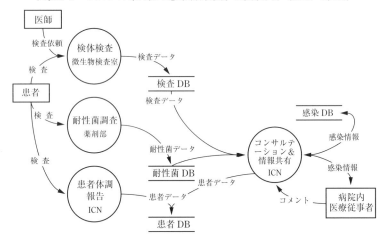

4-2　IS-ICT ツールの開発

　院内感染予防を対象とした感染症マネジメントシステムは，IT ベンダーから既に販売されており，獨協医科大学病院においても検討がなされた．しかしながら，医療システムとして想定される機能ほぼ全てが企業のパッケージには実装されているが，機能が多すぎて絞りきれず活用できないまたは活用しきれないと判断し，システム利用側の実際の業務に即した価格的にもシステム的にも手軽なシステムが必要ということから，開発することになった．システムコンセプトとして，感染症の『治療』重視ではなく，感染症『予防・対策』を支援することに基づいて，「機能の取捨選択」，「使いやすさ（操作性・デザイン）」に重きをおき，システム改善・開発に取り組んだ．具体的なシステム仕様は図表 9-9 となる．実際，実装するにあたり，院内を循環するラウンド業務の際院内に無線 LAN が敷設されておらず，オフラインモード設計を行わなくてはならなかったり，ICN がラウンド中にペン入力する際の操作性の改善等，現場に即したシステム開発を行った．図表 9-10，9-11，9-12，9-13 は実装されたシステムのそれぞれの画面である．

第9章 地域・医療機関での多職種連携　289

図表9-9　IS-ICTシステム仕様

システム方式	C/S（クライアントサーバー）方式
ユーザー	ICD，ICN，ICMT，ICT事務スタッフ，薬剤師
利用想定	ICTルーム内での検索・編集 院内を循環するラウンド業務時の閲覧・検索
利用端末	MacBook及びIPAD4台
開発環境および利用環境	FileMaker及びFileMakerGO
主な機能	・感染情報 ・患者情報 ・薬剤情報 ・検査情報 ・病棟マップ ・ラウンド情報

図表9-10　IS-ICTのTOPメニュー

図表 9-11 感染情報閲覧の画面

図表 9-12 病棟マップの画面

第9章　地域・医療機関での多職種連携　291

図表9-13　IPAD用ラウンド情報の画面

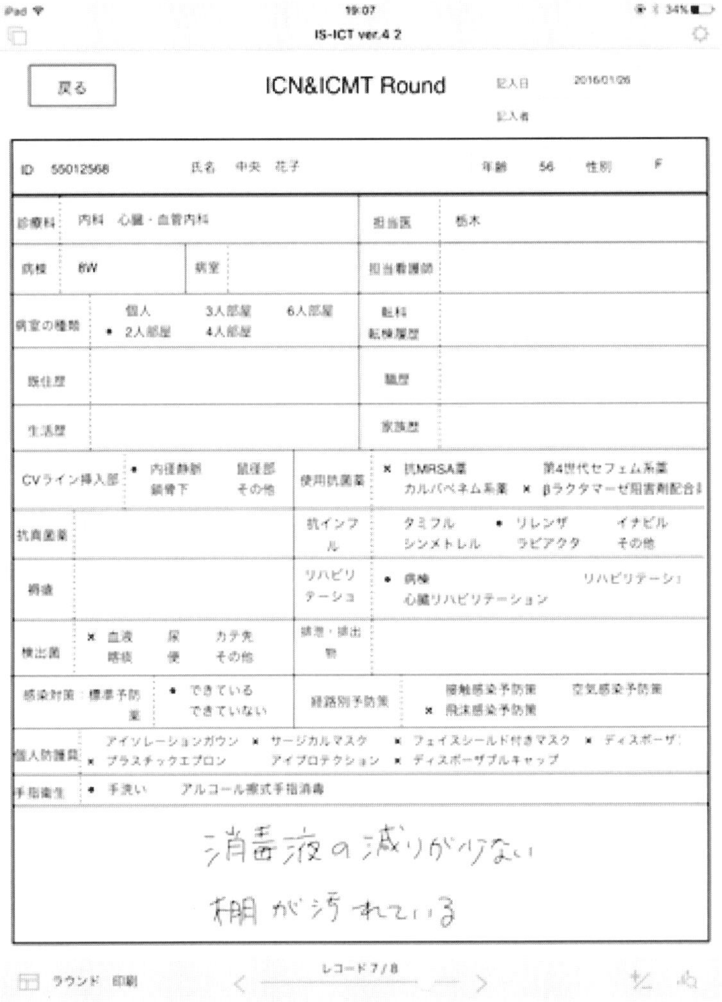

4-3　有効性の検証

　システムの有効性の検証として，ICD，ICN，ICMT，事務スタッフらが継続的に使用したあと，聞き取り調査を行った．その結果，IS-ICTツール活用

のメリットとして，①IS-ICT のシステムで現場でのリアルタイムな情報を取り込み，一元化できたのは，迅速な対策の実行にも有用であった．②IT 専門家と感染対策担当者がお互いの知恵や経験を提供しあい，細部の改良を頻繁に行ったことが，使いやすく効率的なシステムの開発につながった．これは変化の激しい感染症に対応できる機能を備えることにもなった．③IS-ICT は，カスタマイズが容易，持ち運び可能，安価，電子カルテに接続不要といった長所を持つ．実証実験を重ね，更に「使いやすい」ものとすることで，他の医療現場にも応用可能と考えられる．④IS-ICT を多角的に応用することで，感染対策担当者が本来の業務に専念しやすい環境を整備しやすくなった，という意見であった．しかしながら，①電子カルテとの接続ができないことから患者情報（過去の履歴）が閲覧できない，②オフラインモードでの操作が面倒，③職種による「ことば」使いがかなり違うため情報共有に齟齬が発生する可能性があるとの指摘があった．現場からの様々な情報を，如何に効率よく，リアルタイムに統合するかという点で，カスタマイズが可能で，医療現場に即したシステムは欠かせないことがわかる．

5．おわりに

　本章では，医療機関における多職種連携というタイトルで，地域や医療機関内外における在宅医療システムでの活用例，地域での感染情報共有の活用例，医療機関内での多職種連携のための情報共有システムの開発例をあげて考察した．石巻における開成仮診療所のケースは，超高齢化社会到来に対する地域包括ケアのモデルになり得るケースであるし，祐ホームクリニックのケースは，在宅医療に ICT システムをうまく利用し，医師と家族をつなぐシステムとして評価できる．特に，医師のカルテ口述筆記サポートがあるメディカルクラークセンターについては，デジタルとアナログの融合的な工夫があり，医療のICT 化は全て医療関係者が入力しなくてはならないという妄想を考え直させるインパクトがある．秋田県の地域で感染情報を共有する取り組みは，厚生労働省が運営している院内感染対策サーベイランス JANIS と同じフォーマットに

して入力させ，県内の動向確認をする良いツールとして評価されるが，やはり
ユーザー会の必要性はあろう．獨協医科大学病院感染制御センターでの情報シ
ステム開発は，ICD のみでなく多職種のユーザーから要望を聞くことで，現
場に合ったシステムになったといえる．まとめると，多職種間連携での ICT
システムはトップダウンで与えられるものでなく，現場からのボトムアップで
構築されるべきであり，システムを利用する人間同士のネットワークの上に稼
働するべきものである．

参 考 文 献

IDWR 感染症発生動向調査週報 2000 年第 34 週掲載

秋田大学医学部付属病院感染制御チーム HP（http://www.hos.akita-u.ac.jp/ict/about.
html）

安保康太郎・高橋智映・達子瑠美・小林則子・小山田一・面川歩・竹田正秀・守時由
起・植木重治・廣川誠（2014）「地域における耐性菌情報の共有データベース
Akita-ReNICS の現状と課題」第 61 回日本臨床検査医学会学術集会，11 月，福岡

厚生労働省「人口動態統計」国立感染症研究所感染症情報センター月報

国立感染症研究所 HP（2010.12.5）（http://www.nih.go.jp/niid/indexhtml）

斎藤正武・佐藤修・堀内恵・前田瞬・村田潔・八鍬幸信（2013）「医療システム改革
への ICT の活用」『情報経営学会第 66 回大会予稿集』33-37 頁

斎藤正武・吉田敦・福島篤仁・奥住捷子・岡本友紀・早川千亜紀・藤澤隆一・田中由
美子・高橋大輝（2015）「感染制御活動におけるポータブル端末を用いた情報共有
システムの開発 IS-ICT ver. 3」『第 30 回日本環境感染学会総会・学術集会抄録集』
2-P27-4

斎藤正武・吉田敦・福島篤仁・奥住捷子・岡本友紀・早川千亜紀・藤澤隆一・田中由
美子（2016）「ICT 患者リストに基づく病院の感染症疫学解析ならびに解析ツール
の開発」『第 31 回日本環境感染学会総会・学術集会抄録集』10867

総務省平成 24 年度補正予算「ICT 超高齢社会づくり推進事業」

竹田正秀・植木重治・高橋智映・達子瑠美・小林則子・柴田浩行・廣川誠（2013）
「秋田県の地域連携における感染症モニタリングシステムの構築と活用」『臨床病
理』61,1147-1152

東京 HOT プロジェクト HP（2014.4.1）（http://www.ocean.shinagawa.tokyo.jp/hot/）

内閣府 IT 戦略本部医療評価委員会「地域医療における情報連携のモデル的プランに
ついて」

第 3 部
医療での ICT システムの活用

第10章 破壊的イノベーションに基づく日本の 医療情報戦略策定に向けて

1. はじめに

　日本における医療を取り巻く状況は，少子高齢化社会の到来，年金・医療・介護等の社会保障支出の増大，現役世代（生産人口年齢）の減少に伴う財源の減少，地域医療の連携の強化，医師・看護師不足等々の課題が山積している．こうした状況を踏まえて，厚生労働省は，より良い保健・医療制度の確立を目指して「保健医療2035」提言書を出して，3つのビジョン及びそのビジョンを達成するためのインフラを示している．そのインフラの中でも，特に「安定した保健医療財源」の確保と維持を如何に達成するかという財源問題は，少子高齢化に伴って社会保障支出の増大，とりわけ医療費の増大が見込まれる状況において，喫緊の課題であることはいうまでもない．

　しかしながら，財源問題の議論を考えるよりも前に，質の高い医療サービスを安く提供するためにはどうすればよいか，あるいは現状のサービスを上回る利用者の利便性はどうすれば確保できるのか等々の問題を優先して考えるアプローチをとるべきであろう．そうでなければ，現状の医療制度の維持だけを目的とする財源問題に焦点がおかれてしまう．すなわち，現状を所与とする場合においては，無駄を排除したり，より良い方法を選択したり，革新的な方法を考えたりすることが軽視されてしまう危険がある．ただし，具体的にどのように現在の医療制度を改革すべきかについては，誰もが納得できるような明確な解や事例は現時点では見当たらない．

　本章では，この課題を考えるにあたって，クリステンセンの破壊的イノベー

ションのフレームワーク（Christensen, Grossman, & Hwang, 2009（山本・的場訳, 2015））に注目する．このフレームワークは，医療制度の未来像や方向性を示す道具立て（地図）がないといわれている今日の状況において，破壊的イノベーションというレンズを通して，なぜ米国において医療が次第に高価なものとなり，多くの人にとって手の届かないレベルの負担を強いるものになってしまったのかの根本原因について明らかにする．そして，医療分野における医療サービスの質及び顧客の利便性を高めつつ，同時にコストを劇的に下げる可能性について複数の実践事例を紹介しつつ考察している．

　日米における制度の違いがあることから，米国における彼らの主張を直接適用して，今後の改革計画を考えたり，日本の実践事例を展開したりすることは困難であろう．しかしながら，現状の医療制度の維持にとどまるのではなく変革していく場合には，彼らの考えは大いに参考になろう．

　以下においてわれわれは，彼らのフレームワークの意義を確認すると共に，何が鍵になり得るのかを議論する．その上で，鍵の1つとなるIT化に焦点をおき，利用者の視点から想定されるあるべきEHR/PHR（Electronic Health Record/Personal Health Record）の特徴とその今日的な課題を明確にする．そして，このあるべきIT化のあり方や理解を通じて，日本における現状の医療のIT化計画及び現在取り組まれている実践事例の特徴を評価すると共に，今後の改善可能性について検討する．

2．医療ビジネスの破壊的イノベーション

　クリステンセンら（Christensen, Grossman, & Hwang, 2009（山本・的場訳, 2015））は，米国の医療サービスにおいて，手ごろな価格で便利にアクセスすることができ，かつ高品質のサービスを提供することが，なぜ難しいのかについての根本原因を説明する．この根本原因の解決に向けてのフレームワークが破壊的イノベーションの理論である．彼らの理論は，「組織が労働力，資本，原材料，情報を価値の高い製品やサービスに変えるプロセス」（Christensen, 1997, p. xvii（伊豆原訳, 2001, 6頁））のイノベーションを説明するものである．

以下では，破壊的イノベーションの展開に必要となる4つの構成要素につい
てやや丁寧にその特徴を明らかにする．すなわち，単純化する洗練された技術
による「技術的なイネーブラー（technological enabler）」，低価格で革新的な「ビ
ジネスモデルのイノベーション（business model innovation）」，経済的に統一のと
れた「バリューネットワーク（valuenetwork）」及び「変化を促進する規制や業
界標準（regulations and standards that facilitate change）」についてである．

但し，最後の要素については，彼らの指摘する「手ごろな価格にする」ため
の規制改革（償還制度の改革，情報技術の役割，医薬業界と医療機器業界の将来，医
学教育の変化）[1]における情報技術の役割の変化に焦点をあてる．すなわち，バ
リューネットワークの基盤となる EHR/PHR に限定しつつ，統合化された医
療情報のあるべき IT 化の特性を議論する．

2-1 技術的なイネーブラー

技術的なイネーブラーは，破壊的イノベーションの展開に必要な4つの要素
の1つであり，Christensen（1997）においては「破壊的技術（disruptive
technology）」と呼ばれる[2]．ここで，「破壊」とは，広辞苑（第6版）によれば，
「① うちこわすこと．うちこわされること．こわれること」を意味する．同様
に，「技術」とは，「① 物事を巧みに行うわざ．技巧・技芸．② 科学を実地に
応用して自然の事物を改変・加工し，人間生活に利用するわざ」を意味する．

それに対して，クリステンセンらの主張する「破壊（disruption）」と「技術
（technology）」は特別な意味を持っている．彼らのいう「破壊」とは，「ものご
とを単純に，そしてより手ごろな価格にする1つのイノベーション」
（Christensen, Grossman, & Hwang, 2009, p. 1）である．また，彼らのいう「技術」
とは，「Ph.D. の科学者やコンピュータおたくだけが理解できる革新的な方法」
だけではなく，「原材料，部品，情報，労働力及びエネルギーといったインプ
ットをより大きな価値を持つアウトプットに結びつける方法」（p. 1）である．
すなわちプロセスの革新も含まれる．そして，「仕事に関するこの〔技術〕（以
下〔 〕筆者補足）刷新の核心は，複雑で直観的なプロセスを単純でルールに基

づいた仕事に転換すること，及びこの仕事を高額で高度な訓練を受けた専門家から安価な技術者へと手渡すことにある」(p. 39) という，彼らの技術観の下にその意義が特徴づけられている．このような技術観に従えば，「破壊的技術」とは，現状の仕事のプロセスの刷新をもたらす技術ということになり，医療分野においては医療を手ごろな価格で身近なものにする技術となる[3]．

クリステンセンらは，医療の「破壊」の対象，いいかえればイノベーションの対象を特定化するにあたり，全ての医療を一元的に捉えることはしない．そうではなく，医療は「直感的医療（intuitive medicine)」，「経験的医療（empirical medicine)」，「精密医療（precision medicine)」という連続したつながりに沿って発展するという理解にたつ．

ここで，「直感的医療」とは，「症状によってのみ診断が可能で，有効性が不明確な治療法でのみ治療される疾患に対するケア」(p. 44) である．「経験的医療」とは，「ある領域が"パターン認識"の時代に進む時に，すなわち，結果が確率論的な関係において推論できるほどに医療行為とアウトカムとの相関に一貫性がある時に現れる」(p. 45) 医療である．「精密医療」とは，「正確な診断が可能で，その原因が解明されており，その結果として予想通りの効果があるルールに基づく治療法によって治療を行うことができる疾患に対するケアの提供」(p. 44) としての医療である．これらの 3 つに区分される医療の特徴を端的に指摘すれば，「最初の領域は何が病気を引き起こすのかの理解にあり，2 番目は病因をみつける能力にあり，そして 3 番目は根本原因を効果的に治療する能力にある」(p. 45)．彼らは，感染症，特定の乳がん，糖尿病等の豊富な事例を示しつつ，画像，分子生物学，ヒトゲノムの進歩によって，直観的医療が精密医療へと発展する移行過程を説明する．

なお，標準的な治療法が確立する精密医療においては，患者は有効性や信頼性が確保される医療の提供だけでは満足しない．そうした場合には，患者は，その医療に対して待ち時間が少ない，安い，対応が良い等々の個別的・個人的に実感する「経験価値」(Pine II & Gilmore, 1999) をより重視する傾向がある．従って，精密医療においては，その有効性や信頼性を高める画像，分子生物

学，ヒトゲノム等の専門知識に加えて，患者の経験価値（手ごろな価格でより利便性等）を高める可能性を持つ「ナースプラクティッショナー」，「フィジシャンアシスタント」，及び「歯科補助者」等の安価な技術者も破壊的技術として認識することができる．

2-2　ビジネスモデルのイノベーション

　ビジネスモデルとは，様々に定義される．例えば，根来・木村（1999）では，「どのような事業活動をしているか，あるいはどう事業を構想するかを示すモデル」（2頁）とされる．國領（1999）では，「① だれにどんな価値を提供するか，② そのために経営資源をどのように組み合わせ，その経営資源をどのように調達し，③ パートナーや顧客とのコミュニケーションをどのように行い，④ いかなる流通経路と価格体系の下で届けるか，というビジネスのデザインについての設計思想」（26頁）とされる．寺本・岩崎（2000）では，「顧客価値創造のためのビジネスのデザインに関する基本的な枠組みであり，それは視点を変えれば，企業が利益を実現する仕組み，すなわち「儲かる仕組み」」（41頁）とされる．あるいは，安室・ビジネスモデル研究会（2007）では，「顧客の満足を目的として，技術やノウハウを利益に変換する仕組み」（3頁）とされる．

　クリステンセンらは，ビジネスモデルを4つの要素である「価値提案（value proposition）」，「資源」，「プロセス」，「利益式（profit formula）」から特徴づける（Christensen, Grossman, & Hwang, 2009, p. 9）[4),5)]．価値提案は，「対象となる顧客がなそうと試みてきた用務（job）をより効果的に，便利に，手ごろな価格で行えるよう手助けする製品やサービス」である．資源は，「その価値提案の対象となる顧客に提供するために必要となる一連の資源すなわち，人，製品，知的財産，供給品，設備，施設，現金等」である．プロセスは，「従業員が頻発する課題を繰り返しそして成功裏に取り組むにつれて明らかになる，協力して仕事をする慣習的な方法」である．利益式は，「価値提案の提供に必要となる資源とプロセスのコストを利益が出るように負担するのになくてはならない必要価格，利幅，売上高総利益率と売上高当期純利益率，総資本回転率，そして販

売量を定義する」ことである.

　以上のビジネスモデルでは，顧客がなそうと試みてきた用務を支援する価値提案が起点となり，その提案を可能にする技術的な要素が「破壊的技術」（あるいは「技術的イネーブラー」）である．そして，この「破壊的技術」の実現に必要となる資源，プロセスを検討すると共に，その実現可能性を利益式によって評価できるモデルである.

　医療においては，このビジネスモデルは患者がなそうと試みてきた用務（提供者の側からみればその用務を支援する価値提案）に従って次の3つに分類される．「1つ目は，問題は何か，何がそれを引き起こしているのか，及びそれを治すために自分ができることが何かを知りたいとして要約できるかもしれない．2つ目の用務は，自分の問題を解決するために何をすべきことかがわかった今，それを効果的に，手ごろな価格で，そして便利に行う必要がある」(p. 76)．この1番目の用務を実現するビジネスモデルは，「ソリューションショップ型事業」と呼ばれる．この事業は「問題を診断し，解決策を提案する．出来高払いで支払いをうける」(p. 76) 事業である．この事業は，主に直観的医療における高度な診断と治療法の提案等を行い，患者の症状の原因に対する仮説を導き，診断が仮説の域を出ない時には，最も妥当な治療を行うことで仮説を試し，診断が可能なかぎり確からしくなるまで仮説検証のサイクルを繰り返す事業である.

　2番目の用務を実現するビジネスモデルは，「価値付加プロセス型事業」と呼ばれる．この事業は，「資源へのインプット，すなわち人，原材料，エネルギー，設備，情報，資金をより高い価値を持つアウトプットへと変換させる」(p. 22) 事業である．医療においては，「確定診断の付いた問題を比較的標準化された手順で治療あるいは手当し，そしてアウトカムに基づく料金に基づいて支払われる」(p. 421) 事業が該当する．すなわち，経験的医療から精密医療までの治療は「価値付加プロセス型事業」で行われる.

　これらの2つのビジネスモデルはいずれも，医療の担い手が病気の診療によって利益を得る事業という意味では共通している．但し，米国においては，ソ

リューションショップ型事業へのほとんどの支払いは出来高払いである．それに対して，価値付加プロセス型事業への支払いは顧客へのアウトプットに対して請求がなされる，という点が異なる[6]．

　医療における3番目のビジネスモデルは，人びとを健康にすることで利益を得る「ネットワーク促進型事業」である．すなわち，「顧客が売買し，他の参加者と物事を受け渡しするシステムを運営する」(p. 24) 事業である．医療においては，「専門家や患者がやり取りし，助け合い，その調整役は，会員に基づく料金により通常報酬を受ける必要がある」(p. 421) 事業が該当する．このモデルにおいて想定される代表的な患者は，多発性硬化症，パーキンソン病，筋萎縮性側索硬化症，HIV，糖尿病，肝臓病，腎臓病等の慢性疾患を患う人びとである．彼らの用務は，「自分に似た誰か」を探しつつ，比較可能な患者と自分自身を比較し，互いに教えあい，学びあうことができることや，病気の診断及び治療法の確定後にくる長期間に及ぶ治療への主体的な取り組みである．

　以上の医療におけるビジネスモデルのイノベーションは，クリステンセンらによれば次の3段階にわたって展開すると予測される．第1段階は，既存の病院の分割によって，ソリューションショップ型事業，価値付加プロセス型事業，ネットワーク促進型事業を作り出す．例えば，この分割によって，価値付加プロセス型事業は，自ら行ってきた診断行為をソリューションショップ型事業に委ねることで型通りの治療に専念できることから，ビジネスモデルの混在に伴う弊害（高額な間接費）が回避されたり，より一層の専門特化による効率化や有効性が期待できたりする．

　第2段階は，同一のビジネスモデル内で起きる破壊的イノベーションであり，各事業分野での低価格による破壊的なビジネスモデルの登場である．例えば，医師以外が一部の精密医療を担うことが認められる米国においては，スタッフ全員がナースプラクティッショナー（Nurse Practitioner）[7]であり，受付から15分以内に特定の精密医療の診療を行うCVSミニッツ・クリニック（CVS Minute Clinic）[8]のような簡易診療所が該当する．同クリニックは，価値付加プロセス型事業において，これまでの高額で高度の知識を持つ医師による一部の

304　第3部　医療でのICTシステムの活用

診療行為（妊婦検査，インフルエンザ診断，耳の感染症，気管支炎，ヘルペス，軽い日焼け，三種混合ワクチン，A型肝炎ワクチン等）を破壊する．

　第3段階は，ビジネスモデルの種別を超えて起きる破壊的イノベーションである．例えば，ウェブ上で患者の症状に関する情報を入力することで患者の診断を支援するサイマルコンサルト（SimulConsult）[9]のようなオンライン診断支援ツールを利用することによって，これまで価値付加プロセス型事業としての精密医療を担ってきたプライマリケア医は，ソリューションショップ型事業としての直感的医療を担ってきた専門医の疾患の一部の診断を自ら行える可能性がある．

2-3　破壊的バリューネットワークと個人電子健康記録

　バリューネットワークは，「ある種類の顧客の共通ニーズに対して利益が出るように，会社が供給業者，販売チャネル，あるいは流通業者と如何に連携するかのコンテキストであり，その中で自らのビジネスモデルを確立する」（Christensen et al., 2009, p. 184）．すなわち，バリューネットワークはビジネスモデルの展開を可能にする企業連携の枠組みである．

2-3-1　現状の医療のバリューネットワーク

　日本においては，皆保険制度が確立している．この制度を前提とする場合，以下の関係者が患者に医療サービスを提供するために不可欠な代表的な関係者となる．すなわち，「保険医療機関（病院，診療所，調剤薬局等）」，「審査支払機関（社会保険診療報酬支払基金，国民健康保険団体連合会）」，及び「医療保険者（健康保険，共済組合，船員保険，国民健康保険，後期高齢者医療）」である．これらの関係者が協力して患者に医療サービスを提供する流れとしてのバリューネットワークを描いたものが図表10-1である[10]．

　図表10-1では，まず，個人（被保険者）は医療サービスの提供を享受するために医療保険者に対して制度に基づいて月極めの保険料を支払う．次に，個人は医療サービスを受けた時に自己負担分を保険医療機関に支払う．医療サービスを提供する保険医療機関は，診療報酬（保険医療機関及び保険薬局が保険医療サ

図表10-1 日本の現状の医療のバリューネットワーク

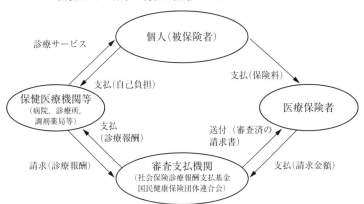

ービスに対する対価として医療保険者から受け取る報酬）制度に基づく患者・個人の自己負担分以外の診療報酬について，原則として実施した医療行為ごとにそれぞれの項目に対応した点数計算（1点あたり10円で計算）を行う．但し，使用した薬剤料は別途薬価基準によって決定され，入院時食事療養については1食あたりの金額及び標準負担額が決められている．この計算された診療報酬を，保険医療機関は審査支払機関に請求をする．この機関は，請求金額を審査・確認して医療保険者に対して審査済の請求書を送る．後日，審査支払機関は，医療保険者からその請求金額を受け取ると共に，その金額を診療報酬として保険医療機関に対して支払う．

この図には描かれてはいないが，この皆保険制度を所管するのが厚生労働省であり，その諮問機関である「中央社会保険医療協議会」が医療行為ごとの根拠となる薬剤料や診療報酬の基となる点数を決定することによって，このネットワークを方向づけている[11]．従って，この制度として描かれるバリューネットワークは，見方にもよるが医療サービスの提供を受ける個人を中心に描かれたものではない．そうではなく，現状の医療サービスの提供者及び厚生労働省を中心とする社会保障の基盤をなす保険診療サービスとその対価の流れを示したものといえる．

306 第3部 医療でのICTシステムの活用

なお，地域医療連携や医療・介護・生活等の地域包括ケアに対する日本型医療体制の新たな試み・提案のIT化の具体例の紹介と評価は3節で取り上げる．

2-3-2 あるべき医療の破壊的なバリューネットワーク

本章の2-2までのクリステンセンらの主張に基づく場合，医療において顧客がなすべき用務を支援するためには，総合病院と診療所に固定される2つのビジネスモデルから，3つの破壊的なビジネスモデルへの転換が必要になる．すなわち，主として診断に特化する「ソリューションショップ型事業」，主として標準化された手順で治療を行う「価値付加プロセス型事業」，及び人びとを健康にすることで利益を得る「ネットワーク促進型事業」である．これらの3つのビジネスモデルによる事業の分類は，提供する「製品やサービス」の種類あるいは提供先としての「顧客」の特性を中心とする提供者の視点からの事業セグメントを決める現状の分類とは異なる[12]．顧客がなすべき用務の支援を中心に考えられた分類であることからすれば，顧客の視点からの医療サービスの分類といえる．

図表10-2は，クリステンセンらが考える米国の医療制度を前提とする場合のあるべき医療のバリューネットワークを参考にしつつ描いた日本の医療制度におけるあるべき医療のバリューネットワークである．

この図では，これまでの日本のバリューネットワークを構成する関係者に加えて，新たな医療サービスの提供者として「ソリューションショップ型医療機関」，「価値付加プロセス型医療機関」，「患者ネットワーク促進型事業」，「健康であることが医療費削減につながるネットワーク」を関係者として認識している．例えば，「ソリューションショップ型医療機関」は，直観的な医療を専門に担う施設・機関である[13]．「価値付加プロセス型医療機関」は，経験的医療から精密医療までを担う施設・機関である[14]．「患者ネットワーク促進型事業」は，専門家や患者が情報交換するために構築されたネットワークである[15]．「健康であることが医療費削減につながるネットワーク」は，医療保険者が委託する施設・機関である[16]．

この図の理解において注意が必要になるのは，あるべきバリューネットワー

第10章 破壊的イノベーションに基づく日本の医療情報戦略策定に向けて　307

図表10-2　日本のあるべき医療のバリューネットワーク例

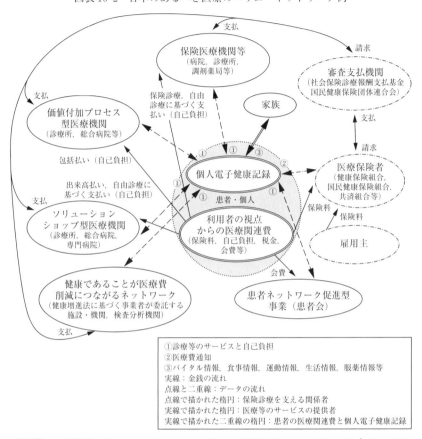

(出所)　この図は，Christensen, Grossman, & Hwang (2009) の figure 1.2 (p. xxix) をベースに，日本の保健診療制度を前提とする場合の，あるべき医療のバリューネットワーク例を著者らが描いたものである

クにおいても，現在のバリューネットワークを構成する施設や事業者が必要になる可能性が高いという点である．なぜならば，あるべきネットワークにおいても，全ての病院がクリステンセンらの主張のように3つのビジネスモデルを前提とする事業に現実的にはすぐには転換できないこと，また直観的な医療と精密医療との中間に位置づけられる経験的な医療を担う施設や救急診療を担う

308　第 3 部　医療での ICT システムの活用

事業者が依然として必要になるからである[17].従って，図中においては，これまでと同様に保険医療機関をバリューネットワークを構成する関係者の 1 つとして位置づけている.

　なお，医療保険機関，審査支払機関，医療保険者，及び雇用主との間における診療報酬制度を前提とする診療サービスの提供と保険料並びに自己負担分の対価としての金銭の流れは，ソリューションショップ型医療機関と価値付加プロセス型医療機関においても現状と同じ流れとなるので説明は省略する.患者ネットワーク促進型事業については，現状では会費を徴収することによって運営するところもあればそうではなく寄付によって運営するところもある.図中では，これらの診療サービスに対する対価（自己負担分）としての金銭の流れや会費は，患者自身の「利用者の視点からの医療関連費」から各医療機関（実線で描かれた楕円）へ向けた実線として示している.

　また，このバリューネットワークにおいては，患者の診療サービスに伴う医療関連データ（各医療機関での診療サービスに伴う診療結果，状態，自己負担分の支払額）は，これまでのように各医療機関によって管理されるのではない.以下での説明にみられるように患者自身が所有する「個人電子健康記録（Personal Electronic Health Record）」（図中の中央）によって管理される.つまり，この記録が，新しいバリューネットワークを構成する各種の医療の担い手と患者，及び担い手間の連携を可能にする.

　更に図中において，われわれは，クリステンセンらの考えるあるべきバリューネットワークの中では認識されていない「家族」という構成要素を追加的に認識している.その理由は，個人電子健康記録には，患者・個人の生涯にわたっての医療及び健康に関するデータ（体重や血圧等のバイタル情報，栄養バランスやカロリーなどの食事情報，運動の種類や時間等の運動情報，睡眠時間等の生活情報，服薬情報等）を本人に代わって家族が入力する必要があると想定されるからである.

2-3-3　個人電子健康記録

特定の施設に限定して運用される電子カルテ（Electronic Medical Record）に貯

蔵される医療データを，病院間，地域間で共有することによって，「より高度で確実な」医療に活用する試みを支えるものとして EHR（Electric Health Record）がある．すなわち，EHR は様々に理解されるが，例えば，「1つのあるいは複数の医療機関で発生した個人の診療記録を生涯にわたって統合した公式な記録で，複数の医療機関で共有される．EHR には，患者基本情報，家族歴，経過記録，問題点，処方，バイタルサイン，病歴，免疫歴，検査データ，放射線診断，病理診断などが含まれる」[18), 19)]（吉原，2011，2頁）と定義される．

PHR（Personal Health Record）も同様に様々に定義される．例えば，杉山・池田・武藤（2012）では，「患者が自らの医療健康情報にアクセス，管理，共有することを可能にする仕組み」（20頁）と広義に定義される．また，日本版 PHR を活用した新たな健康サービス研究会（2008）では，「個人が自らの生活の質（QOL = Quality of Life）の維持や向上を目的として，自らの健康に関する情報を収集・保存・活用する仕組み」と狭義に定義される．

両者の PHR の定義は，いずれも患者を主体とする情報管理という点では共通するが，前者の PHR の定義には医療と健康に関するデータが含まれるのに対して後者の定義には含まれない点が異なる．

以上のような EHR と PHR の理解に対して，クリステンセンらの主張する「個人電子健康記録」は，各種の医療機関における診療サービスに伴う医療関連データ及び自らの健康に関する各種のデータを含むものであるので，まさに，医療と健康に関するデータを管理する広義の PHR である（図表 10-3）．

この記録を効率的かつ効果的に管理するためには，医療機関が連携しつつ管理するよりも，全ての医療機関に対してデータを要求する権利を有している患者を中心に管理することが鍵になることを，クリステンセンらはボストン小児科病院を中心に取り組まれる Indivo システムと呼ばれる先駆的な事例を用いつつ説明する[20)]．以下の (a)〜(h) は，このシステムの説明からわれわれが認識する個人電子健康記録のあるべき特性である[21)]．

(a) 患者・個人のあらゆる情報源からの医療健康データが対象となる．

(b) 患者・個人がどのデータを記録に入れるのかを決めることができる．

310　第3部　医療でのICTシステムの活用

図表 10-3　個人電子健康記録システムの構造

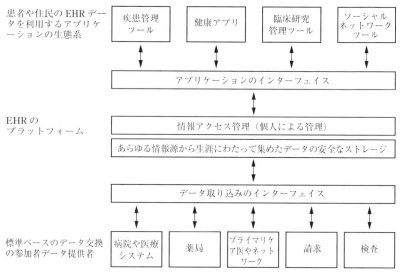

（出所）　Christensen, Grossman, & Hwang (2009) の Figure 4.4 (p. 141). なお，この図は，Mandl & Kohane (2008) の Figure 1 (p. 1734) に基づいている

(c)　データはサーバに保管される．

(d)　患者・個人は自身に関する全てのデータについて，全ての医療機関から権利を得ている．

(e)　情報は，オープンソースの仕様で患者・個人が共有してもよいと判断する施設・機関のみがアクセスあるいは利用できる．

(f)　患者・個人は通院した各医療機関に対して，自動的にデータをシステムに保管するように依頼できる．できない場合には，ケースごとにデータをシステムに取り込むことができる．

(g)　各種の企業や研究機関は，ここで貯蔵されるデータに基づいて独自にアプリケーションを構築でき，患者・個人はその便益を享受できる．

(h)　各種の企業や研究機関は，患者・個人のデータへのアクセスを管理するだけでは利益に結びつかない．データを利用するアプリケーションを開発

及び提供することによって利益を得る．

これらの Indivo システムと呼ばれる先駆的な事例にみられる個人電子健康記録のあるべき特性を踏まえて，われわれは 3 節での日本の EHR/PHR の事例の分析及び評価をより容易にするために，(a)〜(h) の特性に対して以下のような 1）〜 5）のラベルを付ける．すなわち，個人電子健康記録の 1）データの種類・範囲（a と b の特性に基づく），2）データの保管場所（c の特性に基づく），3）データの所有権（d と e の特性に基づく），4）データの取り込み方法と権限（f の特性に基づく），及び 5）データを利用するインセンティブについて（g と h の特性に基づく）である．1），2）とは，個人電子健康記録のあるべき特性の基本的なラベルとその内容であり，それに対して 3），4），5）は患者・個人中心の基本設計に関わるラベルとその内容である．

なお，本章では Indivo システムのセキュリティやデータ標準や形式等の技術的な特性については取り上げていないので，日本の事例との関係性を分析する場合においてはこれらの技術的な特性についての比較は行わない．

1）データの種類・範囲

各種の医療と健康データを扱う．

2）データの保管場所

サーバに一元的に保管する．

3）データの所有権

データの所有権は患者・個人にある．

4）データの取り込みの権限と方法

権限は患者・個人にある．またその方法は，自動的にデータを取り込むのではなく本人の依頼に基づく．

5）データを利用するインセンティブ

患者・個人は，貯蔵されたデータの閲覧と活用，及びそれらのデータに基づく追加的なサービス（アプリケーション）を享受できる．また，サービスの提供者は，アプリケーションの開発・提供によって利益を獲得できる．

312 第3部　医療でのICTシステムの活用

3．日本における EHR/PHR の代表的事例

田中（2012）によれば，今日の日本においては，急性期中心の病院完結型医療の無関連な集まりによる医療体制が問題であり，これを解決する唯一の施策は，地域医療連携及び地域包括ケアである．そして，これらの施策を実現するためにはICT基盤が不可欠であり，とりわけ，EHR/PHRの果たす役割が重要であると述べている．

ここでは，日本版EHR/PHRの代表的な事例を取り上げつつ，2節で議論した破壊的バリューネットワークにおける「個人電子健康記録」のあるべき特性と比較し，これらの事例の評価を行う．

日本におけるEHR/PHRへの取り組みは2006年の「IT新改革戦略に基づく重点計画2006」に従った事業から始まっており，今日まで厚生労働省，総務省，経済産業省等の国が主導する様々な（実証）事業が各地域で展開されてきている[22]．更に，国主導の取り組みとは別に，地域医療連携や地域包括ケアを支援するEHR/PHRの取り組みもある[23]．

本節では，その中の代表的な事例として，EHRとしての「さどひまわりネット」及びPHRとしての「ポケットカルテ」を取り上げる．

3-1　さどひまわりネットの事例

3-1-1　概　　要

「さどひまわりネット」は，新潟県佐渡市の医療・介護の現場が抱える課題や医療・介護の役割分担と連携の課題を解決するために，佐渡島内の病院，医科診療所，歯科診療所，調剤薬局，介護福祉施設をネットワークで双方向に結び，患者の情報を互いに共有することで，① 受けている治療内容，飲んでいる薬を把握して，安全な医療・介護を提供し，② 状態に合わせて利便性の高い施設で医療・介護を受けることができる，という環境を目指した地域医療連携ネットワークである[24]．

具体的には，さどひまわりネットを構成する施設・期間は，島内の病院，診

第10章　破壊的イノベーションに基づく日本の医療情報戦略策定に向けて　313

図表10-4　さどひまわりネットの概要図

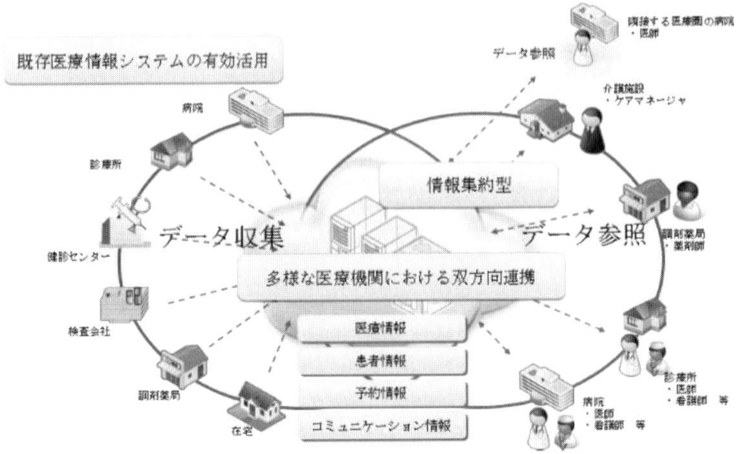

既存医療情報システムの有効活用

病院
診療所
健診センター
検査会社
調剤薬局
在宅

データ収集

情報集約型

多様な医療機関における双方向連携

医療情報
患者情報
予約情報
コミュニケーション情報

データ参照

隣接する医療圏の病院
・医師
データ参照

介護施設
・ケアマネージャ

調剤薬局
・薬剤師

診療所
・医師
・看護師　等

病院
・医師
・看護師　等

（出所）　渡辺・田中（2014），58頁，図3参照

療所，調剤薬局，介護福祉施設，検診センター，検査会社，在宅（自宅）等である．各施設・機関の医療情報システム（レセプトコンピュータ（以下，レセコン），電子カルテ，検査システム，画像システム，健診システム）から各種の診療情報を収集する．収集される診療情報には，収集に同意した患者のみを対象とする患者情報，入退院，病名，処方，注射，検体検査，細菌検査，放射線画像，内視鏡画像，処置，及び手術等の情報が含まれる．収集されたデータは，さどひまわりネットに参加する病院，診療所，調剤薬局，介護福祉施設，隣接する医療圏の病院の担当者のみが参照，利用できる．利用できるサービスは，各施設から提供された患者の診療情報をひとまとめにして，患者に関わる診療情報を患者単位で参照することを可能とする「医療情報統合サービス」，参加施設が公開している時間帯の予約枠に対して予約ができる「施設機能利用サービス」，必要事項の選択／入力方式で簡単に患者情報を含む紹介状を作成できる「紹介状作成支援サービス」，さどひまわりネット参加者間で連絡事項の伝達や共有等ができる「コミュニケーションツール（セキュアメール，コミュニケーションボード）」，学会等で発表される資料や関係省庁が発行するガイドライン，

314 第3部 医療でのICTシステムの活用

各施設が保有する情報ファイル等を参加者間で共有できる「情報共有サービス」である[25]. 従って，さどひまわりネットは地域の複数の医療機関間での医療データの共有による医療体制を支援するシステムであるので典型的なEHRの例とみることができる.

3-1-2 評　　価

事例は本来様々な観点から評価できる. ここでは破壊的イノベーションを実現するためのEHR/PHRが備えていなければならない要件となり得る前節の個人電子健康記録のあるべき特性（以下の1）〜5））に基づいて，事例を評価する. いいかえれば，この評価とは顧客としての患者・個人の視点からのEHR/PHRの評価である.

1）　データの種類・範囲

　　レセコン，電子カルテ，検査システム，画像システム，健診システムから各種の診療情報のみを扱っており，健康に関する情報は扱わない.

2）　データの保管場所

　　各医療機関の診療情報をデータセンターに集約している.

3）　データの所有権

　　さどひまわりネットで公開している「患者情報取扱い規約」をみる限り，所有権は明確でなく，あくまでもネット内の共有情報として管理している.

4）　データの取り込みの権限と方法

　　収集される診療情報は収集に同意した患者のデータのみが対象となるためデータ取り込みの権限は患者・個人にある. 患者・個人が同意した場合，データは自動的に取り込まれる.

5）　データを利用するインセンティブ

　　提供者：さどひまわりネットに参加する病院，診療所，調剤薬局，介護福祉施設，隣接する医療圏の病院の担当者が診療情報を参照，利用できるので，効率的な運営が可能となる.

　　患者・個人：医療連携に伴う利便性が向上する. 例えば，予約・紹介状

入手の迅速化，不要な検査及び服薬における重複の回避，必要時に最適な専門的医療サービスへのアクセスの向上等である．

3-2　ポケットカルテの事例

3-2-1　概　　要

ポケットカルテは，特定非営利活動法人「日本サスティナブル・コミュニティ・センター」の健康・医療・福祉分野情報化プロジェクトの「どこカル．ネット（どこかるどっとねっと）」と民間企業3社で共同開発されたシステムである[26]．そのシステムは2016年7月時点において構想中のものと，現実に稼働しているものに分かれる．すなわち，前者の説明には，北岡（2012）によれば，「利用者が自ら自己の生涯健康・医療・福祉履歴情報を蓄えるためのいわゆる「情報銀行」であり，自らが誕生して以降，生下時の母子手帳記録から始まって，経験した様々な予防接種や罹患した傷病とそれに対して受けた診療行為，あるいは健診結果や健康食品・嗜好品情報，市販薬やサポーターなどの准治療品などの購買情報などの全てを「記録」として預けることが可能なPHRあるいはPLR〔Personal Life-log Records〕システムである」（100頁）とされる[27]．このシステムは診療情報や健康情報はもとよりそれらに関係するありとあらゆる情報を管理の対象とするものと思われる．北岡（2012）の図4（102頁）によればデータの保管場所は「ポケットカルテサーバ」にあることがわかる．また，その管理の対象期間はPLRという概念を示していることから明らかなように一生涯に及ぶ．但し，この概念の説明には，所有権についての説明はないが，北岡（2012）では「利用者が「自己情報コントロール権」を完全に満たす形で自己の診療情報を蓄える仕組み」，すなわち，診療情報を，その所有者である患者の許可なく利用できないことを保証する仕組みであることから，患者・個人に所有権があると推測される．

このシステムを利用することによって，患者・個人及び医療サービスの提供者は以下のメリットを享受できる．すなわち患者・個人は「いつでも，どこでも自分自身の健康情報の閲覧・メンテナンスが可能となり，自身の健康管理が

316 第3部 医療でのICTシステムの活用

容易に実現する．転院などの際にも再検査などに煩わされず，効率的な診察が受けられる．担当医の診療方針などについて他者に意見（セカンドオピニオン）を求めやすくなり，安心・安全な受診が可能になる．蓄積された個人の健康情報に基づいた予防医療サービスも構築していくことで，健康管理のためのアドバイスが受けられるようになる」（100頁）．医療サービスの提供者は，「患者の病歴などを容易，かつ正確に把握できる環境が整い，更に質の高い医療を迅速に提供することが可能になる．緊急現場等では迅速な現場処理が可能になり，救急隊員と医療機関の連携を助ける」（100頁）．

それに対して，2016年7月現在稼働中のポケットカルテは，ポケットカルテのWebサイトにおいて「ポケットカルテとはどこカル．ネットが運用する個人向けの電子カルテ管理サービスです．……会員登録いただいた方々ひとりひとりの健康情報を電子化（電子カルテ）して一元に管理し，簡単に閲覧可能とすることで更なる医療サービスの向上と個人の健康管理への貢献を目的とした，特定健診・保健指導データにも対応可能な個人向け健康情報管理サービスです」と説明される．

この説明での健康情報とは電子カルテから入手する情報であることからすれば，診療情報が中心となると思われるが，更に特定健診・保健指導データも扱う．この点に関してはポケットカルテのWebサイトによれば，管理対象となるデータは利用者の特定健診結果の情報や紹介状（診療情報提供書），入退院サマリーの履歴及び医療費の明細である．

北岡（2012）の図4（102頁）によれば，構想中の場合と同様にデータの保管場所は「ポケットカルテサーバ」である．データ管理の期間は，登録時より退会時までである．明確な説明はみられないが，データの2次利用を想定することからスタートとするこのプロジェクトにおいては，データの所有権は患者・個人にある．現状では，患者・個人の健康管理・病歴管理のための情報集約・閲覧，ヘルスケア家計簿を利用した医療費の管理とe-Taxの医療費控除申請支援にとどまっている．

3-2-2 評 価

3-1 項の事例と同様に，事例評価を行う．但し，ポケットカルテの事例については 2016 年 7 月時点で構想中のものと稼働中のものに分けて行う．

【構想中の事例の評価】

1) データの種類・範囲

診療情報や健康情報はもとより，それらに関係する広範囲な情報が対象になっているが，その範囲は必ずしも明確には示されていない．

2) データの保管場所

「ポケットカルテサーバ」に一元管理される．

3) データの所有権

診療情報を，その所有者である患者の許可なく利用できないことを保証する仕組みを持つシステムであることから，患者・個人に所有権がある．

4) データの取り込みの権限と方法

収集される診療情報は収集に同意した患者のみが対象となるためデータ取り込みの権限は患者・個人にある．取り込み方法は明確になっていないが，医療機関等サービス提供者側は自動的なデータ取り込み方法，患者・個人はパソコン・モバイル機器が利用できる負担の少ない手動的なデータ取り込み方法になることが推測される．

5) データを利用するインセンティブ

提供者：効率的な患者の病歴管理の実現と高品質な医療の提供が可能になる．更に緊急現場等での迅速な対応・処置と救急隊員と医療機関の連携が強化される．

患者・個人：いつでも，どこでも自身の診療・健康情報の閲覧・メンテナンスが可能となるため健康管理の利便性が高まる．転院における再検査が不要になり効率的な診察が受けられる．セカンドオピニオンを得やすくなり，より安心・安全な受診につながる．蓄積された患者・個人の健康情報に基づいた予防医療サービスにより，健康管理支援が容易になる．

318 第3部 医療でのICTシステムの活用

【稼働中の事例の評価】

1) データの種類・範囲

特定健診結果の情報や紹介状（診療情報提供書），入退院サマリーの履歴，医療費の明細といった限定された時系列的な診療情報の履歴，及び診療・調剤に係る医療費データである．

2) データの保管場所

「ポケットカルテサーバ」に一元管理される．

3) データの所有権

診療情報を，その所有者である患者の許可なく利用できないことを保証する仕組みを持つシステムであることから，患者・個人に所有権がある．

4) データの取り込みの権限と方法

収集される診療情報は収集に同意した患者が利用するためデータ取り込みの権限は患者・個人にある．患者・個人がパソコン・モバイル機器を利用した手動的なデータ取り込み方法（キー入力）が基本であるが，紹介状（診療情報提供書），特定検診の結果については，各医療機関から国際標準規格の電子カルテデータ（HL7 CDAR2準拠）電子ファイルで提供される場合は，そのデータをそのまま取り込むこともできる．

5) データを利用するインセンティブ

提供者：現在，直接のデータ利用はできない．

患者・個人：患者・個人の健康管理の利便性向上につながる．医療機関等で発行されるデジタル領収書のQRコードの自動読み込み機能により診療・調剤に係る医療費の効率的な管理を行えるようにして，利用上のインセンティブを高めている．

3-3 事例評価の総括

3-1項のさどひまわりネットで扱う情報は患者・個人の診療情報であり，そのデータを利用するのは医療機関に限定される．現時点では，患者・個人がそのデータを閲覧・利用することはできない．クリステンセンらの理解に立て

第 10 章　破壊的イノベーションに基づく日本の医療情報戦略策定に向けて　319

ば，利用者がこのデータを自らコントロールして健康管理に活かすことがあるべき姿として示されている．

　しかしながら佐渡においては，このような利用者にデータ管理権を与えなくても，利用者を満足させるものとなっている．その理由は，佐渡地域の住民の多くが高齢者であり，自らの健康管理は専門である医療従事者に任せることで，自分自身の健康管理（セルフケア）の負担を軽減したいという希望も 1 つの理由にあると思われる．つまり，このような利用者の特性を前提とする場合には，PHR なき EHR であっても地域住民の満足度を十分高めることができる．つまり，佐渡の高齢者の患者・住民の用務はセルフケアにあるのではなく，安心できる手間のかからない医療サービスの享受であり，後者の用務を満たすためには EHR の提供で十分であったといえよう．

　一方で，患者・個人の診療情報に容易にアクセスできる仕組みと，アクセスした診療情報をよりわかり易く変換したり，健康管理上のアドバイスをしたりするアプリケーションの提供がある場合には，自らの健康管理を主体的に行いたいという用務を持っている佐渡の患者・住民にとっては，PHR を備えた EHR が必要になろう．

　また，3-2 項の構想中のポケットカルテは医療・健康に関係する広範囲なデータを対象にした PHR といえる．そこでのデータに基づいて様々なアプリケーション開発が検討されつつある．稼働中のポケットカルテにおいても既に医療費を管理するアプリケーションが提供されていることにより，この PHR を使う利用者のインセンティブになっている．

　しかしながら，稼働中のものは限定された診療情報の集約・参照による個人的な健康管理のためのツールにとどまっている．すなわち現在の稼働中のポケットカルテにおいては，さどひまわりネットにみられるような医療機関間での診療情報の共有化がなされてない．

　構想中のあるべき PHR の機能を実現するためには，その前提として医療機関間における診療情報の共有化，すなわち EHR は不可欠となろう．これはクリステンセンらが述べている個人電子健康記録の特性にもみられる．すなわ

320　第 3 部　医療での ICT システムの活用

ち，彼らの個人電子健康記録は様々な医療機関からの診療・健康データを一元
管理し，そのデータのコントロールを患者・個人に任せ，患者・個人の許可の
下に，健康・疾患管理・ソーシャルネットワーク等のアプリケーションを提供
することによって機能する構造となっている．

4．保健医療 2035 と破壊的イノベーション

厚生労働省は 2015 年に，その 20 年後である 2035 年を見据えた日本の保健
医療政策のビジョンを明らかにし，それを踏まえた短期・中長期の課題解決に
向けた政策立案とその実行を行うために，「保健医療 2035」策定懇談会を立ち
上げた．その成果として，「保健医療 2035 提言書」[28] が，2015 年 6 月に公表さ
れた．本提言書は，これからの日本の保健医療の方向性を示す重要な提言の 1
つとして捉えられることから，本章では，2 節で示したクリステンセンらの医
療における破壊的イノベーション，そして破壊的バリューネットワークの中心
となる EHR/PHR の特性から，本提言書を検討し，日本の医療における破壊
的イノベーションの可能性について言及する．

4-1　保健医療 2035 の概要と提言書のフレームワーク

「保健医療 2035」策定の懇談会は，「急激な少子高齢化や医療技術の進歩な
ど医療を取り巻く環境が大きく変化する中で，2035 年を見据えた保健医療政
策のビジョンとその道筋を示すため，国民の健康増進，保健医療システムの持
続可能性の確保，保健医療分野における国際的な貢献，地域づくりなどの分野
における戦略的な取組に関する検討を行うこと」[29] を目的として開催される．
懇談会は，医療政策の専門家をはじめ多様なバックグラウンドを持つ 30 代か
ら 40 代を中心とした比較的若手のメンバー 14 人及びアドバイザー 4 人で構成
される．なお Christensen, Grossman, & Hwang（2009）の訳者である山本雄士
氏も，本懇談会のメンバーである．2015 年 2 月 24 日から 6 月 8 日まで，計 8
回の懇談会を経て，提言書が作成される．

本提言書は，「人々が世界最高水準の健康，医療を享受でき，安心，満足，

納得を得ることができる持続可能な保健医療システムを構築し，我が国及び世界の繁栄に貢献する」（4頁）という目標（goal）をもとに，2015年の課題から2035年のあるべき姿へいたるまでのパラダイムシフト，そして「(1) 短期的な維持・均衡のみを目指すのではなく，将来世代も安心，納得できる，(2) 職業，年齢階層，所得階層，家族の有無等によって，健康水準に差を生じさせない，(3) サービスの提供においては，サービスの価値に応じた評価が行われる」（11頁）という意味での「公平・公正（フェアネス）」，「健康は，従来の医療の枠組みを越え，コミュニティや社会システムにおける日常生活の中で，一人ひとりが保健医療における役割を主体的に果たすことによって実現されるべきもの」（11頁）という視点からの「自律に基づく連帯」，「「健康先進国」として，地球規模の共通課題である保健医療の課題解決を主導する」（11頁）という意味での「日本と世界の繁栄と共生」の3点を基本理念（principles）として展開される．その上で，2035年の保健医療が実現すべきビジョン（vision）と，ビジョン実現のための具体的なアクション例及びインフラ（infrastructure）という構成となっている．以下，その構成に沿いながら，特にパラダイムシフトと，ビジョン，アクション例及びインフラ（イノベーション環境，情報基盤の整備と活用）について，破壊的イノベーション及びEHR/PHRの特性から，本提言書を評価する．

4-2 保健医療のパラダイムシフト

本提言書では，2015年現在の日本の保健医療の課題として，例えば次の点を指摘している．

少子高齢化の進展や疾病構造の変化，保健医療のリソースの需要増加等の変化，あるいは技術革新や医療のグローバル化という状況の変化に，現在の医療制度や提供体制が十分に対応していない．特に，医療従事者の専門細分化が進むことで高度医療については極めて高い水準にあるものの，日常的な医療に関わるプライマリケアや医療と介護の連携が必要となる慢性期の医療は十分ではなく，必ずしも患者の価値に見合っていない．また，「複数施設間の電子カル

322 第 3 部　医療での ICT システムの活用

テなどによる情報の共有などが進まず，医療の提供及び利用における過剰診断，過剰治療，過剰投薬，頻回・重複受診などの弊害が生じている」(9頁)等の課題が指摘される[30].

　これらの課題を克服するために，本提言書は，新たな価値やビジョンを共有し，イノベーションを取り込み，システムとしての保健医療のあり方の転換をしなければならないことを示した上で，2035 年に向けた，以下のような保健医療に関する 5 つの政策の根本的な転換の必要性をパラダイムシフトとして提案している.

① 量の拡大から質の改善へ

　これは「あまねく，均質のサービスが量的に全国各地のあらゆる人々に行き渡ることを目指す時代から，必要な保健医療は確保しつつ質と効率の向上を絶え間なく目指す時代への転換」(10頁) を示している.

　確かに，例えば骨折の治療ならば，どの病院においても「均質のサービス」つまり標準的な方法で骨折の診断と治療ができるかもしれない[31]. そのような疾病については，患者は均質のサービスをより手軽に，より早く受診することを希望することが想定され，ここで指摘されている質と効率の改善を目指すことになろう. しかしクリステンセンらは，均質なサービスが提供できるのは，確定診断後の標準的な治療が確立されている精密医療に限定され，標準的な診断が確立されていない直観的医療や経験的医療については，病気の原因を手探りでみつけながらパターンを特定する精度を高めることが患者の用務を満足させると考えている. 従ってクリステンセンらの理解に立つならば，量から質への転換が可能なのは精密医療に限定されることになる. また質の改善についても，3 つの医療の質は異なり，質自体を一元的に考えることもできないことから，あまねく量から質への根本的な転換は困難であろう.

② インプット中心から患者にとっての価値中心へ

　これは「構造設備・人員配置や保健医療の投入量による管理や評価を行う時代から，医療資源の効率的活用やそれによってもたらされたアウトカムなどによる管理や評価を行う時代への転換」(10頁) を示している.

第10章　破壊的イノベーションに基づく日本の医療情報戦略策定に向けて　323

このパラダイムシフトも ① と同様，クリステンセンらの理解に立てば，確定診断後の標準的な治療が確立されている精密医療ならばアウトカムによる評価が可能になる．しかしながら直観的医療においては依然としてインプット中心にならざるを得ず，この質を高めることによって，患者が実感する医療の価値が高まることになる．従って，あまねくインプット中心から患者にとっての価値中心への転換は困難であろう．

③　行政による規制から当事者による規律へ

これは「中央集権的な様々な規制や業界の慣習の枠内で行動し，その秩序維持を図る時代から，患者，医療従事者，保健者，住民など保健医療の当事者による自律的で主体的なルールづくりを優先する時代への転換」(10 頁) を示している．これからの保健医療サービスは，民間セクターや NPO 等のサービスや財，人びとの意識や行動様式，労働環境，住居やコミュニティ，経済活動，それらを支える人びとの価値観等，様々な要素を考慮することが必要であるという指摘（10 頁）からは，中央集権的な発想では当事者の意識や行動様式まで十分に理解できないために，当事者によるルールづくりを優先することも，望ましい対応と捉えられるだろう．またこの転換は，医療行為における，患者，医療従事者，保健者，住民等から構成される，当事者を中心とする新しいバリューネットワークが医療改革の転換に不可欠であると指摘したものとも捉えられる．

しかし，クリステンセンらの理解に立てば，業界の育成，安定，保証が確立された今日の規制の意義は，如何に安くするのかにあり，日本においては医療行為ごとの根拠となる薬剤料や診療報酬のもととなる点数を決定する厚生労働省及び所管の中央社会保険医療協議会がバリューネットワークを方向づけている．米国における CVS ミニッツ・クリニックのような安価な技術者による精密医療が日本で実現するためには，医師法，歯科医師法，健康保険法をはじめとする各種の法律及び医業類似行為に関連する法律の改定と，技術者への診療報酬の点数を新たに与えることを主導できるのは厚生労働省ではないだろうか．また，新しいバリューネットワークを機能させるためには，バリューネッ

324 第3部 医療でのICTシステムの活用

トワークの構成者に対して，古いバリューネットワークから新しいバリューネットワークへの転換と，新しいバリューネットワークへの参加へのインセンティブを付与することが欠かせないが，どのようにインセンティブを付与するのかについては明確な指摘がない．すなわち，あまねく行政による規制から当事者による規律への根本的な転換を目指すのではなく，行政も，構成者も，共に規制や規律に関与する共創という発想が必要となるのではないだろうか．

④　キュア中心からケア中心へ

これは「疾病の治癒と生命維持を主目的とする「キュア中心」の時代から，慢性疾患や一定の支障を抱えても生活の質を維持・向上させ，身体的のみならず精神的・社会的な意味も含めた健康を保つことを目指す「ケア中心」の時代への転換」（10頁）を示している．

ケア中心の医療は，「自分に似た誰か」を探しつつ，比較可能な患者と自分自身を比較し，互いに教えあい，学びあうことができることや，病気の診断及び治療法の確定後にくる長期間に及ぶ治療への主体的な取り組みが必要であり，キュア中心の医療とケア中心の介護との連携が取れる場合は，医療費の削減が可能となる．クリステンセンらはこのようなビジネスモデルを「ネットワーク促進型事業」としている．従って，キュア中心という考え方でもケア中心という考え方でもなく，2-2のように3つの用務に従った医療サービスの提供を考える必要はないだろうか．すなわち，キュア中心からケア中心への根本的な転換は，現実的とはいえないだろう．

⑤　発散から統合へ

これは「サービスや知見，制度の細分化・専門化を進め，利用者の個別課題へ対応する時代から，関係するサービスや専門職・制度間での価値やビジョンを共有した相互連携を重視し，多様化・複雑化する課題への切れ目のない対応をする時代への転換」（10頁）を示している．

例えば地域医療連携や地域包括ケアを実現するためには，このような統合という視点から切れ目のない医療変革は重要となろう．但し，既存の仕組みをもとにした統合は，提供者の用務を中心とした専門職の連携という意味での統合

第10章　破壊的イノベーションに基づく日本の医療情報戦略策定に向けて　325

にならざるを得ない．しかしながら，破壊的なイノベーションを展開する場合には，患者・個人の用務を満たす切れ目のない医療，すなわち3つのビジネスモデルを中心とする医療サービスの連携という意味での統合が必要になるのではないだろうか．

このように，保健医療に関するいずれのパラダイムシフトも，AからBへの根本的な転換が必要であると主張している．いいかえれば2035年にはAが不要であるとも理解できるような記述ともみることができる．しかしながらこれまでに指摘したように，喫緊の課題に対する優先順位は変化するにしても，持続可能な保健医療システムを構築するためには，「いずれも重要」という視点が不可欠となるのではないだろうか．

4-3　ビジョンとアクション例

本提言書では，2035年に保健医療が実現すべき展望としてのビジョンとして「リーン・ヘルスケア〜保健医療の価値を高める〜」「ライフ・デザイン〜主体的選択を社会で支える〜」「グローバル・ヘルス・リーダー〜日本が世界の保健医療を牽引する〜」の3点を掲げ，それぞれについて，実現するための具体的なアクション例をあげている．グローバル・ヘルス・リーダーとしての日本の医療サービスにおける対外政策については本章の範囲ではないことから，リーン・ヘルスケア及びライフ・デザインというビジョンを取り上げて検討する．

4-3-1　リーン・ヘルスケア——保健医療の価値を高める

このビジョンは，「限られた財源をできる限り効果的・効率的に活用し，保健医療サービスから得られる価値の最大化を図ること，つまり，価値の高いサービスをより低コストで提供する」（13頁）こと，つまり「より良い医療をより安く」（13頁）というコンセプトを推進するということである．まさにこれは医療における「ものごとを単純に，そしてより手ごろな価格にする」（Christensen, Grossman, & Hwang, 2009, p. 1）破壊的イノベーションであり，クリステンセンらの方向性と軌を一にする．

326　第3部　医療でのICTシステムの活用

しかしながら，このビジョンを実現するためのアクションとして，「より良い医療をより安く享受する」ことと「地域主体の保健医療に再編する」ことが示されているが，それらは必ずしもクリステンセンらの破壊的イノベーションを実現するものとはいえない[32]．

例えば，「より良い医療をより安く享受するためのアクション」の例として，① 医療提供者の技術，医療用品の効能等の医療技術評価を導入し，診療報酬点数に反映する，② 医療機関のサービスの費用対効果の改善や地域医療において果たす機能の見直し等，医療提供者の自律的努力を積極的に支援する，③ 医療機関や治療法の患者による選択とその実現を支援する体制を強化する，という3点をあげている（17-18頁）．すなわち，① は，医療技術の費用対効果を測定する仕組みをつくり，既存の医療技術や医療用品を評価し，診療報酬にそれを反映させることで効率性の改善につなげるというアクションである．② は，例えばNCD（National Clinical Database）[33]のような症例テータベースの情報をもとに，全国平均とのパフォーマンスのベンチマーキングを実施することで，医療現場主導の費用対効果改善を支援するということである．③ は，医療機関が提供する必要かつ適正な情報やアドバイスをもとに，かかりつけ医や保健者からの助言を得ながら，患者が納得のいく選択ができる体制を整えることで，医療サービスの過少・過剰部分を是正するということである．

確かにこの3点を進めることができれば，医療提供者が，患者の要望に応じて，自らの医療行為を費用対効果の観点からふりかえり，技術や医療用品の見直しや改善を通じて，より良い医療をより安く享受できる可能性は高まるだろう．但し，このような費用対効果が測定できる医療行為は，均一なサービスが提供できる医療行為，すなわちクリステンセンらのいう精密医療に限定され，直観的医療や経験的医療においては適用できない．また「分子生物学とヒトゲノムの深い理解により，科学者や臨床医は肉眼による解剖学的観察よりも，分子特性に基づいたガンの診断と治療を可能にしている」（Christensen, Grossman, & Hwang, 2009, p. 49）ように，ある段階では直観的医療であったものが，経験的医療に，更に精密医療に移行する疾病もある．従って，この費用対効果の視

第 10 章 破壊的イノベーションに基づく日本の医療情報戦略策定に向けて　327

点から医療の効率を高めていくためには，疾病ごとに医療の種類を固定的に捉えるのではなく，継続的に見直しながら捉えることが必要となるだろう．

また，① から ③ のアクション例は，現状の医療の効率を高める施策であり，既存の機能を効率性の観点から維持・発展させるイノベーション，すなわち持続的イノベーションの範疇に入るだろう．従って，共に医療におけるイノベーションを目的としてはいるが，具体的なアクションとして持続的イノベーションを目指す保健医療 2035 と，破壊的イノベーションを目指すクリステンセンらの考えとは異なっていることがわかる．

4-3-2　ライフ・デザイン──主体的選択を社会で支える

ライフ・デザインとは「人々が自ら健康の維持・増進に主体的に関与し，デザインしていくと同時に，必要なサービスを的確な助言の下に受けられる仕組み」（13 頁）を確立することである．現在の保健医療は，サービスの選択肢や選択のための情報が極めて限定されており，人びとに主体的な選択を行ってもらうためには，これらの情報をバリューネットワークの構成者と共有する必要がある．またあわせて，これらのバリューネットワークの構成者を取り巻く社会環境の改善があって，健康で豊かな人生を全うできる．

ライフ・デザインを進めるための方策として，① 自ら最適な医療の選択に参加・協働すること，及び ② 自ら意識的に健康管理するための行動を支援することが取り上げられている．① の具体的なアクション例として，患者と医師の情報の非対称性を縮小し，患者自らが，自分に適した医療サービスを選択できる情報基盤と活用体制を整備することが，また ② の具体的なアクション例として，「電子健康記録（e-HR: electronic-Health Record）に介護サービス情報を含めた個人レベルでのポータブルな情報基盤と，その活用を支援，補助する体制の整備を図ること」（24 頁）が指摘されている．

① のアクション例における情報基盤と活用体制の整備は，本提言書においては，2035 年のビジョンを達成するために整備すべき 5 つのインフラの 1 つとして取り上げられている（31 頁，33-34 頁）．具体的には，レセプト情報・特定健診等情報データベース（NCB：National Clinical Database），国保データベー

ス（KDB：Kokuho Database），介護保険レセプトデータのデータベース，要介護認定データ，更には診断群分類（DPC：Diagnosis Procedure Combination）データ等を参考に治療以外の保健医療・介護に関連する包括的データ等を，HDN2035（Healthcare Data Network 2035）（仮称）のようなデータベースとして統合すること，NCD のような専門領域のデータベースを全疾患を対象に構築すること等，既存データベースの整備や統合，データ管理を推進すべきであるとしている．これらのデータベースをもとに医療過程を積極的に支援することで，医療従事者は，医学的な判断や患者との合意形成に集中でき，より効率的な医療が提供できるとしている．

このようなデータベースをもとに，患者と医師の情報の非対称性を縮小する具体的な方策として，医師や医療従事者の利用する専門的な情報が理解できない患者に対して，情報の利用を補助するスタッフの育成があげられている．単にデータベースを整備するだけでは，蓄積された専門的な医療情報を患者が理解し利用することは困難であり，人材による対応を考慮している点は，現実的で評価できる．しかし，患者自身がどのような場面でどのような情報をどのように入手し利用する基盤を構築するのか，すなわち患者の視点からの方策が十分に指摘されていない．この点においては，このアクション例は提供者である医療従事者中心の情報化という側面が強い．

他方 ② のアクション例における電子健康記録（e-HR）は，患者・個人が主体性を持ってサービス選択や健康管理を実現するための方策であり，患者・個人の視点からの情報化を意識したものであることがうかがえる．但し，2 節で指摘した 5 点の個人電子健康記録のあるべき特性についての十分な記述がないために，この記録が，クリステンセンらの視点から十分には検討できないが，本提言書全体及び全 8 回の懇談会のレポートの中から，データに関連する記述をみることで，電子健康記録で想定されているデータの特性を確認する．

⑴ データの種類と範囲

医療の質の向上や予防に利用するための情報として，個人ごとの健康情報（7 頁），電子カルテ（9 頁），個人ごとの保健医療・介護情報（24 頁），

ライフログ，検診のデータ，クリニカルデータ（27頁）等が指摘されており，医療，介護を含めた幅広いデータの利用が想定されているといえる．

⑵　データの保管場所

　本提言書には具体的な保管場所についての指摘はないが，第1回懇談会レポート[34]の中には「自らが受けた検査データを，クラウドで把握することができるようにすること等により，医療の満足度の向上につなげることができる」との議事の記載があることから，少なくともクラウド上で保管することは想定されているとみることができる．

⑶　データの所有権

　データの所有権に関する記述も本提言書にはないが，クリステンセンらのいうバリューネットワークの中心として機能する個人電子健康記録とみなすためには，データの所有権は患者・個人が所有しなければならないだろう．

⑷　データの取り込みの権限と方法

　データの取り込み方法は，例えばウェアラブル端末（7頁），生体センサー（27頁）のような装置の利用も想定されている．但しデータの取り込みの権限についての記述はなく，やはりクリステンセンらの個人電子健康記録とみなすためには，データの取り込み権限は患者・個人が所有しなければならないだろう．

⑸　データを利用するインセンティブ

　医療サービスの費用対効果分析をもとに，サービスの改善に関するインセンティブを設定する（18頁）という指摘はあるが，データ利用自体の，提供者，患者・個人双方のインセンティブについての記載はない．但し「診断・治療に比べると，予防に関する科学的エビデンスは圧倒的に少ない．例えば，健康な個人に対する行動変容を促すインセンティブの効果は限定的である」（27頁）と指摘するように，十分な機能を持ったPHRが構築されたとしても，健康な個人も含めて，個人健康管理のために利用してもらうには，何らかのインセンティブが必要なことは明らかであろう．

330 第3部 医療での ICT システムの活用

4-4 小 括

以上, 保健医療 2035 提言書を, クリステンセンらの視点から検討したが, まとめると以下のようになろう.

本提言書で, 保健医療制度改革に必要な根本的な転換として5つのパラダイムシフトの必要性を示している. いずれのパラダイムシフトも, これまでの取り組みに変えて新しい取り組みを行うことが強調されている. また本提言書で示された 2035 年に向けたビジョンは, 医療費をはじめとする社会保障費が急増する中, 皆保険制度の下でこれまで日本で実施されてきた質の高い医療をより安価に提供すること, そして病気の治療や健康に関して患者・個人が主体的に参加できるようにすることを目指している. 患者・個人が自らの健康に留意し, 健康であり続けたり, 軽度な不調ならば自ら手当てするセルフケア, セルフメディケーションが浸透したりすれば, 医療費の軽減にもつながる. これらはクリステンセンらが米国の医療費高騰への対策として主張する, より単純により安価にするという医療の破壊的イノベーションの目指すところと変わりはない. そのような意味では, 日本でも, 米国でも, 同様の医療問題を抱え, それに対して同様のビジョン, 方針をもとに医療イノベーションの実現を検討していることがうかがえる.

しかしながら, 根本的な転換としてのパラダイムシフトやビジョンを実現するための具体的なアクション例は, 両者は必ずしも同じではない. 勿論日本と米国では医療を取り巻く環境が異なることは大きな要因ではあるが, それ以上に, イノベーションの進め方, 捉え方の違いが大きい.

保健医療 2035 では, 医療プロセスの費用対効果を明らかにした上で, そのプロセスを改善するという, 既存の機能の維持・強化を目的とした持続的イノベーションの実現を目指していることがうかがえる. それに対してクリステンセンらは, 例えば, 医療を3つに分割し, その上で費用対効果を明らかにしやすい, つまり精密医療について, ナースプラクティッショナーのような安価な技術者が医療の一部を担えるようにすることで医療費を削減するという, 既存の機能を破壊し新しい機能を実施する破壊的イノベーションの実現を目指して

いる.

　全ての医療について費用対効果分析を実施するようにみえる保健医療2035のアクションよりも，クリステンセンらのように，費用対効果分析が可能な医療をまず明らかにした上で進める方が，より現実的ではないだろうか．

　但し，本提言書においても，次世代型の保健医療人材のインフラ整備について「訪問看護について人材確保を進めることに加え，医療の高度化に対応した業務を行うことができるよう，看護等の専門性を高めるとともに，パラメディカルが行える業務の更なる拡大を行うことが求められる」（38頁）との指摘がある．更に懇談会第5回レポートにも「医師でなければできない作業は何かを検討する必要がある」[35]ことも指摘されている．この記述からは，例えば医師が実施する業務としない業務に分割する，パラメディカルが診療行為の一部を担当する等，医療プロセスの見直しや分割を改革に組み入れる考えも見受けられるので，それらの対策は進めるべきではないだろうか．

5．おわりに

　本章では，医療での喫緊の課題である医療費の増大への対応について，保健医療財源を如何に確保するのかという議論の前に，質の高い医療サービスを如何に安価に提供するのかについての議論と対策が必要であるという問題意識の下に，まずその検討に大いに参考になるクリステンセンらの提案する医療の破壊的イノベーションというフレームワークをやや丁寧に説明しつつ，日本の医療にそのフレームワークを適用することで，医療の破壊的イノベーションの可能性について検討した．そして，医療のバリューネットワークの中心となる個人電子健康記録について，日本の事例を検討することで，現在の日本ではどの程度その記録が実現しているのか，また今後どのように展開すべきか言及した．さらに2035年に向けた日本の医療問題に対する厚生労働省の提言書を評価し，今後の日本における医療改革の方向性が，破壊的イノベーションとどのように関連しているのかについて検討した．

　検討を進めていく中で，われわれが確認できたことは，以下である．

332　第3部　医療でのICTシステムの活用

・医療の破壊的イノベーションを検討するにあたり，破壊的イノベーションの対象を特定するためには，医療を「直感的医療」「経験的医療」「精密医療」に分類する必要がある．

・医療に対する患者の用務は，3つである．すなわち，何が問題かを明らかにすること（診断すること），問題が明らかになったあとに問題を解決すること（治療すること），及び問題が起こらないようにしたり問題が起きても主体的な取り組みを支援したりすること（セルフケア）の3つある．

・これら3つの用務を満たすためのビジネスモデルは，それぞれ「ソリューションショップ型事業」「価値付加プロセス型事業」「ネットワーク促進型事業」と呼ばれる．

・この医療におけるビジネスモデルのイノベーションは，3段階にわたって展開する．第1段階は分割による間接費の削減や専門特化による効率化である．第2段階は同一ビジネスモデル内で起きる破壊的イノベーションによる低価格化や利便性の向上である．第3段階はビジネスモデルを超えて起きる破壊的イノベーションによる低価格化や利便性の向上である．

・日本の医療における破壊的バリューネットワークは，従来の関係者に加えて，新たな関係者として3つのビジネスモデルを担当する施設や組織，あるいは患者・個人の家族によって形成される．

・医療の破壊的バリューネットワークにおいて，様々な関係者が連携するためには，患者・個人が所有，管理し，主体的に医療データや健康データを利用できる個人電子健康記録が機能する必要がある．

・クリステンセンらの提案するあるべき個人電子健康記録の特性を，1）データの種類・範囲，2）データの保管場所，3）データの所有権，4）データの取り込みの権限と方法，及び5）データを利用するインセンティブの5つの観点から整理しつつ特徴づけている．そして，これらの特性との比較において日本の代表的な事例や「保健医療2035」提言書にみられる関連事項を評価している．

・日本における個人電子健康記録の代表的事例としてEHRとしての「さど

ひまわりネット」と PHR としての「ポケットカルテ」を検討した．前者は，患者・個人の健康管理の負担軽減という用務においては，EHR として十分に機能を提供しているが，患者・個人が主体的に健康管理を行いたいという用務においては，PHR の機能も必要になる．後者においても，患者・個人にデータ管理権を与えて，患者・個人が主体的に利用するという用務ならば，PHR として十分に機能する可能性もあるが，利用するデータを準備するためには，医療機関間の診療データの共有という EHR の機能も必要になる．つまり，EHR と PHR の両機能を持つ個人電子健康記録が必要となる．

・日本の医療政策の方向性を示す「保健医療 2035」提言書は，「より良い医療をより安く」を実現するための「リーン・ヘルスケア」や，患者・個人が主体的に健康の維持・増進に関与するための「ライフ・デザイン」等の2035 年に向けたビジョンを掲げており，クリステンセンらの提案する医療の破壊的イノベーションの実現を目指すものとして捉えられる．しかしながら，そのビジョンを達成するためのアクション案は，医療を分割せず全ての医療において既存の機能を強化することで医療費削減を目指す持続的イノベーションを目指しているとも捉えられ，その実現性について疑問が残る．

また本章で十分検討されていないことは，以下である．

われわれはクリステンセンらのフレームワークをもとに，日本の医療の破壊的イノベーションの可能性について検討したが，彼ら自身は「米国等の医療制度では，民間の起業家は破壊的な足場を築く隙間空間—規制当局や既存市場で影響力のある競争相手の視力や聴力の届かない場所—を見つけることができる」(Christensen, Grossman, & Hwang, 2009, p. 408) ために，米国では医療の破壊的イノベーションの実現可能性はあるが，例えば政府による単一支払者制度を実施しているような，政府の規制の及ばない場所をみつけることができない場合には，破壊的イノベーションの実現は困難であるとの見方をする．皆保険制度を利用している日本において，果たして，政府の規制の及ばない場所をみつ

334　第3部　医療でのICTシステムの活用

けることが可能であろうか.

しかしながらそれでも,われわれは,破壊的イノベーションの実現可能性について否定すべきではないと考える.それは,医療費の問題を財源確保ではなく医療における医療費削減へ目を向けること,特に精密医療については,安価で顧客の利便性を大いに高める可能性があるからである.そのためには,異論は多々あろうが,精密医療について,それを担うことができる従事者を開放する規制緩和が必要となろう.

また,医療の破壊的イノベーションを実現するための,新たなバリューネットワークを形成し参加するために,どのようなインセンティブを与えればよいかについては十分に検討できていない.例えば3節でも指摘したように,破壊的なバリューネットワークが機能するような個人電子健康記録のシステムが構築されても,医療従事者が,そのバリューネットワークに参加することで自らの用務(例えば他病院との連携や,事務作業の効率化)が満たされなければ,導入費用や維持費用を支払ってまで,参加するだろうか.参加する医療従事者が少なければ,PHRで利用するデータも準備できず,PHRも,それを中心とするバリューネットワークも機能しない.

クリステンセンらは,個人電子健康記録が破壊的な医療のバリューネットワークの要素と結びついて重要な役割を果たすようになる方策として,市場に参入しようとする企業が集まって標準について同意する,共通言語に変換する仮想化を行う,政府等が補助金を出す等強制するという方策を示す.患者が自由に病院を選択できるフリーアクセスが可能な日本においては,個人電子健康記録をより多くの医療機関間で有機的に共有するバリューネットワークの構築は非常に重要になろう.その実現のためには,クリステンセンらの方策を参考にしつつ,各医療機関が前向きに連携に臨むことを可能にする日本式のインセンティブを提供者側及び利用者側が共に考えていなければならないだろう.

1)　Christensen, Grossman, & Hwang (2009) p. xliii. 業界における規制には,「1. 育成する」,「2. 安定と保証を与える」,「3. 手ごろな価格にする」という3つのステージ

があり，今日の医療業界に求められている規制は3番目のステージであるという認識に立っている．

2）Christensen, Grossman, & Hwang（2009）では，それまで「破壊的技術」と呼ばれている技術がなぜ「技術的なイネーブラー」と呼称されるのかについての明確な理由は示されていない．後述する破壊的技術イノベーションを実現するためには，技術的な構成要素は必要条件にとどまり，その要素と「ビジネスモデル」，「バリューネットワーク」，及び「標準と規制」という要素との組み合わせが十分条件である，ということを強調するために名称を変更したものと想定される．

3）多くの技術は，現在の制度の機能を維持・発展するために用いられる．これらの技術は，Christensen（1997）によれば「持続的技術」と呼ばれ，破壊的技術とは区別される．

4）このビジネスモデルは，Johnson, Christensen, & Kagermann（2008）のイノベーションのモデルに基づく．

5）このビジネスモデルは，その構成要素の名称は異なるものの，顧客に提供する価値，その価値を提供するために必要となる資源，プロセス，その担い手となる関係者から構成されるものである点においては，國領（1999）のビジネスモデルの捉え方と類似している．

6）Christensen, Grossman, & Hwang (2009) p. xxvi. 医療の価値を測定できないことを非難する場合があるが，それはアウトプットや価値，支払の評価指標が異なるビジネスモデルや事業を一緒に扱うために，医療提供者が事業の価値を測定できないことが原因とされる．日米においては医療制度が異なることから一概には指摘することは難しいが，クリステンセンらの理解に立てば，日本においてもアウトプットや価値，支払指標が異なるビジネスモデルや事業を一緒に測定する場合には，その測定値では医療の価値を適切に判断することは難しいと思われる．

7）日本においては，医師法第17条，歯科医師法第17条によって医師や歯科医師以外が医業（医（医療）行為を業とすること）を行うことは認められていない．但し，あん摩マッサージ指圧師，はり師，きゅう師，柔道整復師，整体師，カイロプラクター等が広義の医療行為とみなされる医業類似行為を行うことは認められている．また，看護師においては，原則として，保健師助産師看護師法第5条に規定された業のみを行うことができるが，今後の在宅医療等の一層の推進・充実をはかっていくために，医師や歯科医師が患者を特定した上で，看護師に手順書により特定行為を実施する場合にかぎって一定の診療の補助が行える「特定行為に係る看護師」の制度が2015年10月1日に施行されている．ここでの特定行為とは，クリステンセンらの医療の分類との対応関係でいえば，確定診断後の精密医療に相当する．但し，この特定行為に係る看護師は，米国におけるナースプラクティッショナーのような自らの判断で診療行為を行うことが認められていないので，この制度の

336 第 3 部 医療での ICT システムの活用

下での看護師は医療のコストを安くする破壊的な技術にはならない.

8) CVS ミニッツ・クリニックの Web サイト（https://cvshealth.com/about/our-offerings/cvs-minuteclinic）（2016 年 7 月 12 日現在）. 現在，米国 33 の州の中で 1,100 以上のクリニックが開設されており，2000 年にクリニックが初めて開設されて以来 2,500 万人以上が通院したとされる. また，2017 年までに米国 35 の州の中で 1,500 のクリニックを開設する計画が示されている. なお，ミニッツ・クリニックでは，医療過誤による訴訟を受けたことがない（p. 120）.

9) サイマルコンサルタントの Web サイト（http://www.simulconsult.com）（2016 年 7 月 12 日現在）.

10) 厚生労働省の Web サイトに掲載される日本の国民皆保険制度の特徴（www.mhlw.go.jp/file/06-Seisakujouhou-12400000-Hokenkyoku/0000072791.pdf，2016 年 7 月 12 日現在）. 図表 10-1 は，国民皆保険制度の概要を説明するものでもある.

11) 平成 28 年度診療報酬改定の基本方針（http://www.mhlw.go.jp/file/05-Shingikai-12601000-Seisakutoukatsukan-Sanjikanshitsu_Shakaihoshoutantou/0000106247.pdf）. ① 超高齢社会における医療政の基本方向，② 地域包括ケアシステムと効果的・効率的で質の高い医療提供体制の構築，③ 経済成長や財政健全化との調和の 3 点を重視する基本方針が示され，この基本方針に沿って診療報酬が改定される.

12) 地域医療連携や地域包括ケアを行う際に，急性期，回復期，慢性期，終末期等に医療を分類する場合があるが，この分類は，主として現状の医療サービスの提供体制に基づく分類なので，提供者の視点からの分類である.

13) この事業における専門病院には，労働安全衛生法の中で特に有害である業務に従事する人を対象とする特殊健康診断に特化する専門施設や，画像診断に特化する専門施設等が該当する.

14) この事業における専門病院には，標準化された手順に基づく精密医療を行う施設・機関が該当する. 日本においては，このような精密医療だけを専門的に行う施設・機関は現時点では存在しない. しかしながら，検査・処置・食事・服薬等患者さんが受ける治療や看護ケア等の標準的なスケジュールを時系列に沿って一覧にまとめて管理できるクリニカルパスによる（精密）治療を担う施設・機関は，将来的にその候補として考えられる.

15) 例えば肝臓友の会，血友病患者会，腎臓病患者会等である.

16) このネットワークを運営する施設・機関は，健康診査と指導・助言，栄養管理の指導・助言，受動喫煙の防止，生活習慣の改善指導・助言等の健康増進法に基づく事業を担う施設・機関が該当する.

17) Christensen, Grossman, & Hwang (2009) p. xxix-xxx. クリステンセンらによれば，バリューネットワークは多くの要素が同時に協調して初めて機能することから，既存のバリューネットワークの部分的に取り換えるホットスワッピング（hot

第 10 章　破壊的イノベーションに基づく日本の医療情報戦略策定に向けて　337

swapping）による改革をしたとしても，新しいバリューネットワークは十分に機能しない，ということが他業界の事例からの知見として指摘される．長期的にみれば，彼らのこの知見が日本の医療業界においても当てはまるであろうが，短期的にはそうした部分的な対応も必要とならざるを得ないのではないかという理解に立ち，われわれのあるべきバリューネットワークは一部ホットスワッピングの発想を取り入れている．なお，クリステンセンらのあるべき破壊的バリューネットワークの構成者にも，総合病院，簡易診療所という既存の医療提供者が含まれている．

18)　吉原博幸（2011, 2 頁）．

19)　田中博（2011, 522 頁）は EHR を「国民一人ひとりが自らの健康・医療情報を『生涯を通じて』把握でき，健康管理，疾病予防あるいは疾病管理に活用できる生涯型の健康医療電子記録」と定義している．この定義には診療データだけでなく健康データも含まれることから吉原（2011）の定義よりも広く，Christensen, Grossman, & Hwang（2009）の個人電子健康記録に近いものと考えられる．更に山本（2010, 33 頁）では，個人としての保健医療情報の生涯にわたる利活用を可能とする仕組みを PHR と呼び，その仕組みを，地域や国レベルまでの全体的な観点から分析する場合には EHR と呼ぶ．このように，EHR あるいは PHR の概念の捉え方や扱うデータの範囲は，何を説明するのかによって変わってくる．

20)　Christensen, Grossman, & Hwang (2009) pp. 139-140. Indivo システムは，実際に現場に足を運び，現場の事実に基づいて考える三現主義に基づいて，製品に関する情報が即座に認識できるような形式に標準化され誰からもみえるように管理するトヨタの生産システムを参考にしつつ，データは患者と一緒に管理するという発想に基づく情報化の例である．

21)　個人電子健康記録のあるべき特性の特徴づけは，Indivo システムの説明がなされる Christensen, Grossman, & Hwang（2009, pp. 140-141）における説明を参考にしている．なお，彼らの認識する特性には個人電子健康記録の「データの保管期間」についての指摘はないが，データ利用の潜在的な価値を高めるためにはその期間は個人の将来に及ぶと想定される．

22)　実証事業には，例えば，2007 年より開始された PHR 及び EHR の構築に関する「健康情報活用基盤実証事業」や 2010 年に公表された「新たな情報通信技術政策」における「どこでも MY 病院」の構築事業がある．

23)　地域医療連携システムとしては様々なものがあるが，例えば，中央大学企業研究所の「医療ビジネスにおける実証研究」研究プロジェクトの 2012 年 9 月の視察における，脳卒中を中心とする地域医療連携システム DASCH（DAtabank as Solution for your Care and Health）Pro の事例（7 章）がある．

24)　詳細は「さどひまわりネット」の Web サイト（http://www.sadohimawari.net/, 2016 年 7 月 1 日現在）を参考にされたい．また，「さどひまわりネット」は地域医

338 第3部 医療での ICT システムの活用

療の効率化と品質維持を実現したものであるが，特に医師の負担を増やさないように，使い慣れた機器を活用し実用性の高い仕組みを構築する等した点が評価され，同ネットを運営する佐渡地域医療連携推進協議会は，日経 BP 社の IT 総合誌「日経コンピュータ」が主催する「IT Japan Award 2014」の特別賞を受賞している．

25) 渡辺・田中（2014）の 61 頁を参照．これらの主要機能はさどひまわりネットの機能概要の表 2 に基づく．

26) 「ポケットカルテ」Web サイト（https://pocketkarte.net/g_top.action，2016 年 7 月 1 日現在）によれば，「ポケットカルテ」は 2009 年にモバイルコンピューティングの普及促進団体である MCPC（モバイルコンピューティング推進コンソーシアム）の主催する「MCPC award」においてモバイルコンシューマー賞を受賞している．また 2015 年 1 月に総務省が主催する「地域情報化大賞」において大賞／総務大臣賞を受賞し，更に 2015 年 11 月にスマート・ライフ・プロジェクト〈厚生労働省〉が主催する第 4 回「健康寿命をのばそう！アワード」において生活習慣病予防分野で厚生労働省健康局長優良賞（団体部門）を受賞している．

27) 北岡（2012）によれば「「ポケットカルテ」は政府の新成長戦略の実現に向けて内閣官房の高度情報通信ネットワーク社会推進戦略本部（IT 戦略本部）が設置した「医療情報化に関するタスクフォース」において公表された，「どこでも MY 病院」構想の実現説明資料の最終ページで「(参考)「ポケットカルテ」サービス」として掲載されており，構想実現の参考となる，日本で運用中の PHR（Personal Health Records：個人健康情報管理）の先進事例として位置づけられ，既に公共政策において活用されつつある」（104-105 頁）とされる．

28) 「保健医療 2035」策定懇談会（2015）．

29) 保健医療 2035 の Web サイトに掲載された会議概要（http://www.mhlw.go.jp/seisakunitsuite/bunya/hokabunya/shakaihoshou/hokeniryou2035/concept/）（2016 年 7 月 1 日現在）．

30) 「保健医療 2035」策定懇談会（2015，8-9 頁）．提言書ではこれ以外にも，近視眼的な見直しを繰り返すことで制度疲労を起こしていること，漸進的な自己負担増や給付の縮減のためのアプローチの限界等を指摘している．

31) Christensen, Grossman, & Hwang（2009）pp. 63-65. このような精密医療には骨折以外に，連鎖球菌性咽頭炎，Ⅰ型糖尿病等が指摘されている．

32) 「地域主体の保健医療に再編する」というアクションは，4-2 で指摘した「発散と統合」というパラダイムシフトと同様，提供者の用務を中心とした連携という意味ではなく，患者・個人の用務を満たすという意味での統合という視点が欠如している問題を指摘できる．従って，このアクション例に対する評価は省略する．

33) 日本外科学会を基盤とする外科系諸学会が協力して構築した，外科手術等のデータベース．日本で一般外科医が行っている手術の 95％をカバーする（NCD の Web

サイト　http://www.ncd.or.jp/）（2016 年 7 月 1 日現在）.

34)　保健医療 2035 の Web サイトに掲載される第 1 回レポート（http://www.mhlw.go. jp/seisakunitsuite/bunya/hokabunya/shakaihoshou/hokeniryou2035/report/ 20150224/）（2016 年 7 月 1 日現在）.

35)　保健医療 2035 の Web サイトに掲載された第 5 回レポート（http://www.mhlw.go. jp/seisakunitsuite/bunya/hokabunya/shakaihoshou/hokeniryou2035/report/ 20150422/）（2016 年 7 月 1 日現在）.

参 考 文 献

Christensen, C. M. (1997), *The Innovator's Dilemma*, Harvard Business Review Press（玉田俊平監修／伊豆原弓訳（2001）『イノベーションのジレンマ』翔泳社）

Christensen, C. M., Bohmer, R., & Kenagy, J. (2000), "Will disruptive Innovations Cure Health Care?," *Harvard Business Review*, Vol. 78, No.5, pp. 102-117（中島由利訳（2001）「医療ビジネスのジレンマ」『Diamond ハーバード・ビジネス・レビュー』（2001 年 3 月号），133-145 頁）

Christensen, C. M., Grossman, J. H. &, Hwang, M. D. (2009), *The Innovator's Prescription – A Disruptive Solution for Health Care*, McGraw-Hill（山本雄士・的場匡亮訳（2015）『医療イノベーションの本質―破壊的創造の処方箋』碩学舎）

Johnson, M. W., Christensen, C. M., & Kagermann, H. (2008), "Reinventing Your Business Model," *Harvard Business Review*, Vol. 86, No. 12, pp. 50-59

Mandl, K. D., and I. S. Kohane (2008), "Tectonic shifts in the health information economy," *New England Journal of Medicine* Vol. 358, No. 16, pp. 1732-1737

Pine Ⅱ , B. J., Gilmore, J. H. (1999), *The Experience Economy*, Harvard Business Review Press（電通経験経済研究会（2000）『経験経済―エクスペリエンス・エコノミー』流通科学大学出版）

Porter, M. E., Teisberg, E. O. (2004), "Redefining Competition in Health Care, "*Harvard Business Review*, Vol. 82, No. 6, pp. 64-76（有賀裕子訳（2004）「ヘルスケア市場の競争戦略」『Diamond ハーバード・ビジネス・レビュー』（2004 年 9 月号），129-149 頁）

Porter, M. E., Teisberg, E. O. (2006), *Redefining Health Care Creating Value-Based Competition on Results*, Harvard Business Press（山本雄士訳（2009）『医療戦略の本質』日経 BP）

北岡有喜（2012）「個人向け健康管理サービス「ポケットカルテ」について」『通信ソサエティマガジン』，No. 22，99-105 頁

國領二郎（1999）『オープン・アーキテクチャ戦略―ネットワーク時代の協働モデル』ダイヤモンド社

杉山博幸・池田俊也・武藤正樹（2012）「我が国におけるパーソナル・ヘルス・レコード（PHR）の定義に関するレビュー」『国際医療福祉大学学会誌』，Vol. 17, No. 2, 20-30 頁

寺本義也・岩崎尚人（2000）『ビジネスモデル革命―競争優位のドメイン転換』生産性出版

田中博（2011）「日本版 EHR（Electronic Health Record）の実現に向けて」『情報管理』，Vol. 54，No. 9，521-532 頁

田中博（2012）「地域医療連携システムの進展と日本版 PHR の動向」『月刊新医療』，Vol. 39，No. 9，24-30 頁

新村出編（2008）『広辞苑（第六版）』，岩波書店

日本版 PHR を活用した新たな健康サービス研究会（2008）「個人が健康管理を管理・活用する時代に向けて～パーソナルヘルスレコード（PHR）システムの現状と将来～」経済産業省（http://www.meti.go.jp/policy/mono_info_service/service/download files/phr_houkoku_honbun.pdf）（2016 年 7 月 1 日現在）

根来龍之・木村誠（1999）『ネットビジネスの経営戦略―知識交換とバリューチェーン』日科技連出版社

「保健医療 2035」策定懇談会（2015）「保健医療 2035 提言書」厚生労働省（www.mhlw.go.jp/file/04-Houdouhappyou-12601000.../0000088647.pdf）（2016 年 7 月 1 日現在）

安室謙一・ビジネスモデル研究会（2007）『ケースブック　ビジネスモデル・シンキング』文眞堂

山本隆一（2010）「EHR が変える保健医療―諸外国の取り組みと我が国への示唆―」『海外社会保障研究』2010 年 9 月号，No. 172，31-41 頁

吉原博幸（2011）「世界と日本における EHR の現状と問題点」『月刊新医療』（2011 年 2 月号）104-110 頁

渡辺和彦・田中孝治（2014）「地域完結型医療を実現する情報集約型医療連携ネットワークの構築」『ユニシス技報』，Vol. 34，No. 2，56-65 頁

第11章　医療連携情報システムの情報品質評価

1．はじめに

　あらためて指摘するまでもなく，医療財政の逼迫，過疎化あるいは医師不足等，わが国では今日，医療の質を毀損しかねない事態が進展している．一方，医療技術や医療機器の進歩，新薬の開発等医療の質向上につながると期待される科学技術の進歩も顕著である．こうした状況の中で健康で安全な生活を保持するために質の高い医療を受けたいと願う地域住民の願望に応えるためには，地域医療に関わるできるだけ多くのステークホルダーが，地域の医療・介護・福祉サービスの高度化という長期的価値の創造を目指して戦略的な医療連携体制を構築していくことが必要不可欠である．

　国民あるいは地域住民に対して質の高い医療の提供を目指して医療連携を推進していくためには，医療情報連携が不可欠である．すなわち，医療連携は優れて医療情報の連携である．医療情報連携は，患者に高品質の医療を提供するための「知識の連鎖」(Badaracco, 1991) の過程とみなせる．情報システムは，その知識の連鎖を促進するための有力な手段の1つである．今日，医療機関，行政機関等から様々な医療連携や医療情報連携，そのための情報システムについての提案がなされている．しかし，医療連携のための情報システムの必要性や理想形については議論や提案が喧しく行われているが，それを如何ように作り上げていくのかという点についての，いうなれば戦術的な議論についてはいま本格的に始まったばかりのようである．

　筆者は，戦略的な医療連携を支援する情報システムの計画と統制のための分析モデルを開発するための研究を進めたいと考えている．本章の目的は，その

342　第3部　医療でのICTシステムの活用

研究に着手するにあたっての視点を提案しようとする点にある．それら3つの視点とは次の通りである．

第1の視点は，医療情報連携の研究において目指すべきは，医療連携を支援する情報システムの理想的な仕様や機能を追求することではなく，そのようなシステムを開発・運用するための組織モデルを開発すべきであるというものである．すなわち，理想的な情報システム・モデルではなく，システムの開発運用モデルこそ研究されるべきと考える．目指すべきが医療連携情報システムの仕様でないとしたならば，そのシステムの評価をどのような尺度から評価すればよいのかが課題となる．第2の視点は，この点に関してシステム評価の尺度を技術的性能ではなく，情報品質（Information Quality：IQ）にこそおくべきであるというものである．第3の視点は，ある医療連携情報システムが扱っている情報品質の評価を重視するならば，その評価プロセスをマネジメント・プロセスの一部として確立しなければならない．どのような組織であっても，それが扱う情報品質の向上を目指すためには，品質マネジメントのための組織機構を確立する必要がある．そのことの結論として，第3の視点は，組織の中に情報品質評価プロセスを中心に据えたITマネジメント・システムを確立するようにしなければならないというものである．

筆者は，これら3つの視点を論ずることを通じて，情報経営学がこれまで蓄積してきた研究成果を医療連携情報システムの研究に応用していくための方略を示したいと考える．

2．システム・モデルより開発・利用モデル

総務省（2012）は，高齢化や過疎化が進む地域における医療介護分野の現状課題として次の2点を指摘している（3-5頁）

　・医療人材等の偏在または不足の解消

　・医療の連携，効率化及び費用の削減

総務省は，情報通信技術（ICT：Information and Communication Technology）の活用がこれら2つの課題解決につながるものとして，シームレスな地域医療連

携を支援する情報ネットワーク構築に係る導入・運用手順や体制，システム要件，仕様，人材育成等に関するガイドラインを示している．そのガイドライン中で地域医療連携のための情報システムが「セキュリティが担保されたネットワークで複数の医療機関を接続し，病院情報システム等から抽出された医療情報を安全に格納し，ネットワークを経由して医療従事者がこれらをいつでも閲覧できるようにするデータベース連携システム」と定義されている（総務省，2012，7頁）．このような地域医療連携支援のための情報ネットワークは，地域住民に対して慣れ親しんだ，あるいは安住の場と定めた地域で安心して生活を営むことができるという尊い価値を，医療・健康・介護・福祉関連機関，自治体・行政機関並びに民間事業者が連携して長期的に提供していくという意味において，企業情報システムの1つの重要な概念として注目を浴びた，まさしく戦略的情報システム（Strategic Information System：SIS）ともいえよう．

　医療連携を支援するための情報システムの要諦は，患者の診療に関わる医療従事者の間で診療情報の共有化をはかる点にある．情報の共有化がその目的であることは理解するにしても，ここで注意しなければならないことは，医療従事者の間で共有すべき診療情報の品質に多様性がみられることである．すなわち，第1に，ある患者の診療に関わる医療従事者の間でその診療情報に対して要求する品質水準が異なる．第2に，同じ医療従事者にあって診療の進捗に応じて情報に要求される品質水準が変わってくる．医療連携を支援する情報システムが成功するための大変重要な条件は，この多様性をその開発・運用の全過程において適切に吸収するように工夫することである．

　従って，医療連携を支援する情報システム研究の到達点としては，そのシステムの理想的なモデルや仕様を特定することもさることながら，そのような多様性を吸収するようなシステムの開発・運用全般に関するモデルの構築こそが念頭におかれなければならないと考える．厚生労働省が，医療連携を支援するための情報ネットワーク構築に向けた4つの課題領域を示している（厚生労働省，2014，8頁）．

　①　持続性が高い情報ネットワークの普及

344　第3部　医療でのICTシステムの活用

② 情報ネットワーク間の情報共有の促進

③ 医療機関間の双方向の情報連携

④ 医療，健康記録の個人による利用促進

　同省は，これら4つの課題領域に対する取り組みの出口の1つとして「情報システムのための標準モデル」の確立・普及を掲げている．勿論，その時代時代の情報通信技術の水準を反映した，医療連携支援のための情報システム特性や仕様の開発研究も重要である．一方，それはそれとして，「その開発・運用のための標準モデル」を作り，その普及・啓蒙に傾注することも研究のもう1つの出口として忘れてはならないと考える．

　医療連携のための情報基盤研究で情報経営学が貢献し得る領分はこの点にこそ求められる．日本情報経営学会で進められている研究プロジェクト『医療・介護・福祉サービス創造のための地域医療連携支援情報基盤に関する研究』も，「標準モデル」の特性や仕様を研究することではなく，「開発・利用のモデル」の特性を明らかにすることがその研究成果の1つとして期待されている．この点にこそ，情報経営学の立場からの地域医療連携の情報基盤研究の意義の1つを認めることができるのである．本研究プロジェクトが，その良い成果を生み出すことを期待したい．

　医療連携を支援するための情報システムには様々なものがある．この情報システムは，一般的には医療連携を支援するためのデータベース・システムであることが多いであろう．

　この情報システムを中心として，その様々な利用の文脈が考えられることになる．この情報システムは，例えば，脳卒中を想定した場合，急性期病院，回復期病院，リハビリテーション病院，介護施設，システム・ベンダー，場合によっては患者自身や家庭，あるいは小売事業者等様々なエンティティによって利用される．先の情報品質の定義から明らかなように，この情報システムで利用される患者に関する診療情報の品質に対する要求水準は多様である．すなわち，各利用者の利用目的に応じて，この情報システム上にある情報の品質が評価されることになる．

3．医療情報分野における情報品質研究の必要性

上で触れたように，医療連携を支援するための情報システムが本来の目的を
達成できるようにするためには，それがその利用者それぞれが要求する医療情
報の品質の多様性に応えられるようになっていることが肝要である．すなわ
ち，情報品質の多様性に応えることを第一義に考え，それに応えられるように
なっているか否かという観点においてこそ，医療連携を支援するための情報シ
ステムの性能が評価されるべきであろう．

情報品質（Information Quality：IQ）概念が情報システム研究の中で明示的に
取り上げられるようになったのは比較的最近である．情報システムの開発の時
に，その利用者にとっての情報ニーズ（Information needs）が関心事となること
はあっても，情報品質が明示的に取り上げられることはなかったように思われ
る．1990 年代半ば頃から少しずつではあるが，情報品質概念に目が向けられ
るようになってきた．Wang（1998）は情報品質を「情報の消費者による利用
にとっての適合性」（Wang, 1998, p. 60）と定義している．また，OECD（2003）
は，それを「利用者にとっての必要性との関係で決まってくる"利用にとって
の適合性"」と定義している[1]．これらの定義から明らかなように情報品質の
評価次元は多様である．

例えば，Wang and Strong（1996）は，図表 11-1 に示すように，本質的 IQ
（Intrinsic IQ），文脈上の IQ（Contextual IQ），表現上の IQ（Representational IQ），
アクセス可能性 IQ（Accessibility IQ）と呼ばれる 4 種類のカテゴリに分類され
る，全体で 16 個の情報品質次元を示している．また，Eppler（2006）は，図表
11-2 に示すように関連性レベル（Relevance Level），健全性レベル（Soundness
Level），プロセス・レベル（Process Level），情報基盤レベル（Infrastructure
Level）と呼ばれる 4 種類のレベルに分類される，全体で 16 個の情報品質次元
を提示している．また，これらの他にも，O'Breien（1995）は，図表 11-3 に示
すように時間次元（Time Dimension），内容次元（Content Dimension），形式次元
（Form Dimension）と呼ぶ 3 種類のカテゴリに分類される 15 個の情報品質次元

346　第3部　医療でのICTシステムの活用

図表11-1　情報品質の評価次元（その1）

IQ カテゴリー	IQ 次元
本質的 IQ （Intrinsic IQ）	正確性（Accuracy）
	客観性（Objectivity）
	信頼性（Believability）
	評判（Reputation）
文脈上の IQ （Contextual IQ）	関連性（Relevancy）
	付加価値（Value-Added）
	適宜性（Timeliness）
	完全性（Completeness）
表現上の IQ （Representational IQ）	解釈可能性（Interpretability）
	理解容易性（Ease of Understanding）
	表現簡素（Concise representation）
	表現一貫（Consistent representation）
アクセス可能性 IQ （Accessibility IQ）	アクセス可能性（Accessibility）
	アクセスのセキュリティ（Access Security）

（出所）　Wang and Strong (1996), p. 33

を提案している（p. 352）．更に，OECD（2003）は，図表11-4に示すように関連性（Relevance），正確さ（Accuracy），首尾一貫性（Coherence）等，7つの情報品質次元に言及している（pp. 7-10）．この頃から情報品質に着目した研究が相次いで現れるようになってきた（例えば，Eppler, 2006；Wang, 1998；Wang, Pierce, Madnick and Fisher eds., 2005；Wang, Lee, Pipino and Strong, 1998；Wang and Strong, 1996 等）．

　これらの定義に代表的に表れているように，情報品質は多義的である，換言すれば情報の品質尺度は多様である．

　このように，情報品質に対する関心が1990年代半ばに高まってきていた．しかし，どのような産業分野の情報システム化であれ，情報品質研究に対する関心がなかなか定着してこないのは単にまだ新しいというにとどまらず，もっ

第 11 章　医療連携情報システムの情報品質評価　347

図表 11-2　情報品質の評価次元（その 2）

情報品質レベル	情報品質基準
関連性レベル Relevance Level	網羅性（Comprehensiveness）
	詳細さ（Accuracy）
	明瞭性（Clarity）
	応用可能性（Applicability）
健全性レベル Soundness Level	簡潔性（Conciseness）
	一貫性（Consistency）
	正確性（Correctness）
	最新性（Currency）
プロセス・レベル Process Level	利便性（Convenience）
	時宜性（Timeliness）
	追跡可能性（Traceability）
	双方向性（Interactivity）
情報基盤レベル Infrastructure Level	アクセス可能性（Accessibility）
	安全性（Security）
	維持のしやすさ（Maintainability）
	速効性（Speed）

（出所）　Eppler (2006), p. 76

と根本的な原因があるように思われる．筆者が想像するに，それは，情報品質評価プロセスを，現実のビジネスにおける情報システムの利用プロセスの中に組み入れるという観点がなかなか育まれなかった点に見出すことができると考える．その更なる理由を，これまでの情報システム利用の歴史において情報品質よりも情報システム性能に関心の目が注がれてきたという点，このことは更に換言すれば，利用者指向ではなく情報システム専門家志向で情報システムの導入が進められてきたという点に見出すことができる．いま，われわれに求められているのは，情報品質の評価プロセスを，組織全体における IT マネジメント・プロセスの中に適切に位置づける方法を研究することであると考える．

348　第3部　医療でのICTシステムの活用

図表 11-3　情報品質の評価次元（その3）

時間次元（Time Dimension）	
適時性（Timeliness）	情報は必要な時に提供されるべきである
最新性（Currency）	情報はそれが提供された時に更新されるべきである
頻度（Frequency）	情報は必要な回数だけ提供されるべきである
期間（Time Period）	情報は過去，現在，未来について提供されるべきである
内容次元（Content Dimension）	
正確性（Accuracy）	情報はエラーを含んでいてはならない
関連性（Relevance）	情報は，ある特定の状況において特定の受け手の情報ニーズに関連づけられなければならない
完全性（Completeness）	必要とされる情報の全てが提供されなければならない
簡潔性（Conciseness）	必要な情報のみが提供されなければならない
範囲（Scope）	情報は広狭両方の範囲，あるいは内外の焦点を含ませることができる
成果（Performance）	情報は完成した活動，達成された進歩，蓄積された資源を測定することによって成果を明示することができる
形式次元（Form Dimension）	
明瞭性（Clanty）	情報は理解しやすい形式で提供されるべきである
詳細性（Detail）	情報は詳細にも，要約的にも提供することができる
順序（Order）	情報は事前にきめられた順序で並べることができる
表現（Presentation）	情報は話言葉，数値，グラフィックあるいは他の形式で表現できる
メディア（Media）	情報は，印刷，ビデオディスプレイ，あるいは他のメディア等の形式によって提供することができる

（出所）　O'Breien (1995), p. 352

医療連携を支援する情報システムの分野においても勿論然りである．

　次節では，この点についての1つの提案を試みたい．

第11章　医療連携情報システムの情報品質評価　349

図表11-4　情報品質の評価次元（その4）

次　元	説　明
関連性（Relevance）	データの利用者にとっての価値（value）
正確さ（Accuracy）	測定しようとする統計量や特性をデータが正確に予測し，記述している程度
信用性（Credibility）	データの生産者のイメージ（ブランドイメージ）から，利用者が寄せる，そのデータに対する信頼感
アクセス可能性（Accessibility）	OECDのデータ保管庫のデータの利用可能性
解釈可能性（Interpretability）	利用者がデータを容易に利用し，分析することができる程度
首尾一貫性（Coherence）	幾つかのデータが論理的に統合され，相互に一貫している程度
費用対効率（Cost-efficiency）	データのコストとその提供者の負荷の関係

（出所）　OECD（2003），pp. 7-10

4．医療連携の情報品質評価モデル

4-1　医療連携のモデル

　医療連携の形態は実に多様である．まず，本章で想定する医療連携のモデルを抽象化すると，図表11-5のようになる．まず，患者がある病気を発症すると，その患者はまず医療機関Aに入院あるいは搬送され，その医療機関の医師Aから必要な治療を受ける．例えば，ある人が脳卒中を発症し，急性期病院Aに入院するといったような状況を想定するとよいであろう．この患者は医療機関Aで一定の必要な治療を受けたあとに医療機関Bに転院し，この医療機関の医師Bの治療を受ける．先の例では，急性期病院で必要な治療を受けた脳卒中患者が回復期病院あるいはリハビリテーション病院に転院するといったような状況を想定するとよいであろう．この場合，医療機関Aと同Bが医療連携関係にあることになる点はいうまでもない．この医療連携モデルでは医療機関同士の連携ということになっているが，勿論このかぎりではない．例

350　第3部　医療でのICTシステムの活用

図表11-5　本章で想定する医療連携モデル

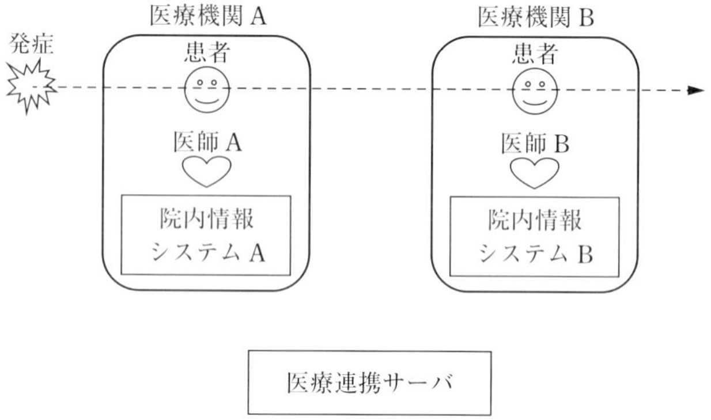

医療機関A　　　　　　　　医療機関B

発症　　　　　患者　　　　　　　　患者

医師A　　　　　　　　医師B

院内情報　　　　　　　　院内情報
システムA　　　　　　　　システムB

医療連携サーバ

えば，医療機関と介護施設との間や，医療機関と小売事業者との間の連携も考えられる．むしろ，最近は，地域住民の多様なにニーズに応えるための新たな価値創造を目指して医療連携への参加主体が多様化する傾向にある．医療・介護・福祉サービスの高度化を目指す程度に応じて多様な連携態様が想定され，参加主体が多様化していくであろう．

　一方，医療連携を支援する情報基盤がある．いうまでもなくこの基盤は，医療機関間で患者の診療情報を蓄積・利用するためのデータベースを中心としたシステムと考えられる．勿論，多様な形態やシステム構成が考えられる．医療機関A並びにBはこの医療連携情報システムのサーバを利用することになるが，それら医療機関自体もそれぞれ完結した医療情報システムを保有し，利用している．また，医療機関AやBの情報システムが，またそれとは異なる医療連携情報システムにリンクし，運用されているといった事態も考えられるかもしれない．すなわち，医療連携情報ネットワークは，一般的には無限の拡がりを有するオープン・コンピュータ・ネットワークと考えるのが至当であろう．換言すれば，それは，連携事業への各参加主体の自立性が忖度されるべき，自立分散型のコンピュータ・ネットワークと考えられる．

第 11 章　医療連携情報システムの情報品質評価　351

4-2　情報品質評価モデルの要件

　第2節で言及したように，情報の品質評価次元は実に多様である．ある1つの会社組織のような単一組織においてすら，その部署や役割によって各人が必要とする情報やその品質水準は変わってくる．単一の組織においてすらそうであるから，ましてや医療連携におけるように，それぞれ自立性を有する多種多様なステークホルダーが参加する事業体においては，各人が要求する情報品質水準は実に多様である．普通，医療連携の要諦は，ある患者に対する治療の価値を高めるように治療の段階や役割に応じて診療情報の共有化をはかろうとする点にあることはいうまでもない．医療連携のような連携事業を支援するための情報システムを構築しようとする際には，この多様性を前提とした情報共有の仕組みを工夫しなければならない．

　また，上述のように医療連携情報ネットワークは，一般的には自立分散型のコンピュータ・ネットワークとみなされるべきである．

　このように各参加主体あるいは利用者の情報品質評価次元が多様であること，また，医療連携情報システムが自立分散的なコンピュータ・ネットワークであることを前提とするならば，何か医療連携における中枢組織を想定してそこが各参加者の情報品質次元を中央集権的に特定・規定するということは土台不可能である．すなわち，中央集権的な情報システム・マネジメントは医療連携を支援するための情報システムには馴染まないであろう．各参加者の自立性を尊重した医療連携を支援するための情報システム開発・運用の仕組みを考えなければならない．医療連携を支援するための情報システムを成功に導くためには，その連携事業に参画するステークホルダーが主体的に自ら扱う情報の品質を評価するための方法を開発しておかなければならない．各参加者が要求する情報品質水準に多様性はみられるとしても，その品質を主体的にそれぞれ評価するための何らかの統一的な手法は各参加者に提示しておかなければならないであろう．

　本章の残りの部分ではこのような方法についての1つの試論を提示しておきたいと考える．

352　第3部　医療でのICTシステムの活用

　上述のごとく，医療連携情報システムにおいても情報品質の評価次元は利用者によって多様であり，またそれは自立分散的なコンピュータ・ネットワークである．こうした点を考慮に入れるならば，医療連携情報システムにおいて開発すべき情報品質評価モデルは，次のような特性を有するものとならざるを得ないであろう．

　第1に，情報品質に関する定義並びに医療連携情報ネットワークの特性から判断して，情報品質評価がステークホルダー単位で実施できるようになっていなければならない．

　第2に，その品質評価モデルは，評価が連携に参加するステークホルダー単位で実施されるにしても，ステークホルダー間の何らかの比較が可能となるように，品質評価が統一的な方法によって行われるようになっていなければならない．

　第3に，連携に参加するステークホルダーの品質評価結果がお互いに比較できるようにするために，品質評価を数値化しておくことが必要である．ステークホルダー間の比較ができるようにして，情報品質に関し問題を抱える部門組織を特定できるようにしたい．

　第4に，医療連携に参加する各ステークホルダーが実際に如何なる品質次元において問題を抱えているかを明らかにできるようになっていなければならない．

　第5に，各ステークホルダーが情報品質改善に持続的に取り組むことができるようにするために，情報品質の時系列的な変化を記録保管できるようになっていなければならない．

　第6に，この情報品質評価モデルは，学術分析を一時的に志向したものではなく，医療機関における情報品質改善運動に資する，操作性の高いものであることが望ましい．

　第7に，情報品質が利用にとっての適合性であるという一般的な定義から要請されてくることであるが，その情報品質評価モデルは医療従事者にとって理解しやすいものでなければならない．

第 11 章　医療連携情報システムの情報品質評価　353

4-3　ITマネジメントとしての情報品質管理の確立の必要性

　医療連携における持続的プロセスとして情報品質評価モデルを医療情報の品質向上に役立てていくためには，品質評価モデルそれ自体の精緻化はもとより，それ以上にそのモデルを検討し，作成し，そしてそれを利用するという一連のプロセスに係るガバナンスとマネジメント体制が医療連携事業の中に確立されていることが大切である．情報品質評価モデルが高度な分析技法を取り入れたものであっても，それを利用するプロセスが医療連携に参加する組織全体の合意のもとに確立していなければならないであろう．

　情報システムの保全やセキュリティ，IT ガバナンスに係る国際的な普及・啓蒙機関である ISACA（Information Systems Audit and Control Association）は，IT ガバナンスのための世界的なガイドライン COBIT 5 の中で，IT ガバナンス（IT Governance）概念と ITマネジメント概念を次のように定義している．ガバナンスとは，「ステークホルダーのニーズや，条件，選択肢を評価し，優先順位の設定と意思決定によって方向性を定め，合意した方向性と目標に沿ってパフォーマンスやコンプライアンスをモニターすることで，事業体の目標がバランスを取って，合意の上で決定され，達成されることを保証するものである．」（ISACA (2012), p. 31, 同訳書，37 頁）一方，マネジメントとは，「事業体の目標の達成に向けてガバナンス主体が定めた方向性と整合するようにアクティビティを計画，構築，実行し，評価することである．」（ibid., p. 31, 同訳書，37 頁）医療連携情報システムを実効性のあるものとして有効に利用していくためには，医療連携組織の内部に，その医療連携で扱われる情報の品質を持続的に改善していくことができるようにガバナンスとマネジメント体制が確立されていることが肝要である．その出来栄えは，医療連携情報システム自体の出来栄えよりももっと大切である．

　医療連携情報システムの利用においてガバナンスとマネジメント体制をしっかりと構築しておくことの重要性は次の点に求めることができる．

　ある医療連携情報システムが扱う情報に対する消費者あるいは患者の信頼の程度は，多様な医療情報が適切に管理されていると彼らが認識する程度に依存

354 第3部 医療でのICTシステムの活用

すると考えられる.

　医療連携事業体が医療情報の品質向上のためのガバナンスとマネジメントを
確立していると消費者や患者が認識できて初めて,それが提供する医療情報の
品質に対して信頼を寄せることができるようになる. 逆に,そのようなマネ
ジメント・システムがない場合は勿論のこと,あってもそれが役立っていない
と消費者から受け止められてしまったならば,提供される医療情報に対する消
費者の信頼感は大きく損なわれ,医療機関自体に対する信頼感も棄損される.
すなわち,医療機関にとっては,情報品質維持のためのマネジメント・システ
ムを持っていると消費者に"思ってもらえる"ようにその仕組みを構築するこ
とが大切である.

　いうまでもなく,消費者や患者は医療に関する専門的知識を持っていない.
このような消費者や患者が医療連携事業体が処理する情報に信頼を寄せられる
かどうかは,その事業体のガバナンスとマネジメント能力に寄せる信頼感に依
存していると考えることができる.

4-4　情報品質評価モデル[2]

　医療連携情報システムが処理する情報の品質を向上させるためのガバナンス
とマネジメントの組織機構を動かすためには,まずはそのシステムが扱う医療
情報の品質を評価するためのモデルが必要となる.

　先に医療連携情報システムにおいて開発すべき情報品質評価モデルに関し,
それが持つべき7つの特性を指摘した(本書, p. 352).ここでは,それらの特
性を考慮した情報品質評価モデルを提案する.

　まず,情報品質管理のPDCAサイクルを図表11-6に示すように想定する.
このサイクルの各局面は次の通りである.

　情報品質評価計画:医療提供機関が医療情報の品質を評価するための事前の
　　計画を立案する.具体的には,調査目的の確定,調査内容の特定,調査票
　　の設計,調査結果の分析方法の決定等が含まれる.

　評価実施:情報品質評価のための調査を実際に行う.

図表 11-6　情報品質評価の PDCA サイクル

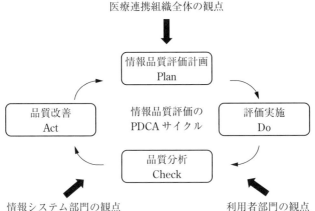

品質分析：後述の情報品質評価モデルに依拠した調査によって得られたデータを分析する．

品質改善：上の分析に基づいて，部門組織ごとに情報品質改善のための，具体的な対策を講じる．

　この PDCA サイクルは，同図表に示すように情報システム部門，利用者部門並びに医療連携組織全体それぞれで回される．ここで，情報システム部門とは，医療連携事業への各参加組織にあって情報システムの開発管理に責任を負う部署をさす．各参加組織と連携組織全体の情報システム部門は同じ場合もあれば，異なる場合もある．また，利用者部門とは，医療連携事業への各参加組織にあって医療行為に従事する医療従事者あるいは医療職能組織をさす．これら3つの観点で PDCA サイクルを回すために利用するに際して使う情報品質評価モデルを次のように定義する．

　情報品質評価データは，例えば図表 11-7 に示すような質問票を使って収集する．すなわち，各連携参加組織の利用者部門及びシステム部門に取り上げた各情報品質次元についてその程度をリッカート尺度で評価してもらう．情報品質評価データは，紙媒体のアンケート調査票で収集したり，あるいは Web ベ

図表 11-7　情報品質調査票の例

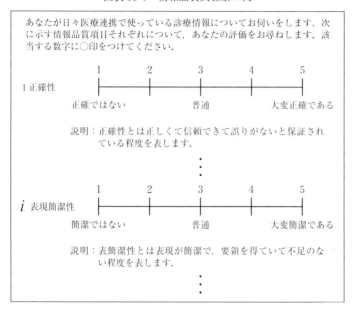

ースのアンケート調査で収集される．

いま，この質問票で収集されるデータの一般形を

$$q_{ik_j}$$

で表す．ここで，

i：情報品質基準　（$i = 1, 2, \ldots, m$）

j：連携参加組織　（$j = 1, 2, \ldots, n$）

k_j：連携参加組織 j における回答者

とする．

この時，情報品質次元 i に関する連携参加組織 j の評価平均値を S_{ij} で表すことにすれば，

$$S_{ij} = \left(\sum_{k_j=1}^{l_j} q_{ik_j} \right) / l_j$$

となる．ここで，

l_j：連携参加組織 j における評価者数（回答者数）

とする．

4-5　情報品質評価モデルの利用

上述のごとく，われわれの情報品質評価モデルは，非常に単純である．以下にこの情報品質評価モデルを利用しての分析を例示する．

⑴　直観的理解

まず，医療連携組織全体あるいは個別組織が，自らが利用している情報の品質についてどのような認識を持っているかについて，直観的な分析を行うことができる．

各情報品質基準 i について，各連携参加組織 j に所属する評価者 k_j から評価データ q_{ik_j} を収集すれば，連携参加組織 j の，情報品質次元 i に対する評価平均値行列

$$Q = [S_{ij}]$$

が得られる．

この評価平均値行列 Q は，例えば図表 11-8 に例示するようなレーダーチャートで直観的に整理・表現することができる．これによって医療連携への各参加組織の情報品質評価の態様が連携組織全体で共有されることになる．

⑵　問題のある連携参加組織の抽出

医療連携に事業に参加するある特定の組織の中に情報品質が劣る組織がある場合には，その組織を特定し，品質改善のための努力を促す必要がある．

いま，ある情報品質次元 i に関し，全ての連携参加組織の回答者の品質評価平均値を O_i とすると，

$$O_i = \left(\sum_{j=1}^{n} \sum_{k_j=1}^{l_j} q_{ik_j} \right) / \sum_{j=1}^{n} l_j$$

となる．この値が得られることによって，情報品質次元 i ごとに，この平均

358　第3部　医療でのICTシステムの活用

図表11-8　品質評価結果の表示例

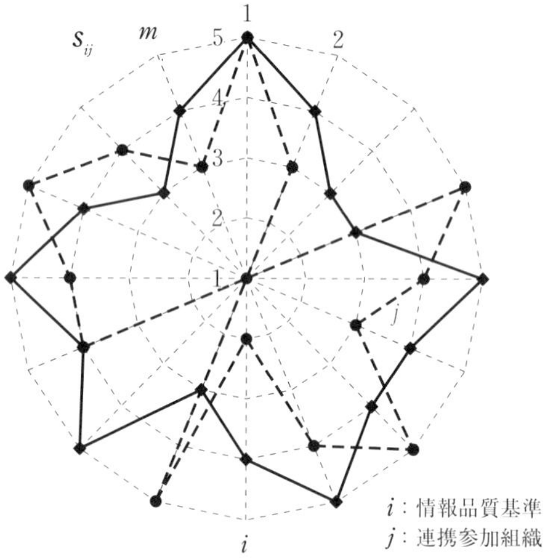

i：情報品質基準
j：連携参加組織

を下回る部門組織を抽出できる．すなわち，その部門組織の集合をPとすると，

$$P = \{j | s_{ij} < O_i\}$$

となる（図表11-9（左））．

　この分析を行うことによって，情報品質改善のための次のような行動を起こすことができる．例えば，ここで特定されたある連携参加組織$^\vee j \in P$が医療連携における診療情報の受け手である場合，それ自体の情報管理体制の検討は当然のこととして，それへの送り手との間の診療情報の共有のはかり方が検討されなければならない．一方，それが診療情報の送り手であれば，その受け手を探し出して，それらの間の診療情報の共有のはかり方に係る病理現象を分析しなければならないであろう．

⑶　問題のある情報品質次元の抽出

　また，ある特定の部門組織jについて，組織全体の品質評価平均値O_iを下回る情報品質次元の集合

図表 11-9 情報品質評価モデルの利用例

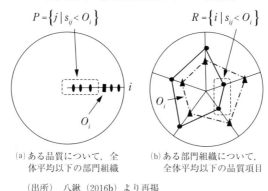

(a) ある品質について，全体平均以下の部門組織

(b) ある部門組織について，全体平均以下の品質項目

(出所) 八鍬（2016b）より再掲

$$R = \{i \mid s_{ij} < O_i\}$$

を抽出することもできる（図表 11-9（右））．

4-6　EUC とプロトタイピング指向の PDCA サイクル

医療連携組織において情報品質改善運動を医療の質向上につなげていくための仮説的提言をここでしておきたい．

第 1 の提言は，情報品質管理の PDCA サイクルを EUC（End-user Computing）指向で回していかなければならないというものである．医療情報の品質を向上するためには，他の領域でもそうであるが，どんなに高度な情報技術を取り入れ，また情報システムの性能向上をはかったとしても，それだけでは医療情報の品質向上にはつながらない．医療情報の品質評価次元の多様性を考えたとき，医療情報の消費者あるいは利用者である医療従事者自らの創意工夫に基づく情報品質改善運動がなければ，情報技術や情報システムの導入が医療の質向上につながっていかない．

第 2 の提言は，EUC の条件として，医療情報の品質改善運動は，いわゆるプロトタイピング・アプローチ（Prototyping Approach）というシステム設計開発法に基づかなければならないというものである．ここで，プロトタイピン

グ・アプローチとは，「利用者自らが試作品（prototype）として作ったり，あるいは，情報システム部門が試作品として作成した比較的小規模のコンピュータ・プログラムから出発して，その後，体験的評価あるいは利用者の学習レベルや習熟レベルに合わせて，情報システムを次第に進化させていく」（八鍬幸信，2009，151 頁）というものである．

　本稿において紹介した情報品質評価モデルは非常に単純なものである．情報品質評価モデルは，このような非常に簡単なモデルから次第に連携事業の進化の態様に合わせて精緻化がはかられることになると予想される．例えば，レーダーチャート上に視覚的に表示される情報品質次元間や連携参加組織間における評価値のバラツキの有意性をもう少し客観的に評価してみようと思ったら，分散分析や因子分析のような統計解析手法の利用に堪え得るように情報品質評価モデルに改良を加える必要があるかもしれない．あるいは，本稿で取り上げた情報品質評価モデルでは，情報品質向上が医療サービスの価値向上に如何に貢献したかということについての分析ができるようになっていない．それには多変量解析に基づくより精緻な情報品質評価モデルを工夫する必要が出てくるかもしれない．つまりは，医療連携の習熟度に合わせて分析の高度化もはかっていかなければならない．"長期の情報ニーズを抽象的に特定することは，われわれのだれにもできないという，否定できない原則"（Emery, 1987, p. 198．同訳書，281 頁）を受け入れるなら，情報品質評価の PDCA サイクルは，プロトタイピング・アプローチというシステム開発のアプローチに沿って回していかなければならないであろう．

　この 2 つの仮説的提言の敷衍並びにその論証についての論考は稿を改めることとしたい．

5．おわりに

　本章では，医療連携を支援するための情報システムが処理する情報の品質を評価するための，単純な評価モデルを示しながら，情報品質管理の PDCA サイクルを回す時のアプローチに係る，EUC とプロトタイピング・アプローチ

という2つの観点の重要性を指摘した．その社会的実験の結果については稿を改めて報告することとしたい．

1)　これは厳密にはデータ品質を定義したものであるが，本章では情報品質とデータ品質を同義とみなすこととする．
2)　本節は，八鍬（2016a, 2016b）をもとに加筆・修正したのもである．

参 考 文 献

Eppler, M. J. (2006), *Managing Information Quality*, Springer

Emery, J. C. (1987), Management Information Systems: The Strategic Resource, Oxford University Press, Inc.（宮川公男監訳（1989）『エグゼクティブのための経営情報システム―戦略的情報管理』TBSブリタニカ）

ISACA (2012), *COBIT 5: A Business Framework for the Governance and Management of Enterprise IT*（日本ITガバナンス協会（ITIGI Japan）訳の『COBIT 5』2012）

OECD (2003), *Quality Framework and Guidelines for OECD Statistical Activities: Version 2003/1*

Wang, R. Y. (1998), "A Product Perspective on Total Data Quality Management," *Communications of the ACM*, Vol. 41, No. 2, pp. 58-65

Wang, R. Y., Y. W. Lee, L. L. Pipino and D. M. Strong (1998) "Manage Your Information as a Product," Sloan Management Review, Vol. 39, No. 4, pp. 95-105

Wang, R. Y., E. M. Pierce, S. E. Madnick and C.W. Fisher eds. (2005), *Information Quality*, M. E. Sharpe, Inc.（関口恭毅監訳（2008）『情報品質管理―役立つ情報システムの成功要因―』中央経済社）

Wang, R. Y. and D. M. Strong (1996), "Beyond Accuracy: What Data Quality Means to Data Consumers," *Journal of Management Information Systems*, Vol. 12. No. 4, pp. 5-34

厚生労働省（2001）「保健医療分野の情報化にむけてのグランドデザイン」（http://www.mhlw.go.jp/shingi/0112/dl/s1226-1.pdf）

厚生労働省（2007）「医療・健康・介護・福祉分野の情報化グランドデザイン」（http://www.mhlw.go.jp/houdou/2007/03/dl/h0327-3b.pdf）

厚生労働省（2014）「健康・医療・介護分野におけるICT化の推進について」（http://www.mhlw.go.jp/file/06-Seisakujouhou-12600000-Seisakutoukatsukan/0000042495.pdf）

総務省（2012）「情報通信技術及び人材に係る仕様書（平成23年度版）（医療分野）シームレスな地域連携医療」（http://www.soumu.go.jp/main_content/000168517.

pdf）

八鍬幸信（2009）『利用者指向に基づく経営情報論の再構築』学文社

八鍬幸信（2016a）「医療情報品質の評価モデルの開発」『日本情報経営学会第71回全国大会予稿集』79-82頁

八鍬幸信（2016b）「地域医療連携システムで使われる情報品質の評価法」『日本情報経営学会第73回全国大会予稿集』51-54頁

第12章　医療従事者からみたビックデータの情報活用

1．はじめに

　近年，医療及び医療行為に関し，医療機関や保険者から大量のデータが得られるようになり，このビッグデータを解析・活用しようという動きが加速している．医療従事者にとっても，このビッグデータの解析から導き出された情報，傾向，ルール，仮説，経済的評価等が，最終的に医療現場に還元できる形になることは歓迎されることである．つまり情報共有とコミュニケーションが円滑になり，医療の質と安全が向上し，更には職場環境や医療機関の経営にもよい影響を与える可能性があり，それが医療現場でのICTの活用を更に促進するのではないかと期待する．

　本章では，医療従事者からみたビッグデータの活用について，感染対策・感染制御への応用例を引用して，実際のベネフィットと課題を明らかにする．

2．医療におけるデータ

　日常の医療行為・診療行為は，膨大なデータを扱うことで成り立っているといっても過言ではない．病歴，身体所見，検査，画像検査，投薬，手術等の処置，食事，病室，医療費等，患者それぞれの診療エピソードに紐づけされた情報だけでも大量になり，これが医療機関全体になると莫大なものになる．

　診療録の電子化（IT ないし ICT，つまり電子カルテ）は，このような診療行為をペーパーレスにして一元化したが，その真の意味は医療行為における多様な情報を，有機的な情報の集合体によって構成されているものとして，容易に横断的に扱えるようにしたことにあろう．つまり，医療行為のある面に着目すれ

ば，それに関する情報を患者個人や診療科単位のみならず，病院横断的に抽出しやすくなったということである．

　一方，レセプト請求も電子化されており，これまで医療保険者にも多量の情報が集積されてきたが，医療機関と医療保険者とで分散していた情報を突合して，統一したデータベースを作ろうとする動きも加速している．更に医療情報のみならず，保健情報も電子化の上，利用していくことが求められてきている．

　このような巨大なデータをいわゆるビッグデータとして解析し利活用するプロジェクトも進んできており，地域医療，がん診療，健康危機対策，母子保健，脳血管障害など多くの分野で様々な取り組みがみられる[1]．

3．医療従事者からみたビッグデータの解析

　医療従事者にとっても，日常扱っている大量のデータが解析され，それから導き出された傾向やルール，仮説等が最終的に医療現場に還元されることは，非常に好ましいことである．情報共有が進み，コミュニケーションが円滑になれば，医療の質と安全が向上する可能性がある．実際に日常の医療，診療において，ある課題についてICTによるシステム化や，データ解析及び還元を促進したいと思ったことがある医療従事者は多いに違いない．

　しかしながら医療でのICTは患者情報を扱うことが多いために，個人情報保護や倫理的課題，情報のセキュリティにも対処しなければならず，これがICT導入に慎重になってしまう要因の1つでもある．例えば電子カルテは外部への情報出力を極力おさえ，高いセキュリティレベルを維持するよう求められる．一方では現場の医療行為や事務処理に合わせるため，しばしばカスタマイズを要求される．このような条件では，電子カルテ内に蓄積されたデータを積極的に2次利用するという発想にはつながりにくく，システム化にも寄与しにくい．

　このため電子カルテは身近なビッグデータでありながら，直接には利用しにくい．従ってそれにリンクする個別の情報データベース（医事システムや検査シ

ステム，薬剤システム等）を利用するか，診療情報から必要な部分のみを抽出して目的に応じて2次的に構成し，利用するという方法が取られる．但しその場合データの入手と解析には手間がかかることになり，医療機関の業務上必要度が高かったり，至急であったり，または実際の解析を行うだけの人的・時間的余裕があれば行えるが，それ以外になると遂行しにくくなってしまう．

しかし一方で，医療の質と安全を担保するため，医療機関を横断的に管理する必要性は大きく，それを担当する部署における情報収集と解析は，ますます重要になってきている．このような医療機関側の内在的なファクターから，ICTが促進される傾向も強まってきた．医療の質と安全に関わる部署として代表的なのは医療安全と感染対策であるが，これらの部署でのICTも徐々に進みつつある．

次節では，感染対策部門でのICT導入とシステム化，及びそれによって導き出された医療経済効果の算出について，実例を含めて述べる．

4．医療機関におけるビッグデータ活用の実例——感染対策への応用を例として

4-1 医療関連感染 Healthcare-associated infection（HAI）の定義

医療関連感染（HAI）は，医療行為や介護に関連して発生する感染症を指し，医療施設のみならず介護施設内でみられた感染症も包む．例えば手術部位感染症 Surgical site infection や，血管内カテーテル関連感染症 Catheter-related bloodstream infection（CRBSI）等がそれに該当する．

4-2 感染制御・感染症診療の質に関する本邦での状況と課題

医療機関において感染対策を効率よく進め，感染症診療の質の向上と，HAIの制御をはかっていくことは，大きな意味を持つ．HAIの発生は，患者の重篤化や更なる合併症を引き起こし，予後の悪化につながるばかりか，入院費・検査費・治療費・その他伝播予防に必要な経費を生み，医療コストの増大をもたらす．更に集団発生に進展すれば，隔離・入院制限等，他患の診療に大きな支

障を生じたり，医療従事者のやりくりが難しくなり，通常の診療体制の維持が困難になってくる．医療機関の経営にも非常に大きな負担になる．

　感染制御をめぐる状況は，年々厳しさを増している．まず第1に，基礎疾患を持つ患者の増加，医療の高度化といった問題があげられる．糖尿病や腎不全を有し，人工透析を受ける患者や，血管内カテーテル・人工血管・人工関節といったデバイスを有する患者は着実に増加しており，更に副腎皮質ステロイド・免疫抑制薬・生物学的製剤の投与者，肝移植・腎移植・造血幹細胞移植を受ける患者，HIV感染者の増加も大きい．本邦において慢性的に透析を受けている患者は320,448人に達し，人口100万人比でも2,517.3人に上っている[2]．また関節リウマチ患者を例にとると，2009年に76万人に達した患者のうち，8.3万人（16％）が既に生物学的製剤の投与を受けており，これは前年に比して43％増加していたという[3]．現時点ではその伸びは更に大きくなっていると予想する．

　第2には，制御が困難な微生物の増加である．代表的なのは，多剤耐性菌（Multidrug resistant bacteria）や *Clostridium difficile* で，特に多剤耐性菌は，以前から問題になっている Methicillin-resistant *Staphylococcus aureus*（MRSA）感染症を克服できないばかりか，*Acinetobacter* やカルバペネム耐性腸内細菌科細菌（Carbapenem Resistant *Enterobacteriaceae*：CRE）といった耐性のグラム陰性桿菌感染症の増加と蔓延が著しい．多剤耐性 *Acinetobacter* は弱毒であるにもかかわらず，湿潤・乾燥いずれの環境中でも生存し，皮膚軟部組織感染症や人工呼吸器関連肺炎，熱傷の創部感染，菌血症といった様々な感染症を生じる．都内の大学病院で59人が感染した大規模な集団発生が生じ，うち27人が死亡したことは記憶に新しい[4]．CRE は，最も広域の抗菌薬であるカルバペネム系に耐性を獲得した腸内細菌科を指すが，これには，病原性が高く，尿路・胆道・腹腔内感染症の主原因となる大腸菌やクレブシエラが含まれ，かつプラスミドによって薬剤耐性遺伝子が菌種を越えて伝播するという特徴がある．一方で，健常人の腸内には何ら症状を起こさず保菌され得る．従って一般的な感染症であっても治療が困難になり，米国の CDC は本菌を「悪魔の耐性菌」と呼んでいる．

本菌は既に近畿地方の医療機関で3年間にわたり110人の患者を発生させる等，大きな集団発生を生じ，その制圧には数年を要したという[5]．本菌による感染症は2014年9月に感染症法上5類全数把握疾患に定められたが，2015年の第1〜51週だけでも1,607人の報告があった[6),7)]．

第3の点は，人口構成の変化，すなわち高齢化である．合併症を持つ患者の増加とも関連するが，がん患者でみられるように，がんそのものの経過を悪化させる大きな要因になるのは感染症である．また肺炎は現在死亡原因の3位となっているが，この増加の要因には，肺癌やCOPD患者の増加のみならずその基礎として高齢化がある．わが国の高齢化率及びその伸びは世界でも有数の高さであり，このような超高齢化社会の中で生じる感染症を経験した国は世界でもこれまでなく，マネジメントについても前例がない．

第4の点は，グローバル化である．航空機を含む交通機関の発達により，世界の多くの地域から2日以内に日本に到達できる時代になった．このため海外から容易に輸入感染症が我が国に持ち込まれるようになっている．近年の中東呼吸器症候群（MERS）やエボラ出血熱，デング熱は記憶に新しいが，それ以外にも新しい疾患が輸入されるリスクは常に高い．上記で述べたCREも海外から輸入されたものが多い．

第5の点は，医療費の抑制である．国民医療費の伸びは著しく，国家財政が厳しさを増す中，HAIによる医療費の増加もできるかぎり抑えなければならない．一方でHAIの抑制自体にもコストがかかり，それを集中的に投下して封じ込める必要がある．現在保険診療上，感染防止対策加算と感染防止対策地域連携加算が設定され，感染制御の体制と質に関して一定の基準を満足し，他の医療機関と連携して感染対策にあたった医療機関に対し，患者1入院あたり200点から500点の加算が可能な状況にある[8)]．この加算によって院内の感染対策をより効果的に進められると期待されているが，まだ課題もある．これについてはあとで詳述する．

第6は専門性を有する医療従事者が少ないことである．感染制御・感染症診療に関する専門職には，感染症専門医，Infection Control Doctor（ICD），Infec-

368　第3部　医療での ICT システムの活用

tion Control Nurse（ICN），感染制御認定薬剤師・感染制御専門薬剤師，感染制御認定臨床微生物検査技師といった資格があり（図表 12-1），更に実務者教育を通じて，「感染対策チーム」を構成する Infection Control Staff を育成するプログラムもある．しかしながら資格は保持しているものの，感染対策以外の日常業務に忙殺され，専門性を発揮できない職員も多い．なお感染症専門医は現在 1,232 人に過ぎず，病院に勤務する感染症専門医の適正数（3,000 ～ 4,000 人以上，300 床以上の医療機関数から算定）に比してかなり少ないといわれている[9]．加えて，30 代と 40 代の割合も低く，学会の会員数に占める専門医割合も約 10 ％であるため，実態としてごく限られた施設に配置されているに過ぎない．また専門職が関与する職務内容は図表 12-2 のように多岐にわたっており，これらを網羅し，円滑かつバランスよく運用していくのは非常に難しい．

図表 12-1　感染対策に関する専門職とその認定数

対象	名　　称	認定機関	資格保持者数
医師	感染症専門医	日本感染症学会	1,293 人＊
	Infection Control Doctor：ICD	ICD 制度協議会	8,424 人＊
看護師	Infection Control Nurse：ICN（感染管理認定看護師）	日本看護協会	2,562 人＊
	感染症看護　専門看護師	日本看護協会	36 人＊
	感染管理実践看護師	東京医療保健大学	135 人＊
薬剤師	感染制御認定薬剤師 Board Certified Pharmacist in Infection Control (BCPIC)	日本病院薬剤師会	916 人
	感染制御専門薬剤師 Board Certified Infection Control Pharmacy Specialist (BCICPS)	日本病院薬剤師会	253 人＊
臨床検査技師	感染制御認定臨床微生物検査技師 Infection Control Microbiological Technologist (ICMT)	日本臨床微生物学会	573 人

（注）　2016 年 11 月現在．

第 12 章　医療従事者からみたビックデータの情報活用　369

図表 12-2　感染対策の専門職が従事する職務内容

・感染予防策の励行・遵守の徹底
　　接触感染予防策・空気感染予防策・飛沫感染予防策等，手指消毒薬の使用状況
　　の把握等
・現場ラウンド
・環境整備
・微生物の検出状況の把握
・抗菌薬の適正使用
　　抗菌薬使用状況の把握，広域抗菌薬や抗 MRSA 薬の使用届出，抗菌薬使用例へ
　　の介入・助言，抗菌薬使用ガイドの作成等
・感染対策に関する教育
・職業感染対策
・病棟設計
・院外からの持ち込み感染や集団発生対策
・感染対策チームミーティングの開催
・感染対策マニュアルの作成・改訂
・感染制御により好ましい体制の構築
・主に感染症法に定める疾患についての報告
・サーベイランスの実施と報告
・微生物の分子疫学解析
・他施設や行政機関との連携
・感染症診療の一部
・研究

　第 7 は，感染症診療や感染対策に関心，造詣の深い医療従事者の育成であ
る．上記の専門職が整備されるにつれ，各職種での教育にも力が入れられるよ
うになってきてはいるが，若手のみならずベテランも含めた教育の普及や，一
定のレベルの習得には程遠い．変化が著しい領域であるだけに，頻繁な知識の
アップデートも求められる．体系的な教育・育成プログラムの整備が急務であ
る．

4-3　感染対策の質と望まれる医療システム

　4-2 で述べた課題に対処し，できるかぎり克服していくためには，どのよう
なシステムが望ましいのであろうか．感染対策の質を担保し，かつ急激に変化

する微生物にも柔軟に対処し，更に限られた医療資源の中で有効に機能できることが望ましいが，これを現実的にする手段の1つがICTであると考える．ICTによる網羅的な情報収集と解析が基本になるが，感染対策の場合，以下のソースからの情報を統合することが望まれる．① 検査室からの微生物検査情報，② 看護部・院内・外来からの感染症発生情報と用いられている感染予防策の状況，③ 薬剤部からの抗微生物薬使用情報，④ 症例ごとの感染症診断・治療情報，⑤ 耐性菌等微生物の解析情報，である．

商業ベースでこれらを解析でき，しかも電子カルテと連動できるソフト（感染対策システム）が既に発売されている．しかしそれらは非常に高価であり，カスタマイズにも限りがあるため，より安価で，かつ現場の状況に沿ったソフトの開発が求められている．

4-4 感染対策用集計ソフトの開発と応用

以上のような背景から，中央大学商学部　斎藤正武准教授と共同研究を行い，感染症症例抽出システム Consultation Search System を開発した（図表12-3，12-4）．大学病院（1日平均外来受診患者数2,200人・病床稼働率約92％・平均在院日数13.5日）に受診あるいは入院した患者を対象とした．同所では，検査室からの微生物検査情報，看護部からの有症患者発生報告，薬剤部からの抗菌薬使用報告，担当医・部署からのコンサルテーションといった情報が，毎日感染制御部門に集まり，データベースに記録されている．患者の基本的属性（年齢，性別，基礎疾患・既往），診療科，担当部署，感染症診断名，原因微生物，行った治療，予後であるが，開発したソフトを用いてこのデータベースの情報を解析し，まず発生疾病と頻度を明らかにした．なお感染症診断名はICD-10[10]に準拠した病名に統一できるようプログラムを作成し，集計上の便宜をはかった．

このシステムの特長は，① 統一された感染症診断名で患者検索が可能であること，② 検査上の検出菌でなく，確定された「原因微生物」として検索ができること，③「MRSA」による「感染性心内膜炎」のように，原因微生物と

図表 12-3　感染症症例抽出システム Consultation Search System

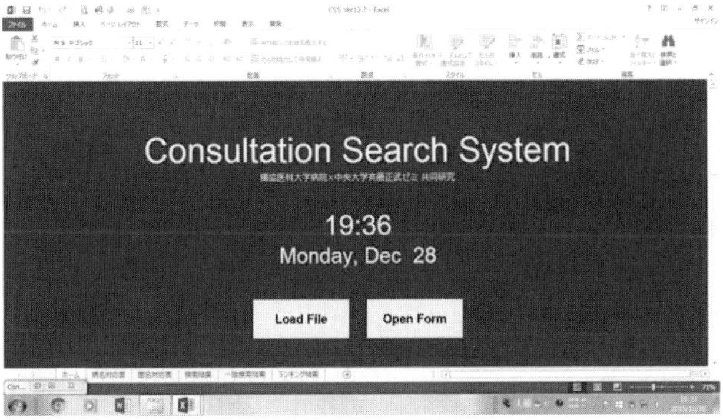

図表 12-4　感染症症例抽出システムの検索画面

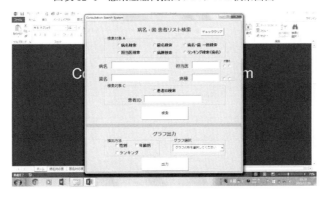

診断名を組み合わせた検索が可能であること，④ 検索した結果を頻度順に出力し，表やグラフで表示できること，⑤ 操作が容易であり，抽出までの時間が短いこと，⑥ 感染対策に関わる職種の誰もが支障なく操作できること，⑦ 結果をサーベイランスとして活用できること，である．

　感染制御部門のデータベースに蓄積された患者は，2011年1月から2015年12月までの4年間で計7,328件であった．集計された症例の中で，多かった感染症診断名は，尿路感染症 Urinary tract infection（UTI），肺炎，好中球減少性

発熱 febrile neutropenia（FN），手術部位感染症 surgical site infection（SSI），胆管炎，Clostridium difficile infection（CDI）の順であった（図表12-5）．これ以外に ICD-10 の病名には入っていないが，HAI として重要な血管内カテーテル関連血流感染症 catheter related blood stream infection（CRBSI）が集計可能であり，それは 470 件であった．

更に各感染症について，年齢・性別別の解析を行った（図表12-6 〜 12-8）．それぞれ男性が女性よりも多く，60代以降がほとんどを占めること，70代以降だけでも全体の半数に及ぶことが読み取れる．

これら感染症のうち，HAI であるものは SSI，CRBSI である．CDI についても近々の医療機関受診歴がなく，市中で発症した例は認めなかったため，HAI

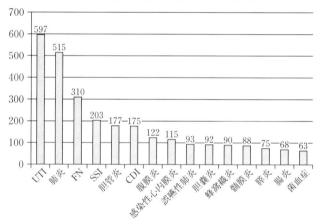

図表12-5　感染症診断名検索結果（頻度順）

（注）　2011年から2015年12月までの4年間で7,328件が集積された．菌血症は侵入門戸別に集計されるため，尿路由来菌血症であればUTIに，胆管由来であれば胆管炎に分類される．このため単なる「菌血症」は，侵入門戸が特定できなかった「primary bacteremia」である．一方表には示していないが，血管内カテーテル関連血流感染症 catheter related blood stream infection（CRBSI）が470件あった．なおこのシステムは主に入院患者を集計したデータベースを用いており，インフルエンザ，咽頭炎，副鼻腔炎のような外来で一般的に経験する感染症はほとんど含まれていない．
FN：febrile neutropenia，SSI：surgical site infection，CDI：Clostridium difficile infection

図表12-6 UTI（年齢・性別）

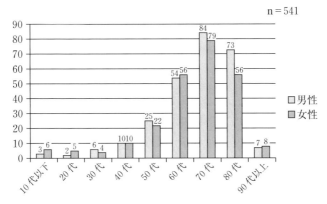

図表12-7 CDI（年齢・性別）

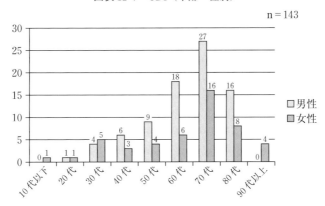

といってよい．またUTIについては基礎疾患のない「単純性」で入院する例は非常に少なく（20代，30代女性のUTIは1.5％に過ぎなかった），ほとんどが「複雑性」であったが，尿道カテーテルや尿管ステント留置後に生じたUTIも含まれており，HAI例も少なからず存在した．

図表 12-8　CRBSI（年齢・性別）

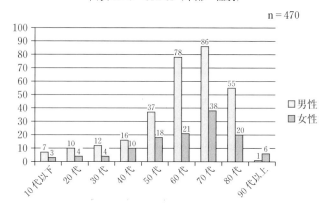

4-5　HAI とコスト

次いで HAI について，DPC 集計用ソフト EVE を用いて，それが発生したことによって付加された医療費を算定した．特に CDI では，検査費・治療費・入院延長によって付加された入院費が比較的容易に算出できる．加えて出来高報酬額と 3 種類の包括報酬額（係数なし，医療機関別係数によって算定，機能評価係数によって算定）として算出したものが，図表 12-9 である．

10 例の入院期間の延長は平均 12（8 ~ 18）日，検査費は平均 6,254（2,200 ~ 17,340）円，薬剤費は平均 43,214（15,780 ~ 86,180）円，入院費は平均 205,197（72,360 ~ 288,360）円であり，付加的にかかった医療費は平均 254,665（102,280 ~ 350,130）円であった．出来高報酬額と包括報酬額との比較では，係数なしの場合，全例で出来高報酬額の方が高く，いわば「持ち出し」になっていた（差額平均 285,355 円）．機能評価係数を加えても，差が小さくはなるものの同様であり，医療機関別係数があって初めて出来高報酬額が下回った．

この付加的医療費が CDI 175 例で同様にかかったと仮定すると，その合計は 445,666,375 円となり，1 年間あたりに換算しても 1 億 1,100 万円程度となって，非常に高額に上った．もし仮に CDI を 20% 減少させ得ただけでも，1 年間で 297 万円の経費が節減できる．なお，CDI に用いる感染予防策は他の

第 12 章　医療従事者からみたビックデータの情報活用　375

図表 12-9　CDI 発症による入院期間延長と付加的医療費

年齢・性別	入院から発症までの期間(日)	出来高報酬	包括報酬(係数なし)	医療機関別係数	機能評価係数	入院延長期間(日)	入院費	薬剤費	検査費	付加された医療費合計
55M	21	2730054	2695374	2983024	2869964	8	149720	15780	4400	169900
59M	56	2090800	1388110	1996460	1758020	14	253260	42560	2200	298020
64F	33	1773528	1548208	1761098	1678488	10	160200	32020	7100	199320
64M	38	1988244	1482884	2020334	1809794	17	278550	51560	5700	335810
65M	11	474280	359330	516910	456510	4	72360	27720	2200	102280
72M	40	1928406	1687146	1992236	1872316	12	259550	86180	4400	350130
77M	38	3466214	3133244	3626294	3432504	14	224280	48780	4100	277160
81M	29	1415526	1123216	1394136	1287656	14	255860	46690	6600	309150
82M	38	1208080	1110560	1574460	1363700	7	109830	44100	8500	162430
89M	49	1388760	1082270	1461120	1312210	18	288360	36750	17340	342450
平均	35.3	1846389.2	1561034.2	1932607.2	1784116.2	12	205197	43214	6254	254665
SD	12.2	786243.0	766718.3	816174.9	795297.5	4.3	72342.9	17662.9	4165.0	84104.2

出来高との差　出来高との差　出来高との差
　　　　　　　-285355　　　　86218　　　　-62273

微生物にも有効であるので，CDI の感染対策の奏功は，多剤耐性菌等他の微生物の伝播も減少させることができる．

　Yasunaga らは日本の DPC 入院患者データベースを用いて，CDI による医療経済的負荷，DPC 逸脱と入院期間延長を調査した[11]．食道切除術，胃切除術，大腸切除術後に行われた 143,652 例の患者から 409 例（0.28％）の CDI 患者を特定，発症に関与する因子及び CDI の転帰も解析した．その結果，院内死亡率は CDI 患者で有意に高率（3.4％ 対 1.6％，オッズ比 1.83（1.07 ～ 3.13），P ＝ 0.027）であり，術後入院期間及び CDI 関連コストは，線形回帰ではそれぞれ 12.4（9.7 ～ 15.0）日（P ＜ 0.001），6,576（3,753 ～ 9,398）＄（P ＜ 0.001），傾向スコアをマッチさせたペア解析ではそれぞれ 9 日（P ＜ 0.001），6,724 ＄（P ＜ 0.001）であった．概して，今回の研究と同様の傾向を示していたといえる．

　ここでは CDI について算定したが，SSI や CRBSI でも同様に付加された医

療費を算出できるので，今回の共同研究で開発されたシステムを用いれば，医療機関での実際に基づいた形で HAI のインパクトを明らかにすることができる．HAI によって生じる医療費を算出することは，制圧にかける人的・物的コストと，その削減効果とを容易に対比することにつながるので，医療機関や行政が感染対策の質の向上を積極的に推進するインセンティブの 1 つになる．

更には，健康保険との関係から，保険者（健康保険組合等）が医療機関における感染対策とその質の担保により注視するようになる．こういった保険者からのインセンティブも，医療機関がさらに感染対策に取り組む圧力になる．

感染対策において保険者機能が強化されれば，それによって HAI が少なくなり，保険者にとっても有益であると考えられる．具体的に保険者機能を強化する方策には，保険者による ① 医療機関の感染対策の質の評価（サーベイランス，体制，専門家の技量，抗菌薬の使用等），② 医療機関のハード面の評価（微生物検査の整備等），③ 医療機関間の比較と競合を含む感染対策ネットワーク構築，④ 質的評価に伴う保険払い出しの裁量，あるいはハード・ソフト面での指導といったものもあげられよう．一方海外では，複数の中から加入できる保険者を選択できる国があり，加入者が保険者を比較することができる．保険者間較差が利用できれば，国民一般に対する感染予防を目的とした啓発活動を競合的に推進することができる．これはまだほとんど行われていないが，奏功すれば保険者機能強化にかけるコストは割安になると想定されるし，競争原理が働けば更に低価格になると思われる．保険者機能の強化を介した感染対策の質の向上と費用対効果の両立も，可能になってくるであろう．

5．おわりに——現場に活かすビッグデータ

以上では感染制御・対策を例に，医療におけるビッグデータを現場レベルで利用した事例を述べた．データベースの構築およびデータ抽出についてまだ改善すべき点はあるが，現場で直面している問題に直接的に活用できるデータを，現場で作成したデータベースから得られたことは意義深い．情報共有・還元と効率化のみならず，データを病院経営や，更には行政，保険者にまで敷衍

可能な形で示せたことも価値があると思われる.

　今後, 高齢化や基礎疾患を持つ患者の増加, 医療の高度化, グローバル化・地球温暖化が進み, 市中感染, HAI 共にますます変化が著しくなる. 現在でさえも感染症の疫学上の変化は, こういった国・社会・医療機関レベルでの整備・努力にまさるほど大きく, いまだ多くの問題が克服できないばかりか, 根本的な解決策を見いだせない状況にある. 限られた人的・物的リソースの中で, 次世代を育成しつつ, この難しい事態に対処するには, 現場での ICT 活用が欠かせなくなっている. 感染制御の質の向上には不断の努力がなされなければならないが, 医療安全・リスクマネジメントとして求められる部分も大きい. セーフティーネットとして ICT の果たすべき役割も同時に大きくなってくるであろう.

　また私見ではあるが, わが国の感染症診療・感染制御の担保はつまるところ質の高い人材を恒常的に育成できるかどうかという点にかかっていると考えている. これは専門家の育成と, 専門家以外の医療従事者の底上げの両方を意味する. 専門家の育成は, 国全体として組織的に行わねばならない問題であり, 志望する個人や数少ない育成医療機関のマターとして扱うべきではない. 国として育成システムを整備する一方で, 各医療機関が雇用する専門家の能力を十二分に発揮させると共に, 恒常的に質の向上を目指していく体制にあらねばならない. また, 専門家のみでは十分な対応ができるとはかぎらない. 年齢や専門, 職種を問わず, 広く医療従事者のレベルアップとアップデートも同時に行っていかなければならない. このような点でも ICT は将来更に必要とされるであろう.

　医療においてビッグデータが活かされる機会は, 今後も多岐にわたるであろうし, より高度に応用されていくに違いない. 診療・医療の第一線から世界の保健衛生までいろいろな階層において用いられるであろうが, そのような多層的な ICT のシステム構築に関する議論に, 本章での内容と応用例が役に立てば幸いである.

378 第3部 医療でのICTシステムの活用

1) 「特集 医療情報の利活用」『公衆衛生』（2015），79（9），581頁．

2) 日本透析医学会「我が国の慢性透析療法の現況」（http://docs.jsdt.or.jp/overview/）．

3) 厚生労働省「DPC/PDPSにおける高額薬剤の取り扱いについて―関節リウマチ分野からの考察」（http://www.mhlw.go.jp/stf/shingi/2r9852000001fddq-att/2r9852000001fdnq.pdf）．

4) 厚生労働省「多剤耐性菌対策について」（http://www.mhlw.go.jp/stf/shingi/2r9852000000t7u7-att/2r9852000000t7x9.pdf）．

5) 「新型耐性菌か．院内感染110人」朝日新聞 2014年3月18日．

6) 国立感染症研究所（2014）「〈速報〉大阪市内大規模病院におけるカルバペネム耐性腸内細菌科細菌の長期間にわたる院内伝播」『IASR』，Vol. 35，12月号，290-291頁（http://www.nih.go.jp/niid/ja/drb-m/drb-iasrs/5213-pr4182.html）．

7) 国立感染症研究所「感染症発生動向調査週報IDWR 2015年第51週（第51号）」．

8) 櫻本恭司（2012）「院内感染対策における診療報酬改定のインパクト」『日本内科学会雑誌』101，3192-3200頁．

9) 日本感染症学会「感染症専門医の医師像・適正数について」（http://www.kansensho.or.jp/senmoni/info/14.html）．

10) ICD10国際疾病分類第10版（http://www.dis.h.u-tokyo.ac.jp/byomei/icd10/）．

11) Yasunaga H, Horiguchi H, Hashimoto H, Matsuda S, Fushimi K. (2012), The burden of *Clostridium difficile*-associated disease following digestive tract surgery in Japan. J Hosp Infect 2012; 82, pp. 175-80.

執筆者紹介 （執筆順）

真野　俊樹（まの　としき）	研究会報告者・多摩大学大学院教授
梁　　在英（ヤン　ジェヨン）	客員研究員・柳韓大学教授
李　　周熙（イ　ジュヒ）	客員研究員・仁川観光公社医療観光事業団長
林　健太郎（はやし　けんたろう）	研究会報告者・八角平和研究所代表取締役
西山　孝之（にしやま　たかゆき）	研究会報告者・元柳韓大学保健医療福祉研究所日本事務所元所長
佐藤　　修（さとう　おさむ）	研究会報告者・東京経済大学経営学部教授
有賀　啓之（あるが　ひろゆき）	研究会報告者・（株）DBPowers 代表取締役
崎坂香屋子（さきさか　かやこ）	客員研究員・帝京大学大学院公衆衛生学研究科准教授
吉田　穂波（よしだ　なみは）	元客員研究員・国立保健医療科学院生涯健康研究部主任研究官
斎藤　正武（さいとう　まさたけ）	研究員・中央大学商学部准教授
安積　　淳（あづみ　じゅん）	客員研究員・拓殖大学商学部准教授
清水　　智（しみず　さとし）	客員研究員・山梨学院大学経営情報学部教授
堀内　　恵（ほりうち　さとし）	研究員・中央大学商学部教授
八鍬幸信（やくわ　ゆきのぶ）	客員研究員・札幌大学地域共創学群教授
吉田　　敦（よしだ　あつし）	元客員研究員・東京女子医科大学感染症科准教授

医療ビジネスと ICT システム
――医療を巡る今日的課題――
　　　　　　　　　　　　　　　中央大学企業研究所研究叢書　38

2017 年 1 月 25 日　初版第 1 刷発行

編著者　　斎　藤　正　武
　　　　　堀　内　　　恵

発行者　　中央大学出版部
代表者　　神　﨑　茂　治

〒192-0393 東京都八王子市東中野742-1
発行所　電話 042(674)2351　FAX 042(674)2354　　　中央大学出版部
　　　　http://www.2.chuo-u.ac.jp/up/

© 2017　斎藤正武　ISBN978-4-8057-3237-3　　　　　　　㈱千秋社

本書の無断複写は、著作権法上での例外を除き、禁じられています。
複写される場合は、その都度、当発行所の許諾を得て下さい。